자폐성 장애아동 교육

교사를 위한 단계별 지침서

Roger Pierangelo · George Giuliani 공저
곽승철 · 강민채 · 금미숙 · 편도원 공역

학지사

역자 서문

최근 특수교육 대상자의 범주에 자폐성 장애(이 책에서는 자폐 스펙트럼 장애로 표현하였다)가 독립적인 범주로 분리되면서, 자폐성 장애학생에 대한 서적이 많이 출판되고 있다. 하지만 대부분의 서적이 특수교사와 관련 전문가들에게 초점을 맞추어 저술하였기 때문에 통합교육을 담당하고 있는 일반교사가 참고할 만한 서적은 그리 많지 않다.

그동안 자폐성 장애는 정서행동장애 범주에 포함되어 있었다. 그래서 이 분야의 교사 교육 또한 정서행동장애의 테두리에서 벗어나지 못하였다. 완전 통합교육을 지향하는 현 시점에서 장애학생들의 통합교육은 특수교사만의 몫은 아니므로, 제1선에서 교육을 담당하는 통합교사의 특수교육에 대한 전문성 함양은 중요한 일이라 할 수 있다.

자폐성 장애는 대인과의 부적절한 사회적 상호작용, 적절한 의사소통의 결함, 반복적이고 비전형적인 행동 패턴이 주로 나타난다. 하지만 통합교사들이 이질적이고 다양한 특성을 지닌 자폐성 장애학생들을 교실에서 마주하였을 때, 특수교육에 대한 전문지식이 없다면 난처한 상황에 빠지게 될 것이다. 따라서 이 교재는 통합교사들이 현장에서 사용할 수 있는 단계적인 지침서 역할을 할 것으로 생각되며, 자폐성 장애학생의 성공적인 통합교육을 수행하기에 유용할 것이다.

이 책은 자폐성 장애학생의 실제적인 사례를 중심으로 다루고 있다. 1장은 자폐성 장애의 개요, 2장은 자폐성 장애아동의 특징, 3장은 자폐성 장애의 유형, 4장은 자폐성 장애의 적격성 기준, 5장은 효과적인 중

재 소개, 6장은 질 높은 교육 프로그램 작성, 7장은 부모와의 협력, 8장
은 자폐성 장애 영유아에게 효과적인 프로그램, 9장은 교수적 접근,
10장은 학급 관리 전략, 11장은 의사소통 발달 전략, 12장은 사회성 기
술 전략, 13장은 아스퍼거 증후군, 14장은 보조공학, 15장은 행동 및 훈
련 문제, 16장은 통합 촉진, 17장은 전환 계획을 다루고 있다.

이 책이 통합교육을 수행하는 데 많은 어려움을 겪고 있는 통합교사
들에게 약간이나마 도움이 되었으면 한다. 또한 학교 현장에서 그 독특
한 특성으로 인해 힘들어하는 자폐성 장애학생들을 이해할 수 있는 계
기가 되었으면 좋겠다. 자폐성 장애학생에 대한 통합교사의 전반적인
이해는 일반학생들과 자폐성 장애학생들이 같은 지역사회에서 좀 더 잘
어울리며 살아갈 수 있는 기틀을 만들 것이라 생각한다.

여러 번 수정을 하였지만 많은 부분에서 일관성이 결여되어 있거나
매끄럽지 못한 곳이 있을 줄 안다. 이러한 부분은 다음판에서 최대한 수
정할 것이며, 독자들의 많은 조언과 지적을 부탁드린다.

어려운 사정에도 흔쾌히 출판해 주신 학지사 김진환 사장님, 그리고
편집에 심열을 기울여 주신 이하나 씨에게도 감사의 말씀을 드린다.

2010년 3월,
향긋한 꽃내음을 기다리며
역자 대표 곽승철

저자 서문

자폐 스펙트럼 장애는 신경학적 원인에 의해 평생에 걸쳐 사회적 상호작용, 생각과 느낌의 의사소통능력, 상상력, 대인관계 형성에 영향을 미치는 발달장애다. 자폐 스펙트럼 장애는 증후의 심각성, 출현 연령, 정신지체, 언어장애, 간질과 같이 다른 장애와의 연관성 여부에 따라 다양하게 나타난다. 출현 역시 아동과 시간에 따라 각각 다르다. 자폐 스펙트럼 장애로 진단을 받았다 해도 똑같은 사람은 없다. 자폐 스펙트럼 장애는 여자보다 남자에게서 약 4배 정도 더 많이 나타난다. 미국 국립 연구협회(2001)에 따르면, "자폐 스펙트럼 장애의 전형적 행동이라고 볼 수 있는 행동은 없고, 사회적 결함이라고 하는 시종일관되고 강한 공통점이 있기는 하나, 자폐 스펙트럼 장애 진단에서 개개 아동을 자동적으로 배제할 만한 특별한 행동이 없다."고 한다(p. 11).

Leo Kanner는 1943년에 자폐 스펙트럼 장애의 특징을 밝힌지 60년 이상이 지났지만 이 특징은 여전히 유효하다. 그것은 ① 사람과 상황에 대한 문제, ② 말하기와 언어 문제, ③ 발달지체, ④ 환경 변화와 관계된 문제, ⑤ 정형화되고 반복적인 행동과 기타 이상한 운동 동작이다 (Simpson & Zionts, 2000).

자폐 스펙트럼 장애학생뿐 아니라 모든 학생들을 위한 교육 프로그램의 전반적인 목표는 공동체 안에서 독립적인 삶을 살 수 있도록 하는 것이다. 이 목표에 도달하기 위해서는 아동/학생의 개별 요구에 기초한 교육이 필요하다. 각 아동을 위한 개별 목표를 세우기 위해서는 현재 능력 수준을 실제적으로 사정하는 것과 학습결함을 밝혀내는 것이 필요하다. 다시 말하면 자폐 스펙트럼 장애아동이 지금 할 줄 아는 것은 무엇이고, 남보다 더 잘하는 기능은 무엇이며, 또 어떤 기능을 가져야 성인이 되었을 때 지역사회 안에서 생활하고 취업할 수 있을 것인가 하는 것이다. 아동의 사회적·언어적 발달이 향상되었는가? 다루어야 하는 부정적 행동이 있는가? 전반적인 목표를 수행하기 위해서 어떤 종류의 프로그램을 택해야 하는가?

일반적으로 우리는 교육 프로그램이 아동에게 일관되고 예언성이 있도록 교실환경을 조직해야 한다고 알고 있다. 자폐 스펙트럼 장애아동은 이런 환경에서 덜 혼란스러워하고 더 잘 배운다. 또 이들은 시각적일 뿐만 아니라 발화적으로 제공되는 정보가 있을 때 더 잘 배운다. 이것이 적절하게 제공되면 자폐 스펙트럼 장애아동은 적절한 행동, 언어, 의사소통, 사회성, 놀이 기술의 모델을 제공해 줄 일반 또래 아동과 상호작용할 기회를 가질 것이다.

자폐 스펙트럼 장애학생은 또 지역사회 안에서 살아가는 기술과 직업기술을 가능한 한 이른 단계에 훈련받아야 한다. 다른 사람과 어떻게 상호작용하는지를 배워야 하고 다른 학생과의 관계를 발달시키기 위한 기회를 제공받아야 한다. 길을 건너거나 필요할 때 도움을 청하는 것처럼 안전에 대한 습관은 독립성을 개발하는 데 결정적인 중요 요소다. 간단한 구매나 돈을 다루는 것을 학습하는 일 역시 아동에게 필요한 또 다른 기술의 예다. 이 모든 기술은 자폐 스펙트럼 장애학생이 배우기에 여러 가지로 어려움이 있다. 그러나 개별화 교육 프로그램에 따라 능력의 현재 상태를 사정하는 것은 자폐 스펙트럼 장애아동 각자의 독립성을 최대한으로 성취하도록 촉진한다.

교육 프로그램에 가족을 포함하는 것은 매우 중요하다. 학교에서의 학습 활동, 경험, 접근법을 가정에서도 실시하기 위해서 부모와 함께 개발한 프로그램은 이런 기술의 일반화를 촉진한다. 가정과 지역사회로의 일반화는 각각의 자폐 스펙트럼 장애아동에게 지역사회에서 최대한의 통합을 개발하는 데 중요하다. 또한 전문화된 성인이 특별히 고안된 고용 및 생활환경에서 지원해 주는 서비스는 자폐 스펙트럼 장애 청소년·성인이 지역사회 안에서 독립적인 삶과 직장을 갖도록 도와준다.

　이 책은 자폐 스펙트럼 장애에 관한 개관과 이 학생들에게 효과적인 교육 프로그램을 실시하기 위한 수많은 주요 전략을 제공해 줄 것이다. 이 책을 읽고 난 뒤에는 다음을 이해하여야 한다.

- 자폐 스펙트럼 장애아동의 특징
- 자폐 스펙트럼 장애 유형
- 자폐 스펙트럼 장애아동의 적격성 여부
- 효과적인 중재
- 양질의 교육 프로그램 개발
- 부모와의 협력
- 어린 자폐 스펙트럼 장애아동에게 효과적인 프로그램
- 교수적 접근
- 학급 관리 전략
- 의사소통 발달을 위한 전략
- 사회성 기술 전략
- 아스퍼거 증후군 아동: 특성, 학습 양식, 중재 전략
- 보조공학
- 행동 및 훈련 문제
- 통합 촉진
- 전환 계획

차 례

●●● 제9장 **교수적 접근**   **125**

… 제1장
자폐 스펙트럼 장애 소개

1. IDEA의 자폐 스펙트럼 장애 정의

미국의 연방 특수교육법인 장애인교육법(IDEA, 2004)에는 자폐 스펙트럼 장애의 모든 유형이 자폐증(autism)이라는 항목으로 분류되어 있다. 2004년 IDEA의 자폐증에 대한 정의를 살펴보면

보통 3세 이전에 구어 및 비구어 의사소통과 사회적 상호작용에 크게 영향을 미치는 발달장애로 아동의 교육적 수행에 부정적인 영향을 미친다. 자폐 스펙트럼 장애와 관련되어 흔히 나타나는 특징은 반복행동과 정형화된 운동, 환경 변화나 일상의 변화에 대한 저항, 감각 경험에 대한 이상 반응이다. 아동이 정서장애(emotional disturbance)로 인하여 교육적 수행에 부정적인 영향을 받는다면 이 용어가 적용되지 않는다(300.8[c][1]).

요점 대부분의 현장 종사자나 교육자는 자폐증이 '띠(spectrum)'를 가진 장애, 즉 비슷한 특징을 지닌 장애 집단으로 경도에서 중증에 이르는 것이라 믿고 있다. 이 책에서 '자폐증'은 '자폐 스펙트럼 장애'를 가리킨다.

2. 자폐 스펙트럼 장애 개관

원래 1943년 Leo Kanner가 기술(Colarusso & O' Rourke, 2004)한 자폐 스펙트럼 장애는 주요 특징을 함께 내포하고 있는 다른 장애뿐만 아니라 전통적인 장애까지 포함하는 광범위한 정의였다.

자폐 스펙트럼 장애의 증후와 행동 특징들은 아주 많은 변화를 보인다. 더욱이 자폐 스펙트럼 장애인은 능력, 지능, 행동이 매우 다양하다. 즉, 자폐 스펙트럼 장애와 관련된 일부 혹은 전체 특징이 경도에서 중증에 이르기까지 모든 범위에서 관찰된다. 예를 들면, 어떤 아이들은 말을 못하고, 어떤 아이들은 제한된 언어를 가지고 있다. 좀 더 유창한 언어 기술을 지닌 학생들은 추상적 개념이나 화용언어 기술에 어려움을 가지고 있을 뿐만 아니라 좁은 범위의 주제를 사용하는 경향이 있다. 반복적 놀이 기술, 제한적인 범위에서의 흥미, 사회성 기술의 결함이 일반적으로 나타난다. 큰 소음, 빛, 특정 직물, 음식, 천과 같은 감각정보에 흔히 이상한 반응을 한다.

자폐 스펙트럼 장애인은 중증의 정신지체를 보이거나 지능과 학업성취에서 특별한 재능을 보이기도 한다(Vaughn, Bos, & Schumm, 2003). 이들 중 많은 사람들이 혼자 있는 것을 좋아하고 사회적 접촉에서 몸을 빼는 경향이 있는 반면, 어떤 사람들은 높은 수준의 감성과 즐거움을 나타내기도 한다. 어떤 자폐 스펙트럼 장애인은 무기력하거나 느리게 반응하고, 사람보다는 물체에 더 집중하기도 한다(Scott, Clark, & Brady, 2000). 또 다른 자폐 스펙트럼 장애인은 그들의 환경에서 자신이 좋아하는 것에 지속적인 상호작용을 하고 활발히 활동하는 것으로 보이기도 한다.

3. 자폐 스펙트럼 장애의 원인

자폐 스펙트럼 장애는 태어나면서 나타나는 신경생리학적 장애로 대부분 3세 이전에 나타난다. 대부분의 연구자들은 자폐 스펙트럼 장애를 이루는 증후군 집단이 유전적 요인에 기인한다고 본다(Rodier, 2000). 자폐 스펙트럼 장애가 뇌의 기능에 영향을 미치기는 하지만, 자폐 스펙트럼 장애의 특별한 원인은 아직 알려지지 않고 있다. 실제로 중복적인 원인으로 발생한다고 간주되며, 이 원인은 각각 자폐 스펙트럼 장애의 여러 형태, 즉 하위 유형으로 나타나는 것이라고 추측하고 있다.

대부분의 사례에서는 어떤 특정한 원인을 찾아내지 못하고 있다. 그러나 전염, 신진대사, 유전, 환경 요인을 포함하여 여러 요인이 연구되고 있다. 전문가들은 보통 자폐 스펙트럼 장애의 증후군이 뇌 속에서의 기능부전으로 촉발된다고 보고 있으며(Szatmari, Jones, Zwaigenbaum, & MacLean, 1998), 보호자의 학대나 방기와 관련된 외상을 원인으로 보지는 않는다(Gillberg & Coleman, 2000).

자폐 스펙트럼 장애의 심리학적 원인에 대한 연구는 1960년대에 시작되었다(Scott et al., 2000). 1995년 미국 국립보건연구원(NIH)이 소집한 연구 그룹에서는 자폐 스펙트럼 장애가 다중 유전자가 포함된 유전적 감수성의 결과일 것이라고 결론지었다. 그러나 자폐 스펙트럼 장애의 염색체 이상에 관한 연구에서는 어떤 염색체가 자폐 스펙트럼 장애의 원인인지를 일관되게 밝혀내지 못하고 있다(International Molecular Genetics Study of Autism Consortium, 1998; Konstantareas & Homatidis, 1999).

자폐 스펙트럼 장애아동의 부모와 가족은 홍역, 유행성 이하선염, 풍진(MMR) 백신이 자폐 스펙트럼 장애의 원인이라 믿었다. 이 부모들은 자녀들이 MMR 백신을 접종하기 전까지는 '정상'이었고 백신 접종 후

에 자폐 스펙트럼 장애 증후를 보이기 시작했다고 보고하였다. 자폐 스
펙트럼 장애 증상이 MMR 백신을 접종하는 시기쯤에 나타나기 때문에
부모와 가족들은 백신이 자폐 스펙트럼 장애의 원인이라 본 것이다. 그
러나 어떤 사건이 비슷한 시기에 일어난 것만으로 다른 것의 원인이라
고 보기는 어렵다. MMR 백신 외에 여러 가지 백신을 접종하였음에도
다른 백신들이 자폐 스펙트럼 장애의 원인으로 밝혀지지 않고 있다.

이러한 부모들의 생각과 관찰은 Wakefield와 동료들이 1998년에 출판
한 「장질환과 자폐 스펙트럼 장애의 소규모 연구」를 통해 강조되었다
(Wakefield et al., 1998). 연구자들은 MMR 백신과 자폐 스펙트럼 장애
간에 상관이 있다고 제안하였다. 그러나 저자들은 자폐 스펙트럼 장애
아동 12명의 부모와 가족에 의지하여 이런 제안을 한 것으로, 이 연구는
양자 간 관계에 대해 어떤 과학적 증거도 제공하지 못하고 있다.

이 연구가 1998년 출판된 이래 MMR과 자폐 스펙트럼 장애 간의 상
관에 관한 수많은 연구물이 출판되었지만, 그 어느 것도 이러한 상관에
대한 과학적 증거를 대지 못하였다.

현재까지 어떤 백신이건 자폐 스펙트럼 장애를 유발할 위험이 있다거
나 다른 행동장애를 촉발한다는 결정적인 증거를 제시하지 못하고 있다.
현재 자폐 스펙트럼 장애와 백신 간의 상관에 관한 명백한 증거를 제공
해 주는 연구는 없다(Dales, Hammer, & Smith, 2001; Stratton, Gable,
Shetty, & McCormick, 2001). 그러나 후속 연구에서는 자폐 스펙트럼 장애
가 백신과 상관이 있을 수 있다는 가설을 분명히 검증해야 할 것이다.

4. 자폐 스펙트럼 장애 출현율과 발생률

26차 연례보고(미국 교육부, 2004)에 따르면, 6～21세의 학생 14만 473명에게 자폐 스펙트럼 장애가 있는 것으로 나타났다. 이는 특수교육 대상 학생의 약 2.3%, 전체 학령기 아동의 약 0.12%에 해당된다.

지난 30～40년간 자폐 스펙트럼 장애는 극적으로 증가해 왔으며, 이 때문에 가끔씩 '자폐 스펙트럼 장애 전염병'이라고 불리기도 한다. 가장 최근에 실시한 미국 정부조사(2007년 조사로 2000～2002년의 자료를 토대로 함)는 질병통제와 예방센터(CDC, 2007a)에서 한 것으로, 자폐 스펙트럼 장애가 1980년대 및 1990년대 초에 미국에서 이루어진 연구에서 보고된 빈도보다 더 높은 빈도로 출현하고 있음을 보여 주었다. CDC 조사는 미국 전역의 14개 지역사회에서 8세 아동의 건강기록과 학교기록을 바탕으로 자폐 스펙트럼 장애의 진단을 확인하였다. 이것이 자폐 스펙트럼 장애 출현율의 진짜 증가를 보여 주는지의 여부를 두고 논쟁은 여전히 계속되고 있다. 자폐 스펙트럼 장애 진단에 사용되는 준거가 바뀐 데다 전문가와 대중이 장애를 인식하는 정도가 증대된 것이 원인인 듯하다. 그럼에도 불구하고 CDC는 예전보다 더 많은 아동들이 자폐 스펙트럼 장애로 진단된다는 최근의 역학 연구보고서를 지지하고 있다.

CDC가 애틀랜타에서 실시한 프로그램의 초기 보고서를 보면, 자폐 스펙트럼 장애의 비율은 3～10세 아동 1,000명당 3.4명으로 나타났다. 이와 함께 자폐 스펙트럼 장애 출현율에 대한 더 많은 연구를 종합하여, CDC는 1,000명당 2～6명(500명에 1명에서 150명에 1명까지)의 아동에게 자폐 스펙트럼 장애가 있는 것으로 추정하고 있다. 여아보다 남아에게서 3～4배 더 높게 나왔다. 다른 아동기 조건의 출현에 비교할 때, 이 비율은 정신지체(1,000명당 9.7명)보다는 낮지만 뇌성마비(1,000명당 2.8명)보다는 높다. 또 청각장애(1,000명당 1.1명)와 시각장애(1,000명당

0.9명)보다도 높다. CDC는 이것이 국가 추정치가 아님을 밝히고 있다 (CDC, 2007b).

5. 자폐 스펙트럼 장애의 발병 연령

자폐 스펙트럼 장애 증상은 보통 아동기의 첫 3년 사이에 나타나 평생에 걸쳐 진행된다(Friend, 2005). 흥미롭게도 자폐 스펙트럼 장애가 있는 것으로 진단된 아동의 약 50%가 유아(toddler)기에 이를 때까지 증거가 될 특징을 보이지 않는다. 그러다가 일부 아이들은 이 시점에서 의사소통과 사회적 능력이 현저하게 퇴보한다(Davidovitch, Glick, Holtzman, Tirosh, & Safir, 2000).

6. 자폐 스펙트럼 장애의 성별 특징

미국 정신의학협회의 『정신장애의 진단 및 통계편람 제4판 개정판 (*Diagnostic and Statistical Manual of Mental Disorder: Text revision, 4th ed.*)』(DSM-IV-TR)을 보면, 남자에게서 나타나는 자폐 스펙트럼 장애 출현율이 여자보다 약 4배가 더 높다. 다른 연구에서는 이 비율보다 조금 높거나(Kadesjo, Gillberg, & Hagberg, 1999) 더 높은(Scott, Baron-Cohen, Bolton, & Brayne, 2002) 것도 있다. 이 문제에 대한 논쟁은 계속되고 있지만, 자폐 스펙트럼 장애가 여자보다 오히려 남자에게 더 빈번하게 나타난다는 것은 분명해졌다. 그러나 여자에게 자폐 스펙트럼 장애가 있을 때는 인지적 결함이 더 심하게 나타났다(National Research Council, 2001).

7. 자폐 스펙트럼 장애의 문화적 유형

자폐 스펙트럼 장애는 전 세계의 모든 인종적·사회적 배경에 따라 나타난다. 모든 인종적·민족적 집단과 모든 경제적 수준에서도 비슷한 수준으로 나타나고 있다(미국 교육부, 2004).

8. 자폐 스펙트럼 장애의 가족 유형

최근 연구들은 자폐 스펙트럼 장애의 유전적 소인을 강하게 가진 사람들이 있다고 제시하고 있다. 과학자들은 자폐증 아동이 한 명 있는 가족에서는 두 번째 아동이 장애를 가질 위험이 약 5%가 더 높으며 이는 일반인구에 비하여 더 높은 것이라고 추정한다(Yirmiya, Shaked, & Erel, 2001).

9. 자폐 스펙트럼 장애학생의 교육적 함의

자폐 스펙트럼 장애학생을 일반 교육현장에 완전히 포함시킬지는 큰 논란거리가 되고 있다. 많은 연구에서 완전 통합을 지지하지만(Kliewer & Biklen, 1996; Stainback & Stainback, 1990), 또 다른 많은 연구에서는 총체적인 서비스가 필요하다고 본다(Klingner, Vaughn, Schumm, Cohen, & Forgan, 1998; Padeliadu & Zigmond, 1996). 오늘날 자폐 스펙트럼 장애아동의 반 이상(57%)이 특수학급 혹은 제한적 환경에서 서비스를 받고 있고, 약 25%가 일반학급에 배치되어 있다(미국 교육부, 2004).

적절한 교육 프로그램과 조기 진단은 자폐 스펙트럼 장애아동에게 매우 중요하다. 자폐 스펙트럼 장애학생은 여러 유형의 기능을 향상시키는 데 초점을 맞춘 교과과정과 프로그램을 필요로 하며, 여기에는 의사소통, 사회성, 학업, 행동, 일상생활 기술이 포함된다(National Dissemination Center for Children with Disabilities, 2007).

적절한 교육 프로그램은 자폐 스펙트럼 장애아동이 지역사회 안에서 생활하고, 배우며, 앞으로 경쟁환경 안에서 유급 고용을 보장할 수 있는 기회를 제공해 줄 것이다(Bock & Myles, 1999; Bowe, 2005; Cowley, 2000).

10. 자폐 스펙트럼 장애아동 부모와의 협력에서 증거 중심 실제

자폐 스펙트럼 장애인을 가장 잘 돕는 방법은 팀 협력인데, 부모가 파트너로서 필수적인 역할을 하게 된다.

개인이나 그룹을 막론하고 자폐 스펙트럼 장애에 포함된 복합적 요인을 모두 풀어낼 사람은 없다. …… 참여하는 모든 사람이 잘 협력하도록 노력함으로써 자폐 스펙트럼 장애아동의 기능 수행이 크게 확장될 것이고, 이에 따라 장애아동 때문에 생기는 가족의 스트레스가 감소될 것이다(Koegel & Koegel, 1995, pp. ix-x).

부모들은 진단 초기부터 시작되는 치료 프로그램에 협력자로 여겨져야 한다. 아이들이 성장함에 따라 결정해야 할 일이 발생했을 때 부모들이 참여할 수 있어야 한다. 많은 자폐 스펙트럼 장애인들은 자기들 일생에 하나의 단위로 기능할 종합적인 팀을 필요로 한다. "자폐 스펙트럼 장애아동을 둔 가족이 직면하는 심각하고 독특한 스트레스 패턴을 가정한다면, 자폐 스펙트럼 장애 중재에서 부모-전문가 협력의 필요성은 참으로 중요하다."(Volkmar, Paul, Klin, & Cohen, 2005, pp. 1059-1060)

『자폐증과 전반적 발달장애 편람(*Handbook of Autism and Pervasive Developmental Disorders*)』(Volkmar et al., 2005)은 8개의 일반적인 연구 기반 접근법을 기술하고 있는데, 이 접근법을 "자폐 스펙트럼 장애아동 및 부모와의 협력에 가장 관련이 깊은"(p. 1061) 것이라고 보았고 다음과 같이 정의하였다.

- 조직적이고 이용하기 쉬운 형식으로 전문서적의 정보를 가족 구성원에게 제공
- 부모가 교수 기법 혹은 행동관리 전략을 이행하도록 훈련
- 교육과 양육에 학습원칙을 적용하도록 가족 구성원을 도움
- 부모-자녀 관계에서 긍정적인 균형을 증대시키고 부정적인 측면은 감소하도록 가족 구성원과 협력
- 정서적·행동적 반응을 수정하도록 가족 구성원에게 인지 기법을 훈련
- 개인수업이나 집단학습을 통한 기본 문제해결, 감정이입, 경청 등으로 가족 구성원 지원
- 자료, 서비스, 기본적인 요구를 쉽게 얻을 수 있도록 가족 구성원 보조
- 진단받은 아동의 요구를 일생 동안 주장하고 옹호할 수 있도록 가족 구성원을 도움

11. 자폐 스펙트럼 장애아동에게 가정, 학교, 지역사회 에서 서비스를 제공하기 위한 연구의 기초

자폐 스펙트럼 장애아동은 대단히 이질적 집단(심각한 발달지체로 발화가 안 되는 유아에서부터 평균 이상의 인지능력을 가졌으나 심각한 사회적 및 대인관계 문제를 가진 젊은 청소년에 이르기까지)으로, 여러 가지 다른 상황에서 교육을 받으며 살아가고 있다. 그러므로 모든 상황에서 모든 자폐 스펙트럼 장애아동에게 적용할 수 있는 한 가지 접근법은 없다. 자폐 스펙트럼 장애의 복합성은 그 원인과 가능성 있는 치료를 다루는 연구에 영향을 미치고 있다. 이처럼 연구가 모두 다른 것은 자폐 스펙트럼 장애아동과 그 가족에게 주는 서비스의 측면을 각기 다르게 취급하고 있기 때문이다. 즉, 연령이 다르고, 학교와 가정 및 지역사회의 지원이 다르며, 자폐 스펙트럼 장애 안에서도 진단이 다르고, 특수한 치료, 중재, 교육 전략이 필요하며, 포괄적 프로그램 모델이 있어야 한다. 또한 서로 다른 접근법은 아스퍼거 증후군 아동 및 청소년에게도 추천된다. 최근 들어 자폐 스펙트럼 장애 영유아를 위한 조기 중재의 효과성에 관한 연구가 두드러지게 나타나고 있다. 이런 연구물은 효과성에 관한 서로 다른 물음에 답을 주고 있다(National Research Council, 2001).

자폐 스펙트럼 장애를 위한 적절한 치료, 지원, 중재에 관해서 많은 논란이 있다. 많은 사람들은 무엇이 가장 적절하고 가장 효과적인지에 대하여 강력하게 의견을 개진하고 있다. 자폐 스펙트럼 장애의 원인이 알려지지 않았기 때문에, 이 분야는 특히 과학적 조사의 기준이 설정되어 있지 않아 '치료'에 취약할 수밖에 없다. 각 체계는 장애아동을 지원하는 것과 관련하여 그것만의 전통과 철학이 있다. 어떤 중재는 사람들의 믿음과 철학에 따라 갈등을 일으킬 수 있다.

최근 들어 교육학과 사회과학 양쪽에서 증거 중심 실제를 통해 결과와 비용효과를 극대화하도록 압박하고 있다. 낙오학생방지법(NCLB)은 교육 결과와 책임을 개선하기 위하여 과학적 기반 연구를 사용하도록 권장하고 있다. 미국 심리학회와 같은 전문가 조직은 증거 중심 치료의 사용을 권장하기 위하여 임상 실제 지침서를 개발하였다. 증거 중심 실제는 상당히 높은 수준의 상호 검토(동료검토)연구를 통해 그 효과성을 지지해 주는 연구다. 사회과학 혹은 교육학에 주어진 현장이 증거 중심 인지를 결정하기 위하여 질적 · 양적 연구를 평가하려는 어떤 합의된 기준이 있는 것은 아니다. 대신에 전문가나 학계에서 여러 가지 기준을 제안하고 있다(Pierangelo & Giuliani, 2007).

··· 제2장
자폐 스펙트럼 장애아동의 특징

자폐 스펙트럼 장애인은 여러 가지 다양한 행동을 광범위하게 나타낼 수 있는데, 어떤 행동은 보통 장애의 특징으로 알려져 있는 것들이다. 이 행동은 교육 프로그램을 계획할 때 미치는 영향을 이해하는 기본이기 때문에 매우 중요하다. 이것들은 사회적 상호작용, 의사소통, 감각처리, 새로운 기술의 학습을 말한다. 이 특징 모두가 진단된 모든 사례에서 나타나는 것은 아니며 연령과 개인에 따라서 각기 다르게 나타난다. 또한 보통 자폐 스펙트럼 장애와 관련된 특징은 자폐 스펙트럼 장애에 한정되는 것이 아니라 다른 장애로 진단된 사람들에게서도 나타날 수 있다.

1. 자폐 스펙트럼 장애로 볼 수 있는 조기 지표

때로는 '적신호'라고 표현되기도 하는 임상적 단서는 역사적 사실과 현재의 관찰을 말하는데, 만일 이것들이 존재한다면 어린 아동에게서 자폐 스펙트럼 장애의 가능성이 증가하게 된다. 임상적 단서는 부모나 아이들과 친하게 지내는 다른 사람을 통하여, 혹은 일상적인 발달검사의 한 부분으로, 그렇지 않으면 다른 이유로 건강검진을 받았다가 발견된다.

〈표 2-1〉에서 보여 주고 있는 임상적 단서는 자폐 스펙트럼 장애아동에게서 볼 수 있는 지체된 행동 혹은 비정상적 행동들이다(이 중 몇 가지는 아마도 자폐 스펙트럼 장애라기보다 다른 발달지체 혹은 장애가 있다고 할 수 있는 아동에게서 볼 수 있는 것들이기도 하다.).

표 2-1   자폐 스펙트럼 장애로 의심되는 임상적 단서

- 구어적 언어의 지체 혹은 결핍
- 사람을(초점을 맞추지 않고) 지나쳐서 봄, 다른 사람을 의식하지 않음
- 다른 사람의 얼굴 표정, 감정에 반응하지 않음
- 가장놀이(그런 척하는 놀이)를 하지 않음, 상상력이 거의 없거나 결핍되어 있음
- 옆에서 놀고 있는 또래에게 흔히 가지는 흥미를 보이지 않거나 목적을 두고 함께 놀지 않음
- 주고받기 기술이 부족함
- 다른 사람과 기쁨을 나누지 않음
- 비구어적 의사소통에서 질적 결함을 보임
- 다른 사람이 보도록 물건을 가리키지 않음
- 응시 추적이 결여되어 있음
- 활동 혹은 사교적 놀이를 주도하지 못함
- 손과 손가락을 이상하게 혹은 반복적으로 되풀이하여 움직임
- 감각 자극에 비정상적으로 반응하거나 반응결핍을 보임

만일 자폐 스펙트럼 장애로 볼 수 있는 임상적 단서가 부모나 전문가를 통해서 밝혀졌다면 곧바로 적절한 선별검사를 받는 것이 중요하다. 자폐 스펙트럼 장애가 있는 것으로 의심되는 아동에게는 진단평가(특수진단을 결정하기 위하여)와 기능 사정(여러 가지 발달 영역에서 아동의 강점과 욕구를 평가해 내기 위하여) 둘 다 하는 것이 중요하다.

2. 발달의 유형

자폐 스펙트럼 장애아동 중에는 생애 첫 몇 달 동안에 앞으로 생길 문제를 미리 예상하게 해 주는 경우도 있다. 다른 아이들은 24개월 혹은 그보다 더 늦게 증상을 보일 것이다. 자폐 스펙트럼 장애아동의 부모 중 1/3~1/2은 자녀의 문제를 첫돌 전에, 그리고 거의 80~90%의 부모는 24개월 정도에 알아차렸다는 것을 연구를 통해 알 수 있다. 자폐 스펙트럼 장애아동 중 일부는 18~24개월에 이르기까지 정상적으로 발달하다가, 새로운 언어와 사회적 기능 습득을 중단하거나 이미 가지고 있는 기능을 잃기도 한다.

자폐 스펙트럼 장애아동의 성장은 여러 분야에서 여러 가지 속도로 발달해 간다. 언어, 사회적 기능, 학습 기능에서는 지체될 수 있지만 운동 기능은 자기 또래의 다른 아동들과 같을 수 있다. 퍼즐 맞추기나 컴퓨터 문제는 아주 잘 해결하겠지만 친구를 만들거나 친구와 말하는 것과 같은 사회적 활동에서는 문제를 가질 수 있다. 또 자폐 스펙트럼 장애아동은 쉬운 것을 배우기 전에 어려운 것을 배우기도 한다. 예를 들면, ㄱ이 어떤 발음을 내는지는 몰라도 아주 많은 글자로 된 단어는 읽을 수도 있다.

3. 사회성 기술의 결함

사회성 기술의 결함은 모든 자폐 스펙트럼 장애에서 보이는 주된 문제다. 이 결함은 단순히 수줍어하는 것과 같은 사회적 '곤란'이 아니다. 일상생활에서 심각한 문제의 충분한 원인이 될 수 있다. 이 사회적 문제는 의사소통 기술과 비정상적 행동과 흥미 같은 다른 영역의 결함과 자주 결합되어 나타난다. 예를 들면, 사회적 문제와 의사소통의 문제 모두에서 주고받는 대화를 할 수 없다.

일반적으로 아기는 자기 주변의 세상과 사람들에게 흥미가 많다. 전형적인 유아라면 첫돌 즈음에 단어를 모방하고 '바이바이'와 같이 손을 흔드는 동작, 손가락 쥐기, 사람들에게 웃어 주기 같은 간단한 제스처를 사용한다. 그러나 자폐 스펙트럼 장애가 있는 아기들은 다른 사람과 상호작용하는 것을 배우기가 몹시 어려울 수 있다. 어린아이들이 다른 사람과 상호작용하는 한 가지 방법이 다른 사람의 행동을 모방하는 것이다(예, 엄마가 손뼉을 치면 자기도 따라서 손뼉을 치는 행동). 자폐 스펙트럼 장애아동은 이렇게 하지 않으며, 까꿍놀이나 '아침 바람 찬 바람에' 같은 놀이에도 흥미를 보이지 않는다. 아침 바람 놀이가 살아가는 데 중요한 능력은 아니지만 모방능력은 중요한 삶의 기능이다. 우리는 언제나 다른 사람을 관찰하고 그들이 하는 것을 그대로 따라함으로써—특히 낯선 상황 혹은 언어 사용에서 그렇게 함으로써— 뭔가를 배운다.

자폐 스펙트럼 장애인은 보통 사람들이 하는 식으로 다른 사람과 상호작용을 하지 않는다. 어쩌면 다른 사람에게는 전혀 흥미가 없을지도 모른다. 더러는 친구를 원하겠지만 대인관계의 문제를 야기할 사회적 문제를 가지고 있을 수 있다. 다른 사람과 눈 맞추기가 안 되고 그냥 혼자만 있고 싶어 할 수 있다. 많은 자폐 스펙트럼 장애아동이 순번 지키기나 나눔 배우기를 어려워한다. 다른 아이들보다 훨씬 더 어려워하기 때문에 다른 아이들은 이들과 함께 놀기를 꺼려한다.

자폐 스펙트럼 장애인은 표현에서도 어려움을 가지고 있는데, 이 때문에 다른 사람의 감정을 이해하거나 자신의 감정을 말하는 데 문제를 보인다. 많은 자폐 스펙트럼 장애인들은 다른 사람이 자신을 만지는 것에 아주 예민하기 때문에 누가 자신을 포옹하는 것을 싫어한다. 자폐 스펙트럼 장애인에게는 반복행동(소위 '자기자극행동')이 흔히 나타나는데, 다른 사람이 보기엔 아주 이상하고, 다른 사람을 불편하게 만들며, 자폐 스펙트럼 장애인과 거리를 두게 만든다.

또래와의 상호작용에 문제가 있거나, 부적절해도 생각나는 대로 아무렇게나 말하며, 변화에 적응하려면 어려움이 있고, 몸치장에도 어려움이 보이는 사회성 문제는 가끔 자폐 스펙트럼 장애 성인이 자기 지능에 맞춰 일자리를 구하거나 유지하는 데 어려움을 갖게 한다. 어떤 자폐 스펙트럼 장애인에게 때로 영향을 미치는 불안과 우울은 이미 존재하는 사회성 결함 관리를 더 어렵게 만들 수 있다.

많은 사람들이 다른 사람을 관찰하면서 배우는 사회성 기술을 자폐 스펙트럼 장애인들은 직접적으로 배워야 한다. 무엇을 가르쳐야 하는지를 결정할 때, 화장실 훈련과 기타 기본 몸단장(목욕하기, 이 닦기, 적절하게 옷 입기 등)과 같은 독립생활 기술을 학습하는 사회적 가치를 생각해 보아야 한다.

자폐 스펙트럼 장애아동·청소년은 '다르며', 이들은 매우 융통성이 없거나 순진하여 지나치게 잘 믿기 때문에 자주 골목대장의 목표가 되어 쉽게 이용당한다. 모든 아동에게 아주 어린 나이부터 다름을 수용하고 관용을 베풀 수 있도록 가르치는 것이 중요하다. 또 자폐 스펙트럼 장애아동·청소년에게 개인의 신변안전을 가르치고 도움이 필요하면 부모, 교사 혹은 믿을 만한 어른에게 가라고 말해 주는 것도 중요하다.

괴롭힘의 대상이 되는 문제나 기타 개인의 신변안전 문제와 관련하여 자폐 스펙트럼 장애의 유무를 막론하고 모든 아동과 청소년에게 가르치는 많은 전략과 교과과정이 있다. 지역의 서점을 찾거나, 온라인 서점을 탐색하거나, 특수교육 및 교육 분야 도서를 전문적으로 내는 출판사에 연락함으로써 이런 자료들을 찾아낼 수 있다. 교사와 건강보호 전문가는 이런 유형의 정보를 제공하는 좋은 출처가 된다.

또 자폐 스펙트럼 장애아동은 다른 사람이 생각하고 느끼는 것을 해석하는 데에도 학습이 더디다. 웃음, 윙크, 얼굴 찌푸림 같은 미묘한 사회적 암시의 의미를 거의 해석하지 못한다. 이런 암시를 놓치는 아동에게는, 말하는 사람이 웃고 있는지, 안으려고 팔을 벌리고 있는지, 주먹을 허리에 대고 인상을 쓰고 있는지와는 상관없이 "이리 와."라는 말이 늘 한 가지 의미를 가질 뿐이다. 제스처와 얼굴 표정의 해석능력이 없어서 세상이 매우 당황스럽게 보일 것이다. 문제를 더 복잡하게 만드는 것은 자폐 스펙트럼 장애인들이 다른 사람의 관점에서 사물을 보는 데 어려움을 가지고 있다는 것이다. 대부분의 다섯 살짜리는 다른 사람이 자기들과는 다른 정보, 감정, 목적을 가지고 있다는 것을 알고 있다. 자폐 스펙트럼 장애인은 이런 이해가 부족하다. 이러한 결함 때문에 이들은 다른 사람의 행위를 예측하거나 이해하지 못하는 것이다.

보편적인 것은 아니지만 자폐 스펙트럼 장애인들은 또한 자기 정서를 조정하는 데도 어려움이 있다. 이는 '미숙한' 행동으로 나타나는데, 예를 들어 교실에서 큰 소리로 울거나 주변에 있는 사람들에게 부적절하게 보이는 말을 분출해 내곤 한다. 자폐 스펙트럼 장애인은 때로 파괴적이고 신체적으로 공격적이 되기도 한다. 이는 사교적 대인관계를 더욱더 힘들게 만든다. 특히 낯선 환경이나 압도적인 환경, 자신이 화가 나 있거나 좌절될 때 '통제를 잃는' 경향이 나타난다. 때로 물건을 부수고, 다른 사람을 공격하고, 자신에게 상처를 입힌다. 좌절감으로 머리를 짓찧는다든지, 자기 머리카락을 잡아당긴다든지, 자기 팔을 물어뜯는다.

4. 의사소통 기술의 결함

자폐 스펙트럼 장애인은 모두 다른 의사소통 기술을 가지고 있다. 어떤 사람은 상대적으로 좋은 구어 기술을 가지고 있으며, 단순히 약간의 언어지체에 사회성 결함이 수반되어 있다. 또 어떤 사람은 말을 전혀 못하거나, 다른 사람과 의사소통을 하거나 상호작용을 할 때 제한적인 능력이나 흥미를 보인다. 자폐 스펙트럼 장애아동의 약 40%는 전혀 말을 하지 못한다. 나머지 25~30%는 12~18개월 정도에서 약간의 단어를 말하다가 이후에 상실하게 된다. 또 어떤 아동들은 아마도 말은 하겠지만, 아동기까지 기다려야 할 것이다(Pierangelo & Giuliani, 2007).

　자폐 스펙트럼 장애인은 말을 한다 해도 이상한 방법으로 언어를 사용한다. 예를 들면, 의미 있는 문장 안에서 단어를 조합해 내지 못한다. 어떤 자폐 스펙트럼 장애인들은 한 단어로만 말을 할 것이고, 또 다른 사람들은 같은 문장을 계속해서 반복한다. 어떤 아이들은 다른 사람의 말을 되풀이하는데, 이를 '반향어'라고 한다. 반복된 단어는 즉시 또는 나중에 말할 수가 있다. 예를 들면, 자폐 스펙트럼 장애아동에게 "주스 좀 줄까?"라고 물으면 대답 대신 "주스 좀 줄까?"라고 되풀이한다. 자폐 스펙트럼 장애가 없는 많은 아동들도 자신이 들은 것을 그대로 되풀이하는 단계를 거치지만, 정상적으로는 그때가 3세 정도다. 또 어떤 자폐 스펙트럼 장애인들은 말을 잘할 수 있으나, 다른 사람이 말하는 것을 잘 귀담아 듣는 것이 어려울 수 있다.

　자폐 스펙트럼 장애인은 제스처, 신체언어, 목소리의 강약을 사용하거나 이해하는 데 어려움이 있을 수 있다. 예를 들면, 자폐 스펙트럼 장애인은 헤어질 때 손을 흔드는 것이 무슨 의미인지 이해하지 못한다. 얼굴 표정, 움직임, 제스처는 이들이 얘기하는 것과 맞지 않을 수 있다. 예컨대, 자폐 스펙트럼 장애인은 슬픈 일을 얘기하면서 웃을 수 있다. '당신'을 의미하면서 '저'를 쓸 수 있고 그 반대도 가능하다. 목소리는 높낮이가 없거나, 로봇 같거나, 높은 톤이다. 자폐 스펙트럼 장애인은 말하는 사람에게 너무 가까이 붙어 서 있을 수 있고, 아니면 한 주제로 너무 길게 대화를 끌어 가고 있을 수 있다. 주고받는 대화보다는 자기가 좋아하는 어떤 것에 대해 너무 많은 말을 한다. 비교적 좋은 언어 기술을 지닌 아동은 꼬마 어른처럼 이야기하며, 자기 또래가 흔히 사용하는 '아이 말'은 사용하지 못한다.

　3세 정도에는 대부분의 아동이 언어학습에 필요한 예언 가능한 이정표를 나타낸다. 그중 가장 먼저 시작하는 것이 옹알이다. 전형적인 유아라면 첫돌쯤에 단어를 말하고, 자기 이름이 들리면 고개를 돌리고, 장난감을 원하면 그것을 가리킨다. 그리고 뭔가 맛 없는 것을 주면 분명하게 아니라고 말한다.

나중에 자폐 스펙트럼 장애 징후를 보이는 영아는 출생 후 처음 몇 달 동안 옹알이를 하지만 이내 그치고 만다. 아마 다른 것들도 지체될 수 있으며, 언어 발달은 5~9세까지 늦어진다. 어떤 아이들은 그림이나 수화 같은 의사소통 체계의 사용을 배우기도 한다. 자폐 스펙트럼 장애로 진단받은 어떤 아동은 일생 동안 침묵하기도 한다.

어떤 아동은 언어지체가 약하거나, 심지어는 언어 발달이 조숙하여 이상할 정도로 광범위한 어휘력을 보이지만 대화를 이어 가는 것은 어렵다. 정상적인 대화에서 이루어지는 주고받기가 이들에게는 어려운 것이다. 좋아하는 주제를 두고 독백을 할 때조차도 다른 사람에게 논평할 기회를 주지 않는다. 다른 어려움은 신체언어, 목소리의 톤 혹은 '구문회화'의 이해가 어렵다는 것이다. 냉소적인 표현인 "와, 멋지네." "잘 한다." 등의 말을 액면 그대로 해석한다.

자폐 스펙트럼 장애아동은 말하는 것을 이해하는 데도 어려움이 있으며, 이들의 신체언어는 얼굴 표정이나 움직임처럼 이해하기 어렵고, 제스처는 아이가 말하는 내용에 맞지도 않고 감정을 반영하지도 않는다. 의미 있는 제스처나 물건을 청하는 언어가 없어서 자폐 스펙트럼 장애인들은 자신이 원하는 것을 다른 사람이 알게 할 수가 없다. 그래서 그냥 소리를 지르거나 원하는 물건을 덮어놓고 움켜잡는다. 자신의 욕구 표현에 대한 더 좋은 방법을 배울 때까지 자폐 스펙트럼 장애아동은 다른 사람을 통해 (뭔가를) 얻기 위해 자신이 할 수 있는 것은 무엇이든 한다. 자폐 스펙트럼 장애인은 성장하면서 다른 사람을 이해하고 다른 사람에게 이해받는 데 어려움이 있다는 것을 점점 더 잘 인식한다. 그 결과 불안해하고 우울해한다.

5. 이상하고 반복되는 행동과 일상

　반복하는 동작처럼 이상한 행동은 사회적 상호작용을 힘들게 한다. 반복동작은 신체 일부나 전신 혹은 물체나 장난감까지를 포함한다. 예를 들면, 자폐 스펙트럼 장애인은 계속해서 팔을 접었다 펴거나, 양 옆으로 몸을 흔들며 시간을 보낸다. 계속해서 전등을 켰다 끄거나, 눈앞에서 장난감 자동차의 바퀴를 돌려댄다. 이런 유형의 활동은 자기자극 혹은 '스티밍(stimming)'으로 알려져 있다.

　자폐 스펙트럼 장애인은 흔히 일상적인 삶을 보람으로 삼고 살아간다. 하루의 정상적인 유형이 바뀌면—학교에서 집으로 가는 길에 걸음을 멈춘다든지—자폐 스펙트럼 장애인은 몹시 화를 내고 좌절한다. '통제 불능'이 될 수 있고, 낯선 환경에 놓이면 완전히 무너지거나 심하게 화를 낸다.

　또한 어떤 자폐 스펙트럼 장애인은 이상하거나 불필요한 일상을 만들기도 한다. 예를 들면, 지나가는 길에서 보이는 창문마다 한 번씩 내다보려 한다거나, 비디오를 보면 처음부터 끝까지—미리보기부터 마지막 나오는 사람들의 자막까지—보려 한다. 이를 허락하지 않으면 심각한 좌절과 분노를 보인다.

　자폐 스펙트럼 장애아동은 보통 신체적으로는 정상이며 근육 통제를 잘할 수 있더라도, 이상한 운동을 함으로써 다른 아동에게 따돌림을 받게 된다. 이런 행동은 극단적이고 아주 뚜렷하거나, 겨우 식별할 정도로 미미하기도 하다. 어떤 아동과 학생의 경우 반복적으로 팔을 펄럭거리거나 발끝으로 걸으며 시간을 보내기도 한다. 더러는 갑자기 하던 동작을 멈추고 그대로 굳어 버리기도 한다.

　아동에게 맞는 가장(假裝) 놀이를 하기보다는 특정한 방법으로 장난감 자동차와 기차를 줄 세우며 시간을 보낸다. 누가 우연히 장난감 중 하나

를 건드리면 아이는 아마도 무척 화를 낼 것이다. 자폐 스펙트럼 장애
아동은 환경이 항상 절대적으로 똑같기를 필요로 하고 또 요구한다. 일
상에서 약간만 변화가 있어도—특정 시간에, 그리고 같은 방식으로 밥
먹기, 옷 입기, 목욕하기, 학교 가기—심하게 방해를 받은 것으로 간주
한다. 아마도 질서와 무변화가 혼돈의 세계에 어떤 안정성을 부여하는
지도 모른다.

　때로는 반복행동이 고집과 심한 편견으로 나타나기도 한다. 예를 들
어, 아동은 진공청소기, 열차 시간표, 등대에 관해 모두를 학습하고자
집착할 수 있다. 흔히 수, 상징, 과학적 주제에 큰 흥미를 보인다.

6. 자폐 스펙트럼 장애에 수반되는 장애와 질병

1) 감각 문제

　지각이 정확하다면 보고, 느끼고, 들은 것으로부터 아이들은 뭔가를 배
울 수 있다. 반면 감각 정보에 결함이 있다면 아동의 세상 경험이 혼란스
러울 수 있다. 많은 자폐 스펙트럼 장애아동이 특정의 소리, 직물, 맛,
냄새에 심하게 순응하거나 고통스럽게 과민하다. 어떤 아동들은 천이 피
부에 닿는 것을 거의 참을 수 없는 것으로 느낀다. 어떤 소리들은—진공
청소기, 전화 벨소리, 갑작스런 천둥소리, 심지어는 해변의 파도소리까지
—이 아동들로 하여금 귀를 막고 소리를 지르도록 만든다.

　자폐 스펙트럼 장애인의 두뇌는 감각을 적절하게 균형 맞출 수 없는
것처럼 보인다. 어떤 자폐 스펙트럼 장애아동은 극단적인 냉기나 고통
에 무감각하며, 넘어지거나 팔이 부러져도 결코 울지 않는다. 또 다른
자폐 스펙트럼 아동은 벽에 머리를 세게 부딪혀 아프더라도 아랑곳하지
않지만, 가벼운 접촉만으로도 놀라서 고함을 질러댄다.

2) 정신지체

많은 자폐 스펙트럼 장애아동들은 어느 정도 정신지체를 보인다. 검사를 해 보면, 어떤 영역의 능력은 정상이지만 다른 영역의 능력은 심하게 저하되어 있다. 예를 들면, 자폐 스펙트럼 장애아동은 시기능검사에서는 뛰어난 결과를 보이지만 언어 하위검사에서는 낮은 점수를 받을 수 있다.

3) 발 작

자폐 스펙트럼 장애아동의 1/4이 발작을 하는데, 흔히 아동 초기 혹은 청소년기에 시작된다. 뇌 속의 전기활동의 이상으로 생기는 발작은 일시적인 의식상실(블랙아웃), 경기, 이상한 움직임 혹은 심한 발작을 야기한다. 때로는 수면 부족이나 고열도 한몫한다. 뇌파검사(EEG)는 두피에 전기적 장치를 부착하여 뇌의 전류를 재고 기록하는 것인데, 발작이 있는지를 알아보는 데 도움이 된다.

대부분의 사례에서 발작은 '항경련제'로 알려진 여러 가지 약품으로 조절할 수 있다. 약물 복용량은 효과가 나타날 수 있는 최소량으로 신중하게 사용되어야 한다.

4) 프레자일 X 증후군

이 장애는 정신지체의 가장 흔한 유전 형태다. 현미경으로 보면 X 염색체의 한 부분이 수척하거나 연약한 결함 조각을 가졌기 때문에 이런 이름이 붙었다. 프레자일 X 증후군은 자폐 스펙트럼 장애인의 약 2~5%에 영향을 미친다. 자폐 스펙트럼 장애 부모가 다른 자녀를 가지고자 할 때 자폐 스펙트럼 장애아동의 프레자일 X 검사는 아주 중요하

다. 정확한 원인이 알려지지 않았지만, 자폐 스펙트럼 장애아동이 프레
자일 X를 가졌다면 같은 부모에게서 태어나는 남자아이가 이 증후군을
가질 확률은 50%다. 아이를 갖고자 고려하는 가족의 또 다른 구성원 역
시 이 증후군 검사를 해 볼 필요가 있다.

5) 결절성 경화증

결절성 경화증은 뇌나 다른 생체기관에서 양성 종양이 자라 원인이 되
는 보기 드문 유전장애다. 자폐 스펙트럼 장애와 관계가 깊다. 자폐 스펙
트럼 장애인의 1~4%가 결절성 경화증을 가지고 있다.

7. 연관된 특징

자폐 스펙트럼 장애인은 다른 장애와 관련된 광범위한 행동범위를 가
지고 있다. 여기에는 과잉행동, 짧은 주의집중, 충동성, 공격성, 자해,
분노 등이 포함된다. 접촉, 냄새, 소리 및 기타 감각 입력에 이상한 반응
을 보일 수 있다. 예를 들면, 고통이나 큰 소음에 과도하게 높거나 지나
치게 낮은 반응을 보인다. 이상한 식습관을 가지고 있을 수도 있다. 예
를 들어, 어떤 자폐 스펙트럼 장애인은 몇 가지 음식만 한정해서 먹고,
또 다른 사람은 음식이 아닌 먼지나 돌 같은 것을 먹는다[이를 이식증
(pica)이라고 한다.]. 또한 이상한 수면습관이 있을 수 있으며, 비정상적
기분이나 정서적 반응을 보이기도 한다. 이상한 때 웃거나 울 수 있고,
기대하고 있는 정서적 반응을 안 보일 수도 있다. 위험한 것을 무서워하
지 않을 수 있고, 무해한 것에 공포를 느낄 수도 있다. 또 만성 변비나
설사와 같은 위장 문제를 가지고 있을 수도 있다.

자폐 스펙트럼 장애아동은 일반아동과 마찬가지로 아프거나 다칠 수

있다는 것을 기억하는 것도 중요하다. 정기적인 의료 및 치과검사도 아동의 중재 계획에 포함되어야 한다. 흔히 아동 행동이 자폐 스펙트럼 장애와 관련되어 있는지 혹은 별도의 건강 문제로 발생한 것인지를 이야기한다는 것은 어려운 일이다. 예를 들면, 머리를 박는 것은 자폐 스펙트럼 장애의 증상일 수 있지만, 아동이 머리가 아파서 하는 행동일 수도 있다. 이런 경우는 세심한 신체검사가 중요하다.

··· 제3장
자폐 스펙트럼 장애 유형

1. 자폐성 장애 (전통적 자폐증)

자폐성 장애(때로 '전통적 자폐증'이라 불린다)는 자폐 스펙트럼 장애로 알려진 가장 흔한 발달장애 집단이다. 전통적 자폐증은 사회적 상호작용의 결함, 구어 및 비구어 의사소통의 문제, 이상하고 반복적이거나 심각하게 제한적인 활동과 흥미 등의 특징을 보인다(National Institute of Neurological Disorders and Stroke, 2005a).

전통적 자폐증 아동의 특징으로는 세 가지 뚜렷한 행동이 있다. 즉, 사회적 상호작용의 어려움, 구어 및 비구어 의사소통상의 문제, 반복적 행동 혹은 좁고 집착하는 흥미가 그것이다. 이런 행동은 경도에서 중증에 이르기까지 파장 분포가 다양하다. 전통적 자폐증의 또 다른 일반적 증상은 다음과 같은 것들이다(Deutsch-Smith, 2004; Gargiulio, 2004; Heward, 2006; Westling & Fox, 2004).

• 일반적인 교수 방법에는 반응하지 않는다.

• 구어 단서에 반응하지 않는다.
• 지속적으로 이상한 놀이를 한다.
• 눈 맞추기를 전혀 하지 않거나 혹은 아주 조금 한다.
• 고통에 과민 혹은 과소 반응을 한다.
• 신체적으로 극단적인 과잉행동 혹은 과소행동을 한다.
• 신체적 감정을 표현하고 수용하는 데 어려움이 있다.
• 욕구 표현에 어려움이 있다. 즉, 제스처나 말로 하는 대신 가리키기 등의 표현을 사용한다.
• 다른 사람과 관계를 맺거나 어울리는 데 어려움이 있다.
• 물건에 대해 부적절한 애착을 보인다.
• 운동 기능이 한결같지 않다.
• 자주 짜증을 낸다.
• 혼자 있기를 좋아하며 냉담한 편이다.
• 정상적인 언어반응을 해야 할 때 단어나 구문을 반복한다.
• 변화에 저항한다.
• 물건을 돌린다.

자폐성 장애의 원인은 제대로 밝혀지지 않았으나, 대체로 뇌 구조 혹은 뇌 기능의 비정상이 원인으로 받아들여지고 있다. 뇌 스캔을 하면 자폐성 장애아동과 그렇지 않은 아동은 모양과 구조에서 차이를 보인다. 연구자들은 여러 가지 이론을 연구하고 있고 그중에는 유전적 문제와 의료적 문제의 결합도 있다. 자폐 스펙트럼 장애 혹은 관련 장애의 패턴이 나타나는 많은 가족을 보면, 장애의 유전적 요인이 있는 것 같다(National Institute of Neurological Disorders and Stroke, 2005a). 자폐 스펙트럼 장애의 원인으로 어떤 특정 유전자가 밝혀지진 않았지만, 연구자들은 자폐 스펙트럼 장애아동이 물려받았을지도 모르는 유전 코드의 변칙 부분들을 연구하고 있다. 어떤 아동들은 자폐 스펙트럼 장애를 가지기 쉽게 태어나지만, 이 장애가 결국 환경적 '촉발요인'으로 발생하는 것으로 보이는데, 이것이 무엇인지 연구자들도 아직 밝혀내지 못하고 있다.

2. 아동기 붕괴성 장애

　아동기 붕괴성 장애는 2세까지는 정상적으로 자라다가 3~4세에 이르러 나타나는 장애다. 이러한 장애아동은 여러 달에 걸쳐 이전까지 정상이던 지능, 사회성, 언어 기능이 나빠지는 것을 보여 준다(U.S. National Library of Medicine, 2004b).

　아동기 붕괴성 장애는 이전까지 완전히 정상적인 발달을 보이는 아동에게서 발생한다. 일반적으로 언어, 사회환경에 대한 흥미, 화장실 사용과 신변자립 기능이 상실되며, 환경에 대한 흥미도 대체로 사라진다. 보통 이 아동은 매우 '자폐성'이 있는 것으로 보인다(즉, 발달사가 아니라 임상적 소견에 따라 자폐 스펙트럼 장애아동의 유형이 되었다.). (Yale Developmental Disabilities Clinic, 2005). 의사소통 기술을 잃고, 비발화적 행동이 퇴보하며, 이전에 습득한 일상 기술들을 심각하게 상실한다. 상태는 전통적인 자폐증과 아주 비슷하다.

　아동기 붕괴성 장애의 증상은 다음과 같다(U.S. National Library of Medicine, 2004b).

- 사회성 기술 상실
- 대장 및 방광 통제 기능 상실
- 표현언어와 수용언어 상실
- 운동 기능 상실
- 놀이를 거의 하지 않음

- 또래관계를 맺지 못함
- 비구어적 행동 결함
- 구어 지체 혹은 결핍
- 대화 시작이나 유지 불능

아동기 붕괴성 장애는 아동기 정신분열증이나 전반적 발달장애와는 분명히 구분되어야 한다. 아동기 붕괴성 장애의 가장 중요한 표식은 발달 이정표를 상실한다는 것이다(U.S. National Library of Medicine, 2004b). 아동은 3~4세까지는 정상 발달을 보이는 듯하다가 앞에서 언급한, 이전에 이미 습득한 능력을 몇 달에 걸쳐 서서히 잃어 간다(예, 언어, 운동, 사회성 기술). 원인은 아직 알려져 있지 않지만 신경 문제와 관련이 있는 듯하다(Yale Developmental Disabilities Clinic, 2005).

3. 레트 증후군

레트 증후군은 거의 여자에게서만 나타나는 신경성 장애로 전 세계 여러 인종 및 민족에게서 광범하게 나타난다(International Rett Syndrome Foundation, 2005).

운동 기능을 수행할 수 없는 것은 아마도 레트 증후군의 가장 심각한 장애 특징일 것이다. 시선 응시와 말하기를 포함하여 모든 신체 동작이 손상되어 있다. 레트 증후군의 또 다른 진단 증후는 다음과 같다 (International Rett Syndrome Foundation, 2005; National Institute of Neurological Disorders and Stroke, 2005c).

- 6~18개월까지의 초기 발달은 정상 혹은 거의 정상에 가깝게 성장함
- 일시적인 정체 혹은 위축 기간에 아동은 의사소통 기술과 의미 있

는 손 사용을 잃음
- 정형화된 손동작이 나타남
- 걷는 모양이 이상해짐
- 머리 성장 속도가 느림
- 발작이 나타남
- 깰 때 호흡 유형이 흐트러짐
- 손의 기능적 사용을 상실하여 손을 쥐어짜거나 씻는 등 강박적인 손동작이 나타남

4. 달리 분류되지 않는 전반적 발달장애

달리 분류되지 않는 전반적 발달장애(Pervasive Developmental Disorder Not Otherwise Specified: PDD-NOS)는 아동 1만 명당 10~12명에게서 보이는 발달신경학적 스펙트럼 장애다. PDD-NOS를 가진 아동은 ① PDD의 네 가지 특정 유형 중 임상가들이 진단하기 위해 사용하는 증상 준거를 전체적으로 충족시키지 못하고, ② PDD 특정 유형의 어떤 유형에 기술된 결함 수준도 가지지 않는다. PDD-NOS는 자폐 스펙트럼 장애와 비슷하지만(이 둘을 한데 묶어야 한다고 주장하는 사람들도 있다), 아동은 중증 장애보다는 조금 약한 정도를 보인다. 이 아동들은 구어가 가능한 것으로 보이고 구어적 혹은 비구어적 의사소통에서도 어느 정도 효과적으로 기능한다. 그러나 자폐 스펙트럼 장애와 모습이 비슷하여 사회적 상호작용, 의사소통, 반복적인 정형화된 행동에서 심각한 결함이 있다. PDD-NOS는 출현 연령이나 자폐성 특징이 결합되어 있어서 어떤 자폐 진단으로도 완전히 충족시키지 못하는 중증 장애아동이 해당된다.

5. 아스퍼거 증후군

아스퍼거 증후가 있는 어린 아동에게서는 사회적 상호작용의 결함과 제한된 반복적인 행동 패턴이 나타난다(Nemours Foundation, 2005). 운동 발달 지표는 지체되어 있고 종종 어색함이 관찰된다(U.S. National Library of Medicine, 2004a). 그러나 종종 아스퍼거 증후가 있는 사람이 사용하는 어휘는 형식적이고 단조롭지만 보통 말을 유창하게 하며, 자폐 스펙트럼 장애인보다 언어 문제가 더 적다. 사실 아스퍼거 증후가 있는 사람은 보통 평균 이상의 지능을 가진다(National Autistic Society, 2005).

아스퍼거 증후가 있는 학령기 아동은 심각성 정도가 다양한 여러 가지 특징이 나타난다. 아스퍼거 장애의 진단 증상은 다음과 같다(Friend, 2005; Hallahan & Kauffman, 2006; Mayo Clinic, 2006; National Institute of Neurological Disorders and Stroke, 2005a; Turnbull, Turnbull, & Wehmeyer, 2006; U.S. National Library of Medicine, 2004a; Westling & Fox, 2004).

1) 사회성 기술

- 친구를 사귀기 어렵다.
- 일방적으로 오래 끄는 대화를 하고, 상대방이 듣고 있는지, 화제를 바꾸려 하는지 알려고 하지 않는다.
- 눈 맞추기 부족, 빈약한 얼굴 표정, 이상한 신체 자세나 제스처처럼 평범하지 않은 비구어적 의사소통이 나타난다.
- 타인의 감정에 이입되지 않거나 관심 없어 하며, 유머를 이해하거나 타인을 '읽는' 것이 어렵다.
- 대화 주고받기를 이해하지 못하고 잡담하지 않는다.

- 자기중심적이거나 자기도취적으로 보인다.
- 단조롭고 경직된, 그리고 변덕스럽고 이상하게 빠른 목소리로 말을 한다.
- 좋은 어휘력을 가졌음에도 불구하고 언어의 뉘앙스를 이해하는 데 매우 융통성이 없을 수 있다.

2) 행 동

- 야구 통계, 열차 시간표, 날씨 혹은 뱀과 같은 하나 혹은 둘 정도의 특정 주제에 집중하며 집착한다.
- 반복적인 일상 혹은 의식 같은 행동을 좋아한다.
- 정보와 사실을 쉽게 기억하고, 특히 흥미 있는 주제일 경우 더 그러하다.
- 이상한 자세, 뒤뚱거리는 걸음걸이처럼 서투르고 협응이 안 되는 동작을 보인다.
- 손이나 손가락을 펄럭거리는 등의 반복적 동작을 한다.
- 심한 분노, 자해 행동, 짜증, 끝장을 보는 행동을 할 수 있다.
- 빛, 소리, 직물과 같은 감각 자극에 과민할 수 있다.

아스퍼거 증후군은 비엔나의 외과 의사였던 Hans Asperger의 이름을 딴 신경생물학적 장애다. 1944년 Asperger는 정상적인 지능과 언어 발달을 보였으나 자폐증과 같은 행동을 하며 사회적·의사소통상 기술에서 뚜렷한 결함을 보이는 여러 명의 어린 소년의 행동유형을 기술한 논문을 출판하였다(National Institute of Neurological Disorders and Stroke, 2005a).

종합적으로, 아스퍼거 증후가 있는 사람은 일상생활에서는 잘 기능할 수 있지만 사회적으로는 어느 정도 미숙하게 보이며, 다른 사람이 보기에 이상하고 괴상할 수 있다(Nemours Foundation, 2005). 자폐 스펙트럼 장애의 전통적 혹은 더 심각한 유형과 비교할 때 더 높은 지능과 의사소통 기술을 가지고 있다. 하지만 자폐 스펙트럼 장애의 다른 특징들 전부는 아니라 해도 대부분을 보여 주며, 특히 사회적 상호작용에서 부족하다는 점이 드러난다(Hallahan & Kauffman, 2006).

··· 제4장
자폐 스펙트럼 장애아동의 적격성 여부

1. 1단계: 자폐 스펙트럼 장애아동 특성에 대한 재검토

자폐 스펙트럼 장애아동들의 가장 일반적인 증후와 증상은 다음과 같다.

- 의사소통에 손상을 나타낸다.
- 사회적 상호작용에 손상을 나타낸다.
- 제한되고 반복적이며 진부한 관심, 행동, 활동 패턴을 나타낸다.
- 감각 정보에 대해 특이한 반응을 나타낸다.

2장에 자폐 스펙트럼 장애아동들의 특징이 명확하게 나와 있다.

2. 2단계: 사정절차와 측정의 결정

만일 아동이 자폐 스펙트럼 장애로 의심되면, 사정절차와 측정은 다음과 같이 수행되어야 한다.

1) 아동의 과거에서부터 현재까지 자폐 스펙트럼 장애와 연관된 특징을 기술한다

① 평가자는 발달사 중 유아기에 자폐 스펙트럼 장애 특징을 가지고 있는 아동을 설정해야 한다. 이 발달사는 아동의 과거에서부터 현재까지 다음과 같은 적절한 기준 영역 속에서 자폐 스펙트럼 장애와 연관하여 기술한다.

- 의사소통의 손상
- 사회적 상호작용의 손상
- 제한되고 반복적이며 진부한 관심, 행동, 활동 패턴
- 감각 정보에 대한 특이한 반응
  - 다른 영역에서의 아동 발달이 조화롭지 못하거나 모순된 점
  - 시간과 강도를 기록

② 자폐 스펙트럼 장애아동들의 행동 특성은 아동의 발달 수준과 연관지어 관찰되어야 한다. 발달사는 선정 기준이 요구하는 각 영역의 자폐 스펙트럼 장애 특징 목록으로 조직되어야 한다.

2) 아동의 행동 가운데 최소한 세 가지가 관찰되어야 하며, 그중 한 가지는 아동과 직접 상호작용하여야 한다

① 적어도 두 가지는 다른 날에 다양한 환경에서 일어나는 것이 관찰되어야 하며, 한 가지 이상의 행동은 자폐 스펙트럼 장애의 행동 특징이 전문가의 사정에 따라 인정된 것이어야 한다.

② 자폐 스펙트럼 장애인은 다른 조건하에서 아마 다르게 기능할 수도 있기 때문에 최소 세 가지의 환경에서 관찰해야 한다. 관찰하기 좋은 환경들은 일정하지 않은 기간(예, 휴식, 휴회, 점심, 자유시간, 자유놀이, 집에 있을 때), 대그룹 수업, 구조화된 회기이어야 한다. 반복적인 변화, 가정환경 속의 상호작용, 익숙하지 않은 환경에서의 관찰은 아동을 정확히 파악하는 데 도움을 줄 것이다.

3) 자폐 스펙트럼 장애의 의사소통 특성을 제시하는 의사소통 사정은 언어병리학자가 수행한 언어의미론과 화용론 측정을 제한 없이 포함한다

4) 의학적 진술 또는 건강사정 진술은 아동들의 교육 성과에 어떠한 신체적 요인이 영향을 미치는지를 나타낸다

학교관리자가 아동의 잠재적 행동 원인을 결정하는 데 어떤 신체적 요인이 고려된다면, 그 결정에 도움을 받기 위해서 학생을 담당하는 내과 의사의 소견서 또는 내과 의사의 건강평가 양식을 작성해서 (직접적으로 또는 부모를 통해) 보내줄 것을 의뢰한다. 의사들은 정신지체나 간질과 같이 현재 나타나는 요인의 이름이나 증상을 나타낼 것이다. 의사의 진술은 자폐 스펙트럼 장애가 의학적으로 진단되었음을 나타낸다. 팀은 최종 선정 과정에 내과 의사가 진술한 어떤 요소를 고려할 필요가 있다.

만일 학생이 자폐 스펙트럼 장애의 선정 기준에 부합되더라도 혼자 결정하는 것이 아니다. 오히려 팀에게 선정 결정을 하기 위해 고려할 수 있도록 문제에 대한 필요 정보를 제공해 주는 것이다.

5) 자폐 스펙트럼 장애와 관련된 특성을 확인하기 위해 적합한 행동평정도구나 대체 사정도구를 사용하여 사정한다

① 도구는 자폐 스펙트럼 장애와 관련된 특성이 나타나야 한다. 만일 각 아동이 자폐 스펙트럼 장애의 특징으로 설명된다면 그 도구들은 아동에 대한 결정을 도와주는 도구로 사용된다. 행동평정도구의 점수는 자폐 스펙트럼 장애의 선정을 혼자 결정하게 하지 않는다. 그 점수와 관련된 정보는 완전한 도구로부터 선정 결정을 내리는 데 팀에게 가치 있는 정보를 제공한다. 하지만 단일 정보는 선정 결정을 내리는 데 아무런 도움이 되지 않는다.

② 아동들의 교육적 요구를 확인하기 위해 필요한 추가적인 평가 또는 사정을 하여야 한다. 팀은 다음과 같은 몇 개의 질문을 포함하여 반문하여야 한다.

- 아동에게 강화하고자 하는 것이 무엇인가?
- 아동이 피하려고 하는 것은 무엇인가?
- 관심 영역이 무엇인가?

어린 아동들을 위한 팀들은 발달을 향상시키는 데 필요한 기술을 확인해야만 한다. 개별화 가족 서비스 계획(IFSP)은 아동들의 발달과 특수교육 요구 모두를 반영하고 있다. 발달 영역에서 지체된 아동들은 특별히 고안된 IFSP의 교육 활동들을 제공받는다.

학령기 아동들을 위한 팀들은 일반교육과정의 참여에 필요한 기술을 확인해야만 한다. 각 아동들의 장애를 개별화 교육 계획(IEP) 팀이 어떻게 결정하는지는 일반교육과정에서의 진보와 향상에 영향을 주며, 이는 아동의 IEP를 개발하는 데 가장 중요한 고려사항이다. 장애아동을 사정하는 데 학교관리자는 일반적인 교육과정 속에서 아동들의 향상 정도를 결정하기 위해 다양한 평가 기술을 사용한다. 이 평가 기술에는 준거참조검사, 수학능력시험, 진단검사, 기타 검사, 복합적인 검사가 포함된다. 따라서 각각의 장애아동을 위한 IEP 팀은 개별화된 결정을 만들어야만 한다. 개별화와 관련해 장애아동에게 반드시 참여를 촉진함으로써 아동들은 일반교육과정의 향상을 이룰 것이다.

　만일 학생이 IDEA 정의에 따라 언어장애가 확실히 의심되면 이러한 사정측정 외에도 다음의 내용을 고려한 사정측정을 해야만 한다.

- 교실에서 학생의 학업 수행을 하는 교사보다는 다른 팀원을 통해 관찰되어야 하며, 아동들의 경우는 적어도 학령기를 벗어나지 않아야 하고, 연령에 적합한 환경에 있는 팀원에 의해 관찰되어야 한다.
- 만약 필요하다면 발달사를 고려한다.
- 지적 능력을 사정한다.
- 만일 학생이 인지, 소근육운동, 지각운동, 의사소통, 사회적 혹은 감정적, 지각 혹은 기억력에서 한 가지 이상의 손상을 보일 경우 언어장애 특성의 다른 사정은 구체적인 특성을 사정할 수 있는 전문지식을 갖춘 자가 실시해야 한다.
- 누적된 기록, 이전의 IEP와 IFSP, 교사가 수집한 학습기록물을 재검토한다.
- 만일 필요하다면 의학적 소견이나 건강검사 소견은 어떤 신체적 요소가 학생의 교육 수행에 영향을 주고 있는지를 나타낸 진술문이 포함되어야 한다.
- 장애로 의심되는 것을 결정하기 위한 사정을 한다.

- 학생의 교육 수행이, 21세가 되었음에도 유치원생 수준의 교육
  수행을 보일 때
- 유치원생 연령인데도 아동의 발달 진행이 3세일 때
• 학생들의 교육적 요구를 확인하기 위해 필요한 추가적인 평가와 사
  정을 한다.

3. 3단계: 자폐 스펙트럼 장애 진단에 필요한 적격성 결정

자폐 스펙트럼 장애는 임상적 장애로 정의된다. 임상적 진단은 자폐
스펙트럼 장애를 포함한 다양한 행동장애와 정서장애 학생들을 평가하
는 전문가들이 만든다. 대체로 이러한 평가들은 소아정신과 의사, 임상
어린이 심리학자, 임상 신경 심리학자, 특별 훈련을 받은 신경학자와 발
달소아과 의사들이 수행한다. 부수적으로, 많은 전문가들은 잠재적인 발
달장애의 위험을 가지거나 장애의 초기 징후를 보이는 아동을 선별하기
위해 고안된 간단한 선별도구나 부모보고 평정척도를 사용하기도 한다.

> **요점** IDEA 정의에서는 적격성 기준이 법에 특별히 언급되지 않았다. 그
> 러므로 특정 장애의 적격성 기준은 지역마다 다르다. '적격성'에 속
> 하는 정보는 지역의 가이드라인과 자폐 스펙트럼 장애의 기준을 연
> 구한 것에 기초해 저자가 전문적으로 해석한 것이다.

IDEA에서는 특수교육 서비스 대상 자폐 스펙트럼 장애아동으로 판별
받기 위해서는 다음 일곱 가지 조건이 맞아야 한다고 제시하였다.

1) 아동은 의사소통에 손상을 나타낸다

아동은 발달상 적절한 방법으로 사회적 의사소통을 하기 위해 표현언어와 수용언어를 사용할 수 없으며, 비언어적 의사소통능력이 부족하거나 비정상적인 비언어적 의사소통을 사용하며, 대화 시 비정상적 형태나 내용을 사용하고, 다른 사람들과 대화를 유지하거나 시작할 수 없다.

2) 아동은 적절한 관계를 형성하는 데 어려움을 나타낸다

아동은 사람들과 이야기하는 것을 어려워하고, 타인의 감정을 인식하지 못하며, 중압감을 없애는 적절한 시간을 찾는 데 정상적이지 않고, 사회성 놀이가 결여되거나 비정상적이고, 친구를 사귀는 데 열세를 보인다. 아동은 나이에 걸맞거나 기능적인 방법으로 주제를 사용하거나 관련시키지 않는다.

3) 아동은 감각 정보에 특이한 반응을 나타낸다

아동은 청각, 시각, 후각, 미각, 촉각, 운동감각적 자극에 특이하고, 반복적이며, 의미 없는 반응을 나타낸다.

4) 아동은 인지 발달에 결함을 나타낸다

아동은 구체적 사고보다는 추상적 사고, 지각, 판단, 일반화 능력에 어려움을 가지고 있다. 예외적으로 아동은 반복적인 사고('끈기 있는 사고'로 불린다)가 나타날 수 있으며, 상징적 정보를 처리하는 능력이 손상되었을 수도 있다.

5) 아동은 비정상적인 범위의 활동을 나타낸다

아동은 몸의 정형화된 움직임, 물체의 부분에 지속적인 몰두, 환경에서 하찮은 변화에 대한 중압감, 일상생활에서 합리적이지 않은 주장, 제한된 범위의 관심, 한 가지의 좁은 관심을 지속하는 활동, 상상력의 발달에 분명히 제한된 레퍼토리를 보인다.

6) 아동은 과거에 전문가로부터 자폐 스펙트럼 장애로 진단받은 적이 있다.

면허를 가지고 있는 임상 심리학자, 소아과 의사, 임상 신경심리학자, 특별히 훈련된 신경학자, 발달소아과 의사, 자폐 스펙트럼 장애 진단 자격을 갖춘 다른 특수 의학 및 정신건강 전문가들이 과거에 아동을 자폐 스펙트럼 장애로 진단하였으며 그 진단에는 교수(instruction)를 위한 권고사항이 기록된다.

7) 장애(자폐 스펙트럼 장애)는 아동의 교육 수행에 불리한 영향을 미친다

IEP 팀은 교육 수행이 단지 정서장애 때문이 아니라 자폐 스펙트럼 장애로 인해 불리한 영향을 받음을 결정하기 위해 다양하고 복합적인 정보자료를 사용한다.

4. 적격성에 대한 최종 의견

다양한 장애 상태가 자폐 스펙트럼 장애로 오해되었고 반대의 경우도 있었다. 또한 자폐 스펙트럼 장애는 다른 장애들과 공존할 수 있다. 다음과 같이 자폐 스펙트럼 장애로 혼동될 수 있는 상태를 조심스럽게 구별하는 것이 중요하다.

- 정신지체
- 주의력결핍 및 과잉행동장애
- 태아기 알코올 증후군
- 강박신경증
- 뚜렛 증후군
- 정서장애

팀은 다른 발달적, 행동적, 의학적 상황의 특징을 분별하는 데 도움이 되는 적절한 자원을 찾아야 한다. 자원들은 전문적이고 다양한 상황의 경험이 많은 교육자와 의학적 제공자를 포함하고 있어야 한다. 정확한 차이를 나타내는 진단은 미래를 예측할 수 있고, 치료계획을 추정할 수 있으며, 잘못된 가정을 피하는 데 필수적이다. 진단의 차이가 나타나기 때문에 아동기 발달장애에 대한 광범위한 경험을 필요로 한다. 팀은 학생이 특수교육 제공을 필요로 하는지의 여부를 고려할 필요성이 있다. 즉, 특별히 고안된 교수가 아동의 특별한 요구를 충족시켜야 한다.

··· 제5장
효과적인 중재 개관

 자폐 스펙트럼 장애아동을 위한 효과적인 중재에 대해서는 상당한 논쟁이 벌어지고 있다. 다양한 모델과 중재 전략은 효과적인 중재로 발전되고 있다. 이것들은 응용행동분석에서 관계 중심 모델, 특정 기술 중심 중재, 생리학적 중재까지 그 범위가 다양하다. 이 장에서는 지금까지 사용된 모든 중재의 완전한 목록을 제시하지는 않았으나, 이것들의 효과성에 관한 연구와 대다수가 자주 인용한 중재를 개관하였다.

1. 행동적 접근

1) 응용행동분석

 바람직한 행동은 증가시키고 바람직하지 않은 행동은 감소시키기 위한 체계적인 접근인 응용행동분석(Applied Behavior Analysis: ABA)은 학습이론의 원리에 기초를 둔다. 특히 행동은 환경적 사건으로부터 영향을 받는다고 전제한다. 이 합의는 측정할 수 있는 각각의 행동에 초점을 맞춘 구조화된 중재에 이르게 되었다. 자료는 사정의 목적, 경과의 모니터링, 중재의 조정을 위해 정기적으로 수집된다. ABA는 자폐 스펙트럼 장애를 포함해서 장애인의 광범위한 행동과 기술을 효과적으로 지원하는 것이 중요한 연구 토대다.

자폐 스펙트럼 장애아동들을 위한 여러 나라의 모델 프로그램들은 ABA 개념틀에 기초한다. 연구는 사회성 기술, 의사소통, IQ 측정과 같은 다양한 영역의 모델과 접근들로부터 얻어진 것을 긍정적으로 지원한다. 그렇지만 ABA에 기초를 둔 접근들과 모델 프로그램들 간에 차이가 있기 때문에 일반적으로 자폐 스펙트럼 장애를 위한 치료로 ABA가 효과적이라고 진술할 수는 없다. 효과적인 중재를 위한 연구는 명확한 목적이 지원되어야 한다. 그러나 ABA를 기초로 한 중재와 모델 프로그램들을 경험하는 모든 아동들이 동일한 수준의 이익과 동일한 범위의 기능을 가지는 것은 아니다. 연구들에 사용된 중재가 그 시점에서 모든 아동에게 적용된 것이 아니라는 것을 말해 두고 싶다. 최근 연구에서 이러한 제한점에도 불구하고 광범위한 영역에서 자폐 스펙트럼 장애에 영향을 미치는 ABA의 효과성은 강한 경험적인 지지를 받고 있다(Herbert, Sharp, & Gaudiano, 2002; National Research Council, 2001; Simpson, 2005).

2) 비연속 개별시도 훈련

비연속 개별시도 훈련(Discrete Trial Training: DTT)은 새로운 기술의 교수 방법으로 ABA 틀 안에 있는 하나의 방법이다. 각각의 개별시도는 자극이나 교수의 표현, 아동들의 반응, 연속성을 포함한다. 그 결과는 아동들의 반응이 옳은지 아닌지에 기초를 둔다. 옳은 반응은 칭찬이나 강화물을 통해 강화해 주는 반면, 옳지 않은 반응은 언어적 피드백이나 신체적 지도로 강화한다. 이러한 훈련 유형은 특정 행동의 복합적인 개별시도 훈련을 포함한다.

DTT는 다양한 기술을 초기에 훈련하는 데 효과적이다. 그러나 일반화를 증진시키기 위해서 기술을 좀 더 자연스러운 환경에서 넓힐 필요가 있다. 이러한 교사 유도 접근은 성인이 행동을 시작하고 기대되는 반응을 결정하고 강화를 제공한다(Prizant & Wetherby, 1998). DTT를 위한 지원은 1970년 O. Ivar Lovaas가 도입하여 로스앤젤레스 캘리포니아대학교의 어린 자폐 스펙트럼 장애아동 프로그램으로부터 시작되었다.

3) 중심축 반응 훈련

중심축 행동을 가르치는 것을 포함하는 중심축 반응 훈련(Pivotal Response Training: PRT)은 맥락에 따라 일반화된 진보 향상을 촉진하는 것이 최종 목표인 아동들의 하루일과 기능(예, 동기, 다양한 단서에 반응하기, 스스로 시작하기, 감정이입, 규칙 지키기, 사회적 상호작용)이 중심이다. 중심축 행동을 가르치면 다른 많은 행동에 광범위하고 긍정적인 영향을 준다는 것을 전제로 한다. PRT는 명확한 질문이나 도구를 사용하여 자발적으로 반응하기 위한 기회를 제공한다. 또한 새로운 과제(학생이 해야 할 것)를 이용하여 기존 과제(학생이 할 수 있는 것)에 지속적으로 변화를 주어야 하며, 아동들에게 행동 형성 조절(sharing control)이나 학습 과제를 선택할 기회를 주어야 하고, 아이들이 다양한 단서에 반응할 수 있도록 환경을 구조화하여야 한다. 또한 PRT는 자연 강화물과 자연적인 결과를 사용하여야 한다.

이 접근은 자폐 스펙트럼 장애아동의 흥미와 동기를 일으키며, 자연적인 맥락에서 가르치려는 행동 접근이다. PRT 연구를 포괄적으로 고찰해 본 결과(Humphries, 2003), "증거를 지지하는 PRT는 자폐 스펙트럼 장애아동의 사회성-감성(정서) 행동과 의사소통 행동을 증진시키는 데 효과적이라는 주장을 지지하는 증거가 있다. 그러므로 PRT는 이 목적을 위한 증거 중심 중재로 추천된다."(p. 5)라고 하였다. PRT는 자폐 스펙트럼 장애인에게 영향을 미치는 다양한 영역에서 기술을 증가시키는 데 지지할 만한 실제다.

2. 관계 중심 모델

1) 발달적 · 개인적 차이

자주 사용되는 또 하나의 접근은 1980년대 초반 Stanly Greenspan과 Serena Weider가 개발한 발달적 · 개인적 차이(Developmental, Individual Difference: DIR, 관계 중심 치료 또는 floortime으로 알려진)다. DIR은 조기학습이 아동들을 돌보는 사람과의 친밀한 관계로 이루어진다는 것을 전제로 하는 발달 중심 중재다. 이 전략은 아동과 양육자 사이의 의사소통 상호작용을 증진시키고 정교화시키는 기술을 발달시키기 위한 것과 발달상 아동이 시작하도록 하는 것을 포함한다. 양육자는 놀이 상황에서 아동의 리드(lead)와 좀 더 길고 좀 더 복잡한 상황을 차츰차츰 격려하고 따른다.

Greenspan과 Wieder(1997)가 완성한 이 중재 모델은 200명 아이들의 완전한 과거력 병록지 기록(chart review)과 증명서를 기초로 하였기 때문에 지지되고 있다. 58%의 아동들이 의미 있는 문제해결에서 상호작용 구성능력이 '매우 양호'하다는 결과를 얻었다. 특히 연구자들은 부모와의 신뢰와 친밀감이 증가했으며, 유쾌한 감정이 더 많이 나타났고, 추상적인 생각을 위한 수용력이 증가하였다고 결론을 내렸다. 그러나 DIR을 위한 이 연구는 실험설계를 사용한 것이 아니라 저자들을 중심으로 한 동료 심사가 없는 저널(non-peer-reviewed journal)에 실린 회고적인 병록지 기록이다. DIR의 많은 요소가 통합된 발달상의 사회성 화용언어 중재를 사용한 최근 연구에서는 어린 자폐 스펙트럼 장애아동들의 2/3에서 자발적인 언어가 증가하였다(Ingersoll, Dvortcsak, Whalen, & Sikora, 2005). 아주 잘 설계된 이 연구는 이러한 중재가 언어를 증가시킨다는 것을 몇몇 예비 양육자에게 제공하고 있다. 추가 연구를 통해 이 접근이 효과적임을 증명할 필요가 있다. DIR은 아마 효과적인 중재일 것이다.

2) 관계 개발 중재

관계 개발 중재(Relationship Development Intervention: RDI)는 전형적인 발달 단계와 닮은 체계적인 방법으로 '경험 형성' 결핍을 목표로 하여 개발된 부모 중심 프로그램이다. 아동 기능의 초기평가 이후 부모는 여러 날에 걸쳐 RDI 컨설턴트로부터 훈련을 받는다. 훈련은 일상생활에서 동기, 의사소통 방식의 수정, 기억력 높이기, 사용자에게 친근한 실제 환경 개발하기, 동기와 기술의 일반화를 세우는 데 초점을 맞춘다. 가족회의와 상담에서 비디오테이프가 사용되기는 하지만 부모는 피드백과 함께 향상된 훈련을 받는다. 나중에 이 전략은 각각의 동료와 작은 그룹 안에서 사용된다.

3. 기술 중심 중재

1) 상황 이야기

상황 이야기(social stories)는 개인이 적절한 응답을 하도록 돕기 위해 사회적 상황을 설명하고 관련 있는 사회적 실마리(예, 무엇을 의미하는지와 왜 발생하였는지)에 관한 정보를 주는 짧은 이야기다(Gray, 1995). 상황 이야기는 취학 전 아동부터 성인들과 문자 또는 문해 자료에 관심 있는 사람에게까지 효과가 있는 것으로 알려져 있다(Swaggart et al., 1995). 상황 이야기는 특별한 상황에서 적절한 행동과 사회적 능력을 가르치는 데 사용된다. 연구에 따르면, 가정과 학교환경에서 자폐 스펙트럼 장애아동에게 상황 이야기를 적용한 결과 부적절한 사회적 행동이 줄어들었음이 나타났다(Cullain, 2000; Kuoch & Mirenda, 2003; Kuttler, Myers, & Carlson, 1998; Norris & Dattilo, 1999; Swaggart et al., 1995). 상황 이야기는 성과가 기대된다.

2) 비디오 모델링

비디오 모델링(Video Modeling)은 특정 상황에서 사람들이 책임과 역할이나 세부적 기술을 어떻게 수행하는지를 구분하는 시각적 전략이다. 자폐 스펙트럼 장애인은 구체화된 기술이나 과제를 성인, 또래, 자신이 수행하는 짧은 비디오를 시청한다. 그리고 나서 그들의 일상생활에서 기술들을 연습할 기회가 주어진다. 비디오 모델링은 인사하기, 명명하기, 독립적인 놀이, 협력적이고 사회적인 놀이, 자조 기술(Charlop-Christ, Le, & Freeman, 2000), 질문하고 응답하기, 특정 주제로 상호적 대화에 참여하기와 같은 기술(Charlop & Milstein, 1989)을 가르치는 데 사용되어 왔다. 또한 비디오 모델링은 애완동물 기르기, 테이블 세팅, 오렌지 주스 만들기와 같은 일상생활 기술을 가르치기 위해 적용되어 왔다(Shipley-Benamou, Lutzker, & Taubman, 2002). 또한 비디오 모델링은 아동이 다른 사람의 관점을 갖도록 아동에게 가르치는 데 효과적이었다(Charlop-Christy & Daneshvar, 2003; LeBlanc et al., 2003). 자폐 스펙트럼 장애아동을 위한 비디오 모델링 연구를 고찰하기 위해 이러한 주제로 15개 연구를 찾았는데, 거의 모든 연구에서 긍정적 결과를 보여 주었다(Ayers & Langone, 2005). 비디오 모델링은 사회적, 기능적 생활 기술을 가르치는 데 성과가 기대되는 도구라는 것이 이들의 결론이다.

3) 촉진적 의사소통

촉진적 의사소통(Facilitated Communication: FC)은 의사소통에 심각한
문제가 있는 개인에게 메시지를 타이핑하는 동안 지원하는 방법이다.
사람이 타이핑하는 데 신체적·정서적 지원을 제공하는 것이 포함된다.
이 중재를 둘러싼 많은 논쟁은 의사소통자에게 제공하는 신체적 지원
수준에 대한 질문들이었다. 과학전문협회에서 촉진적 의사소통 사용을
대부분 거절하였지만 전부 거절되지는 않았다(American Academy of
Pediatrics, 1998; Herbert et al., 2002; Perry & Condillac, 2003; Simpson,
2005).

143명 의사소통자들의 촉진적 의사소통 연구가 50편 이상이 된다. 미국
언어청각협회(1994)는 촉진적 의사소통 기술을 입증할 만한 과학적 증거가
부족하며, 촉진자가 의사소통자의 탓으로 돌리는 메시지 영향의 증거가 타
당하지 못함을 증명하였다(ASHA Technical Report, 1994, in National
Research Council, 2001, p. 62).

또 다른 문제는 부모 또는 장애인의 양육자가 촉진적 의사소통을 사
용하는 사람들로부터 비난받는 일이 발생한 것이다.
중재의 타당성을 입증하지 못했지만 촉진적 의사소통을 통해 자폐 스
펙트럼 장애아동이 독립적 의사소통 기술을 배운 몇몇의 질적 연구가
있다(Beukelman & Mirenda, 1998, cited in National Research Council,
2001, p. 62). 그들은 촉진적 의사소통의 타당성 부족 때문에 키보드 사
용을 포함한 보완대체 의사소통 체계의 사용 훈련을 고려하는 팀을 단
념하게 해서는 안 된다고 제안하였다. 그러나 목적은 신체적 도움 없이

시스템을 독립적으로 사용하게 해야 하며, 독립적인 것에 앞서 의사소통의 타당성을 위해 회의론과 필요성에 대해 설명할 수 있어야 한다.

몇몇 연구에서는 개인이 촉진적 의사소통을 통해 독립적으로 의사소통하는 것을 배웠다고 알려졌지만, 대다수의 연구들은 촉진적 의사소통이 의사소통 방법으로 타당성이 없다고 말한다(Weiss, Wagner, & Bauman, 1996). 한편, 제한된 집단에서만 촉진적 의사소통 사용을 지지하며, 대부분의 전문집단에서는 사용하지 않는다.

4. 구조화된 교수

구조화된 교수(TEACCH)는 노스캐롤라이나대학교의 TEACCH (Treatment and Education Autistic and related Communication-Handicapped CHildren) 부서에서 개발한 중재 철학이다. 이는 다양한 교수 방법의 수행을 하게 한다(예, 시각적 지원 전략, 그림교환 의사소통 체계(PECS), 감각통합 전략, 변별학습, 음악/리듬 중재 전략, Greenspan's floortime 등). 다음 내용은 구조화된 교수에서의 중요한 고려사항을 요약한 것이다.

1970년대에 TEACCH 부서의 개발자인 Eric Schopler가 자신의 박사학위 논문에서 자폐 스펙트럼 장애인은 언어적 정보보다 좀 더 쉽게 시각적 정보를 이해하는 것을 증명함으로써 구조화된 교수 기반을 확립하였다(Schopler & Reichler, 1971).

1) 구조화된 교수란 무엇인가

• 구조화된 교수는 자폐 스펙트럼 장애와 관련된 선천적인 독특한 기질 특성을 이해하는 기본 바탕이 된다.
• 구조화된 교수는 어디에서 무엇을 가르치느냐보다 어떤 사람을 대

상으로 가르쳐야 하는지 조건을 설명하고 있다.

- 구조화된 교수는 학생의 환경을 구성하고, 적절한 활동을 개발하며, 자폐 스펙트럼 장애인이 기대하는 것을 이해하도록 도와주는 시스템이다.
- 구조화된 교수는 자폐 스펙트럼 장애아동이 관련 정보에 초점을 맞추도록 돕기 위하여 시각적 단서를 활용한다. 자폐 스펙트럼 장애 아동은 관련 정보를 관련 없는 정보와 구분하는 것이 어려울 수 있다.
- 구조화된 교수는 자폐 스펙트럼 장애아동이 경험하는 스트레스, 절망, 좌절을 줄일 수 있는 적절하고 의미 있는 환경을 만들어 도전적 행동을 달성하도록 한다.
- 구조화된 교수는 성인의 촉진 또는 단서 없이 평생에 걸쳐 도울 수 있어 아동의 독립 기능을 크게 증가시킨다.

2) 구조화된 교수의 주요 구성 요소

(1) 물리적 구조

물리적 구조는 학생의 물리적 환경을 조성하는 방법을 언급한다. 교실, 운동장, 작업 공간, 침실, 현관, 사물함 등을 포함한 다양한 환경의 가구, 자료 배치를 어디에 어떻게 할지를 강조한다.

물리적 구조에 초점을 두는 것은 여러 이유에서 기본이 된다.

- 물리적 구조는 자폐 스펙트럼 장애인들을 위한 환경 구성을 제공한다.
- 각 장소가 어디에서 시작하고 끝나는지의 이해를 돕는 물리적·시각적 경계를 사용하여 뚜렷이 구분한다.
- 물리적 구조는 시각적·청각적 산만함을 최소화한다.

물리적 구조의 필요성은 그들의 인지 기능 수준에 있는 것이 아니라 자기 통제 수준에 달려 있다. 학생들이 좀 더 독립적으로 기능을 배워 갈수록 물리적 구조를 점진적으로 개선해 가야 한다.

> **예** 고기능 자폐 스펙트럼 아동은 제한된 자기 통제를 보여 줄 수 있다. 그들은 저기능 아동보다 구조화된 환경에서 자기 통제를 잘하기 때문에 높은 구조화된 환경을 요구한다.

물리적 구조는 많은 요소로 구성되어 있다.

① 장소   물리적 구조는 자폐 스펙트럼 장애학생들과 상호작용하는 사람들의 환경이 어떤지 고려되어야만 한다.

② 배치/형식   분명한 물리적 경계를 설정하기 위해서 교실의 각 공간들은 가구들의 배치, 사각형 카펫, 색 테이프 등을 사용한 경계 표시를 통해 분명하게 시각적으로 구분되어야 한다. 자폐 스펙트럼 장애아동은 일반아동과 달리 그들의 환경을 자동적으로 분할하지 못한다. 크고 넓은 공간에서 자폐 스펙트럼 장애아동들은 다음의 사항을 이해하는 데 많은 어려움을 겪는다.

- 각각의 영역에서 무엇이 일어나는가?
- 각 영역의 시작과 끝은 어디인가?
- 최단 경로로 목적지까지 어떻게 가는가?

명확한 시각적 용어로 특정 공간을 지정하는 전략적인 가구 배치는 목적 없이 돌아다니거나 뛰어다니는 아동들의 경향성을 감소시킬 것이다. 또한 분명한 물리적 경계는 특정 공간 내로 한정시킬 수 있다.

예 1. 그룹 이야기 시간에 사각형의 테이핑이나 카펫은 자폐 스펙트럼 장애아동들에게 그들이 활동할 수 있는 물리적 경계에 대한 분명한 시각적 단서를 제공할 것이다. 지면의 테이프 또한 체육시간에 아이들에게 특정 운동 기술을 수행하기 위해 그들이 머물러야 하는 공간을 알려 주기 위해 사용될 수 있다.

2. 색깔에 맞춘 위치 선정(각각의 아이들이 지정한 색깔에 따른)은 간식시간이나 식사시간에 사용될 수 있다. 위치 선정은 식탁 위에 각각 아이들의 공간(음식들)을 시각적으로 또는 신체적으로 정의해 줄 것이다.

이 같은 시각적 단서들은 자폐 스펙트럼 장애아동들이 그들의 환경을 더 잘 이해하도록 도울 뿐 아니라, 그들이 환경 안에서 보호자에 대한 의존성을 낮추고 독립적으로 생활할 수 있는 능력을 향상시켜 줄 수 있다.

③ 시각적·청각적 산만함의 최소화   시각적 산만함은 다음의 지침에 따라 최소화시킬 수 있다.

- 연한 색(예, 회색빛의 흰색)으로 전체적 환경(벽, 천장, 칠판, 게시판 등)을 페인팅
- 대부분 교실에서 나타나는 미술작품 전시나 정기적 실내 장식, 교실 자료와 같은 시각적 '난잡함'의 최소화
- 시각적으로 주의를 분산시키는 장비(예, 컴퓨터, 복사기, TV)나 교실 자료를 덮기 위한 천이나 커튼 사용

예 놀이 공간에서 아이들이 가지고 놀 수 있는 적당한 장난감 수를 제한하고, 일주일 단위로 예전 장난감은 치우고 새로운 것으로 바꿔 준다.

- 불필요한 기구나 비품은 다른 장소에 배치
- 형광등 빛에 따른 산만함을 줄이기 위해 창으로 들어오는 자연광을 사용
- 블라인드나 커튼을 사용하여 불빛의 양을 조절해서 따뜻하고 조용한 환경 조성
- 환경적 산만함을 줄이기 위해 그룹 공간으로부터 멀리 떨어진 교실 벽이나 코너에 테를 둘러 개인용 열람석과 개별적 학업 공간을 조성
- 자폐 스펙트럼 장애학생을 교실의 어디에 앉힐 것인가에 대한 고려

> **예**   자폐 스펙트럼 장애학생인 민경이는 시각적 산만함을 최소화하기 위해 출입문과 창문에서 멀리 떨어진 교실의 가장 앞자리에 배치되었다.

청각적 산만함은 양탄자, 낮은 천장, 방음 타일을 사용하거나, 확성장치를 끄고, 컴퓨터나 카세트테이프와 같은 적절한 장치의 헤드폰 사용을 통해 감소시킬 수 있다.

④ 물리적으로 구조화된 각각의 환경(교수, 독립, 레크리에이션과 여가)에 적합한 공간 개발   교실환경 조성 시에 다음의 사항을 포함한다.

- 소그룹 학습 공간
- 독립적 학습 공간
- 1:1 학습 공간
- 놀이/레크리에이션/여가 공간
- 감각운동 공간
- 요란스러운/조용한 공간

집안환경 조성 시에 다음의 사항을 포함한다.

- 독립적 학습 공간
- 놀이 공간
- 요란스러운/조용한 공간

이와 같은 특정한 공간들은 자폐 스펙트럼 장애아동들에게 각 영역을 구분짓기 위한 분명한 시각적 경계가 주어져야 한다. 또한 각각의 공간에서 나타나는 다양한 산만함을 주의하고, 적절히 조율하는 것이 중요하다.

⑤ 조직화   구조화된 교수적 접근을 효과적으로 충당하기 위해 물리적으로 구조화된 환경은 매우 조직적이어야 한다. 환경에서 어른들이 쉽게 접근할 수 있는 다양한 자료의 수납공간(아이들의 시선이 향하지 않는)이 중요하다.

> **예** 교실 안에서 학생들이 만질 수 없도록 하기 위해 높은 곳에 있는 저장 공간은 교실이 지저분해지는 것을 막을 수 있으면서 교사가 필요한 자료나 기자재를 쉽게 사용할 수 있어 매우 유용하다.

또한 자폐 스펙트럼 장애학생들은 상징, 숫자, 컬러 표시, 그림 등을 사용하여 조직적이고 구조화된 물리적 환경을 유지할 수 있다.

> **예** 놀이 공간에서 장난감을 치우려고 할 때 자리를 알려 주기 위해 장난감 사진을 선반 위에 놓을 수 있다.

(2) 시각 스케줄

일상의 시각 스케줄(visual schedules)은 구조화된 환경의 중요한 요소다. 시각 스케줄은 자폐 스펙트럼 장애학생들에게 앞으로 전개될 활동이 무엇인지, 그리고 일련의 일정에 관해 알려 줄 수 있다.

시각 스케줄을 통해 다음을 수행할 수 있기 때문에 자폐 스펙트럼 장애학생들에게 매우 중요하다.

- 순차적 기억과 시간을 조직하는 데 문제가 있는 학생들을 돕는다.
- 무엇을 해야 하는지 이해시키는 데 언어적 이해 문제가 있는 학생들을 보조한다.
- 학생들에게 하루와 일주일의 일과를 예상하고 구성하는 데 필요한 구조를 제공함으로써 자폐 스펙트럼 장애학생의 불안 수준을 낮추고 돌발행동의 발생 가능성을 줄인다. 시간표는 특정 시간대의 활동(예, 쉬는시간, 학습시간)을 명확하게 설명하고 일정의 변화에 대해 알리는 역할을 수행한다.
- 학생에게 다음에 어디로 가야 하는지를 미리 말하는 것은 학생이 환경과 활동 사이에서 독립적으로 변화하도록 돕는다. 시각 스케줄은 모든 환경에서 사용될 수 있다(예, 교실, 체육관, 작업치료, 언어치료, 집, 주일학교 등).
- if-than 접근(예, 만약 ~한다면 ~할 것이다)보다 first-than 전략(예, 먼저 ~하면 ~할 것이다)에 기초한다. first-than 전략은 먼저 수정이 가능하다는 것을 예상하게 한다. 수정은 들어온 정보를 처리하는 능력에서 학생들이 일상 변화에 적응할 수 있도록 과제의 완성과 촉구에 관한 것이다.

> **예** 한 학생이 불안, 감각 처리의 문제, 의사소통, 일반화, 내·외적인 주의산만, 치환 등의 문제로 수학 문제를 푸는 데 어려움을 겪고 있다. 이때 학생이 먼저 3개의 수학 문제를 완성하면, 나중에 쉬는시간을 갖는다는 것을 시각 스케줄에 나타냄으로써 과제를 수정할 수 있다.

- 학생들이 다양한 사회적 상호작용을 할 수 있도록 스케줄을 구성할 수 있다(예, 사회적 강화를 위해 교사나 부모에게 완성된 과제를 보여 주기, 학생에게 적합한 사회적 인사를 요구하기).
- 학생의 개별화된 스케줄에서 덜 선호하는 활동과 선호하는 활동을 전략적으로 교차함으로써 덜 선호하는 활동을 수행하도록 동기를 유발할 수 있다.

> **예** 수학 시간 다음에 컴퓨터 시간을 배치함으로써 학생이 수학 과제를 수행하는 데 더욱 동기화될 것이다.

자폐 스펙트럼 장애학생을 위한 시각 스케줄은 반드시 직접 가르쳐야 하며 일관성 있게 사용되어야 한다. 시각 스케줄이 자폐성 장애학생들에게 점진적으로 의존성을 낮출 수 있는 '버팀목'으로 인식되어선 안 된다. 대신 이러한 개별화된 시각 스케줄이 '보철'이나 '보조공학'으로 인식되어야 한다. 자폐 스펙트럼 장애학생들에게는 시각 스케줄의 꾸준한 사용이 매우 중요한 기술이다. 이것은 학교, 가정, 지역사회의 생활에서 독립적인 기능을 증가시키는 잠재력을 갖고 있다.

① 시각 스케줄의 개발   일반적으로 스케줄은 학생들이 활동이 끝났다는 것을 표시하기 위해 스케줄을 조작할 수 있는 방법이 포함된 채 위에서 아래 또는 왼쪽에서 오른쪽으로 배열된다.

> **예** 완료된 활동을 형광펜으로 지우기, 완료 박스 안에 학습물 넣기, 선으로 긋기 등

활동과 사건이 독립적이 아닌 연속적으로 발생한다는 것을 이해하도록 하기 위해 최소한 두 가지의 예정된 항목이 동시에 나타나야 한다. 스

케줄은 다양한 형식을 사용하며, 개별 학생의 요구에 맞게 설계될 수 있다.

> **예** 사물 스케줄, 3개의 원 묶음 스케줄, 클립보드 스케줄, 마닐라 파일 폴더 스케줄, 지우개 보드 스케줄 등

개별화된 시각 스케줄에는 다음과 같은 다양한 시각적 표현 방법이 사용될 수 있다.

- 실제 사물
- 사진(예, Picture This 소프트웨어 프로그램이나 그림)
- 사실적인 묘사
- 상업화되어 출시된 사진(예, 보드마커 소프트웨어 프로그램)
- 쓰인 문자(낱말)

② 개별화된 스케줄   자폐 스펙트럼 장애학생들에게는 일반학급 스케줄뿐만 아니라 개별화된 스케줄을 만들어 주는 것이 필요하다.

- 개별화된 스케줄은 학생들이 중요한 정보를 쉽게 이해할 수 있는 시각적 형태로 제공하여야 한다.
- 자폐 스펙트럼 장애학생을 위해 스케줄을 개별화할 때 고려할 점은 시간표의 길이(활동의 수)다. 학생들이 다가올 활동에 대해 점점 불안해할 수도 있고, 한 번에 제시된 많은 양의 정보를 처리하는 데 어려움이 있을 수 있기 때문에 스케줄에서 활동의 수에 대한 조절이 필요하다.

예 만약 학생이 오전 활동이 끝난 후에 쉬는 시간이 있다는 것을 스케
줄에서 확인한다면, 그 학생은 쉬는 시간이 오기 전까지인 모든 아
침 활동 동안 불안감이 증가되고 나가고 싶은 욕망에 계속 시달릴
것이다.
그 학생의 스케줄은 쉬는 시간이 오기 전까지 적은 양의 활동들로
구성되어야 한다. 이렇듯 개별화가 성공의 열쇠다.

• 학생들이 스케줄의 중요성을 인식하고, 스스로 스케줄을 점검하도
록 하기 위해서 '스케줄 점검'이 필요하다.

예 스케줄 점검은 색상지 위나 아이스캔디 막대 또는 칩 위에 크게 인
쇄되어 있는 포커 칩을 사용하여 그 위에 학생들의 이름을 적어서
만들 수 있다.

③ 전환   어떤 학생들은 다음의 계획된 활동을 위해 개별화된 스케
줄에 계획되어 있는 항목(카드나 사물)을 떼어 다음 활동하는 곳으로 가
져갈 수 있다. 이것은 아동의 증가된 주의산만에서 기인한다. 전환하는
동안 주의를 유지시키는 이런 주의산만은 아동의 인지 기능 수준이나
언어적 능력과는 독립적이다.

예 낮은 인지능력을 가진 자폐 스펙트럼 장애의 일부 비언어성 학생들
은 다음 활동을 위해 전환 스케줄 카드를 요구하지 않는다. 반면 고
기능 학생들은 다음 계획된 활동을 하러 가기 위해 전환 카드를 요
구한다.

3) 수업 구성

수업 구성(teaching components)은 작업 시스템과 시각적 구조를 포함한다.

(1) 작업 시스템

작업 시스템(work systems)은 과제, 자료를 체계화하고 조직화한 프로그램으로 성인의 도움과 촉구 없이 학생들이 독립적으로 작업을 배울 수 있게 한다. 작업 시스템은 과제 또는 활동(예, 학업, 일상생활 기술, 레크리에이션, 레저 등)의 유형을 반영할 수 있도록 해야 한다. 각각의 작업 시스템은 과제 또는 활동의 특성에 관계없이 네 가지 질문사항이 다루어져야 한다.

① 작업에서 완성해야 되는 것이 무엇인가? 작업의 특성은 무엇인가?

> **예** 색깔 분류하기, 두 자릿수 더하기와 빼기, 샌드위치 만들기, 이 닦기 등

② 얼마나 많은 작업을 완성해야 하는가?   학생들이 정확히 얼마나 작업을 완성해야 하는지 시각적으로 보여 준다. 만약, 10개의 수프 통조림 상표만 자르게 해야 한다면 한꺼번에 주어서는 안 되고 독립적으로 세기를 기대해야 한다. 또는 완성된 과업을 위해서 10개의 상표만 잘라야 한다고 이해시켜야 한다. 자폐 스펙트럼 장애아동이 10개 상표를 잘라야 한다고 들었을지라도, 모든 상표를 보여 주는 것은 얼마나 많은 과업을 완수해야 하는지 정확히 이해할 수 없어 좌절과 불안을 갖게 하는 원인이 될 수 있다.

자폐 스펙트럼 장애학생은 정보를 처리하는 데 시각적 채널에 의존한다는 것을 기억해야 한다. 따라서 완성된 작업 전체를 보여 주는 것은

압도적으로 증명해 줄 수 있다. 그들이 얼마나 많은 작업을 완수해야 하는지 이해하도록 혼선을 줄이기 위해서 특정 과제와 활동에 필요한 자료만을 제공해야 한다.

③ 언제 작업을 끝내야 하는가?　　학습자는 작업과 활동이 끝날 때를 독립적으로 알아차려야 한다. 작업 그 자체는 다음처럼 정의할 수 있다. 특정 활동지 위의 어느 지점에서 끝나는지 붉은 점으로 표시하여 시각적 단서 또는 타이머로 효과성을 입증한다.

④ 다음 단계는 무엇을 해야 하는가?　　물리적 강화물, 좋아하는 활동, 휴식시간, 자유 선택과 같은 강화물은 작업 완성에 대해 높은 동기를 유발한다. 과제를 완성하지 못한 경우에 아동이 끝까지 완성할 수 있도록 충분히 동기를 부여한다.

구조화된 교수 경험과 작업 시스템 활용은 학습자가 얼마나 많은 작업을 해야 하는지, 언제 끝마쳐야 하는지 그 방법을 알게 될 때 학습자의 전반적인 생산성이 증가하는 것을 보여 준다. 작업 시스템 활용은 자폐 스펙트럼 장애아동이 구조적 및 체계적 접근을 통해 다양한 작업을 독립적으로 완수하도록 조직화하는 것을 도와준다.

(2) 시각적 구조

시각적 구조(visual structure)는 작업, 활동 자체의 시각적 단서를 통합하는 처리 과정으로 학습자가 무엇을 해야 하는지를 교수자의 언어적·신체적 촉구에 의존하지 않게 한다. 성인의 도움 없이 작업, 활동으로부터 의미를 이해하기 위해 학습자의 강점인 시각적 기능을 사용할 수 있다. 이러한 시각적 단서는 학습자가 과업을 성공적이며 독립적으로 수행하는 능력을 증가시켜 준다.

자폐 스펙트럼 장애학생은 그들의 환경에서 가장 알기 쉬운 정보를 처리하는 데도 어려움을 보인다. 그들은 가끔 중요하지 않거나 관계없는 내용에 지나치게 집중하거나 주의를 기울인다. 자폐 스펙트럼 장애학생이 과업이나 활동, 일상활동에 중요하게 관계된 내용에 집중하도록 하기 위해 시각적 교육을 통합하여 수정할 필요가 있다. 학생은 시각적 교수를 받으면서 과업과 활동을 순서대로 완성할 수 있어야 한다. 시각적 교수는 학생이 기대하는 결과를 얻기 위해 여러 단계를 결합하고 조직하도록 도와준다.

자폐 스펙트럼 장애학생은 시각적으로 구조화된 교수 방법을 통해 성인의 물리적·언어적 촉구 없이 독립적으로 여러 작업과 활동에서 완수하는 법을 배울 수 있다. 따라서 많은 자폐 스펙트럼 장애학생들은 어떠한 환경(집, 학교, 작업공간)과 어떠한 기술 영역의 사용(학업, 교육과정, 일상생활 기술, 레크리에이션, 레저 등)에서도 일상생활을 통해 여러 기간 동안 독립된 작업 부분을 시작할 수 있다.

4) 결 론

결론적으로 구조화된 교수 접근을 통해 자폐 스펙트럼 장애학생은 전반적인 독립 기능이 향상되도록 다양한 상황과 환경에서 집중하는 방법과 시각적 단서를 처리하는 과정을 배우게 된다.

5. 생리학적 기반 중재

1) 감각통합

자폐 스펙트럼 장애인은 일반인과는 다른 방식으로 감각 정보를 처리

한다는 연구 결과가 있었다. 이러한 차이는 소리, 접촉, 동작, 구두 감
각, 시각에서 오는 혐오적인 것을 포함한다.

 감각통합 치료는 신경계를 조절하고 조직화하며 환경으로부터의 정
보를 통합하도록 설계되어 감각 경험을 제공한다. 이 접근은 환경과 좀
더 적절한 반응을 유도하는 것이다. 감각통합의 효과성에 대한 현재의
연구를 종합하면, 사례가 적다는 것과 통제되지 않은 설계가 적용되었다
는 것이 한계점으로 나타났다. 연구의 이러한 제한점 때문에 현재로서
는 명확한 결론을 이끌어 낼 수 없다. 앞으로 더 많은 연구조사가 필요
할 것이다(Baranek, 2002; Dawson & Watling, 2000; Herbert et al., 2000;
National Research Council, 2001; Perry & Condillac, 2003).

 자폐 스펙트럼 장애인은 비정상적인 감각반응을 극복하기 위한 전략
을 지원받고 과민성 반응 자폐 스펙트럼 장애아동이 적응할 수 있도록
환경을 개선해 나가야 한다. 감각통합에 대한 명백한 객관적 증거가 부
족하지만 팀은 중재로부터 기대되는 결과를 확인하고 예상되는 결과의
성취 여부를 수치로 측정할 수 있도록 해야 한다. 감각통합은 현재 권장
하지 않는 중재다.

 2) 생물학적 중재

 자폐 스펙트럼 장애아동을 위해 무보상 대체약물 사용을 신중하게 고
려해 왔다. 일부에서 사용하던 중재는 킬레이트 화합물 치료(수은 중도
치료), 천골치료, 비타민 치료, 글루텐·카세인 제거 식이요법, 세크레틴
치료, 면역요법, 항균약 등이 포함된다. 지금까지 자폐 스펙트럼 장애의
생리학적인 근본 원인은 밝혀지지 않았다. 이러한 대체의약 접근이 효
과적인지 충분한 증거를 제시하지 못하고 있다. 일부는 부작용을 초래
할 수 있다(Herbert et al., 2002; Perry & Condillac, 2003). 이 중재는 검증
되지 않았거나 권장하지 않는 방법이다.

3) 약 물

일부 향정신성 약물치료가 자폐 스펙트럼 장애아동에게 처방되었다. 이러한 치료는 자폐 스펙트럼 장애를 치료하는 것은 아니나 불안이나 공격성 등 자폐 스펙트럼 장애의 독특한 증상을 감소시키는 데 도움을 줄 수 있다. 리스페달(정신분열증 치료제)과 같은 약물치료가 도움이 되었다는 사례도 있다(McDougle et al., 2000, in Volkmar et al., 2005). 이 약물의 잠정적 부작용 때문에 향정신성 약물치료는 주의해서 사용해야 하며 교육적 접근과 치료가 병행되어야 한다(Herbert et al., 2003; Volkmar et al., 2005).

6. 결 론

취학전 자폐 스펙트럼 장애아동을 위해서는 조기중재가 지원되어야 한다. 가장 적절한 중재 방법에 대해 여전히 의문이 제기되지만 가장 추천하는 과학적 지원은 응용행동분석을 중심으로 한 프로그램이다. 발달적 · 개인적 차이(DIR)와 관계 개발 중재(RDI)와 같은 다른 중재 프로그램은 일부의 성과가 기대되지만 효과적인지에 대한 충분한 증거가 제시되지 못하고 있다. 또한 연구조사에 따르면, 유치원 이후에 중재를 시작했을 때 좀 더 온화한 특성을 나타낸다는 결과를 보여 주었다(Handleman & Harris, 2000). 계속적인 조기중재로 자폐 스펙트럼 장애아동을 거의 정상적 수준의 기능까지 이르게 한다면 자폐 스펙트럼 장애아동과 그들의 가족에게 분명한 혜택이 주어질 뿐만 아니라, 특수교육과 복지사업에서 자폐 스펙트럼 장애아동에게 그의 평생 동안 들어가는 비용 그 이상의 가치가 될 수 있다.

··· 제6장
양질의 교육 프로그램 개발

자폐 스펙트럼 장애아동들을 위한 IEP의 중요성과 이러한 교육 프로그램에 있어서 가족 참여의 중요성은 아무리 과장해도 지나치지 않다. 자폐 스펙트럼 장애의 독특함과 수반된 잠재적 징후의 범위 때문에 프로그램은 각각의 아동마다 달라야 한다. 효과적인 중재는 보통 생후 30개월이나 더 일찍 시작해야 한다는 것이 연구자, 전문가, 교육자들 사이에 일치된 의견이다. 더욱이 연구자들과 전문가들은 효과적인 프로그램을 수행하기 위해 중요한 많은 전략을 확인했다. 다음은 자폐 스펙트럼 장애아동들에게 양질의 교육 프로그램을 제공하기 위한 열 가지 지침이다.

- 가족 참여
- 기술과 결핍의 포괄적인 사정
- 계획 개발/명료하게 정의된 목적과 목표
- 효과적인 교수 전략
- 중재의 사정
- 환경 구조화
- 문제 행동에 대한 기능적 행동 사정의 적용

- 전환
- 또래와 함께하는 기회
- 포괄적인 팀 접근

1. 가족 참여

부모와 가족의 참여는 자폐 스펙트럼 장애아동들을 위한 교육 프로그램의 필수 요소다. 전문가와 부모가 얼마나 자주, 어떤 형식으로 의사소통할 수 있는지 동의하는 것은 매우 중요하다. 비록 좌절감은 있겠지만, 전문가와 부모가 가능한 한 긍정적이고 비난하지 않는 의사소통을 유지하는 것이 중요하다. 전문가들은 가족 구성원들을 두렵게 하고 혼란스럽게 하는 교육적·의학적 전문용어 사용을 피하며 명료한 방법으로 정보를 제공해야 한다. 가족이나 학교 구성원들이 경험한 문제들은 발생하자마자, 그리고 통제가 불가능해지기 전에 논의되어야 한다. 이 과업을 성취하기 위해 교사들은 문제해결에 부모들을 참여시켜야 하고, 부모들은 자녀의 프로그램에 대해서 어떤 형식으로든 질문하는 것을 두려워해서는 안 된다.

2. 기술과 결핍의 포괄적인 사정

학생의 기술과 역량의 포괄적인 사정은 3세 이전 아동을 위한 양질의 개별화 가족 서비스 계획(Individualized Family Service Plan: IFSP)과 3~21세 아동/학생을 위한 개별화 교육 계획(Individualized Education Plan: IEP)의 초석이다. 학생의 기술, 강점, 약점을 결정함으로써 적절한 목표와 목적이 쓰일 수 있고 정확한 기초선이 결정될 수 있다.

사정은 각 아동/학생의 나이와 능력 수준에 따라 다를 수 있다. 그러나 각각의 사정을 완성하는 데 자폐 스펙트럼 장애의 특성을 고려하는 것이 중요하다. 따라서 학업 이전 기술과 학업 기술 사정에 더하여, 사정에는 인지뿐만 아니라 직업 이전 기술과 직업 기술, 자조와 적응 기술, 의사소통, 사회화, 감각 통제, 동기와 강화, 행동, 대근육운동과 소근육운동 기술, 놀이와 여가 행동을 포함해야 한다.

사정 방법은 개별 학생의 요구와 능력 수준에 좌우된다. 사정은 진행 중인 단계라는 것을 인식하는 것이 중요하다. 각 아동을 위해 형식화된 기술 사정은 일정한 간격으로 실시되어야 한다. 그러고 나서 진행 중인 사정 결과는 필요에 따라 IFSP나 IEP로 개발하고 바꾸어 사용되어야 한다.

3. 계획 개발/명료하게 정의된 목적과 목표

새로운 기술을 가르치거나 나타난 기술을 향상시키기 위한 핵심은 발달적으로 적합하고 기능적이며, 사정 결과 학생의 강점과 흥미, 자폐 스펙트럼 장애의 독특한 특성에 기초하여 IFSP 결과나 IEP의 목적이나 목표를 명확하게 만드는 것이다. 확실히 자폐 스펙트럼 장애학생들을 위한 개별화된 목적과 목표를 개발하는 데는 많은 요소들이 고려된다. 비록 각 아동을 위한 개별적 목표가 연령, 진단, 능력 수준에 따라 달라지겠지만, 연구에서는 자폐 스펙트럼 장애학생을 위한 효과적인 교육 프로그램에 의사소통, 사회성 발달, 인지 발달, 문제 행동, 감각운동 발달, 적응 행동이 목표로 기술되어야 한다고 밝히고 있다.

Helfin과 Simpson(1998)은 명료하게 정의된 결과나 목적과 목표를 쓸 때 IFSP와 IEP 팀은 다음 사항을 질문해 봐야 한다고 제안하였다.

• 학생들에게 유의미한 성과가 확인되었는가?

- 목표가 집과 학교에서 강화되었는지 확인하는 데 가족 구성원이 참
  여했는가?
- 성과가 발달적으로 중요한가?
- 성과가 아동에게 발달적으로 적절한가?
- 자폐 스펙트럼 장애의 특성이 고려되었는가?
- 목표가 교육적 이익을 증진시키기 위한 것이었는가, 아니면 단지
  장애의 증상들을 다루었는가?
- 목표가 새롭게 얻은 기술의 일반화와 유지를 고려했는가?

  새롭게 얻은 기술의 일반화와 유지를 위한 프로그램의 중요성에 대한
논의 없이는 목적과 목표의 재검토를 할 수 없다. 일반화(generalization)
는 새로운 환경, 시간, 요일 혹은 다른 사람들이나 자료 속에서 학습한
기술이나 행동을 수행할 수 있는 능력이다. 반면 유지(mairrtenance)는
시간이 지나도 기술을 수행할 수 있는 능력이다. 의미 있는 기술을 교실
밖에서도 유지하고 일반화할 수 있는 능력은 각 학생의 성공적인 프로
그램을 위해 필수적이다. 의미 있는 과제는 학생의 독립성을 증진시키
고, 학생의 선택권에 더 많은 기회를 주고, 지역사회에서의 더 많은 자
유를 허용한다. 따라서 교사는 지원팀과 마찬가지로 새로운 기술과 바
람직한 행동이 모든 환경에서 실행되고 강화될 수 있도록 확신하기 위
해 학생의 가족과 밀접하게 협력해야 한다.

4. 효과적인 교수 전략

  이 단락에서는 자폐 스펙트럼 장애아동을 위한 실제적이고 낮은 수준
의 공학(low-tech)을 이용한 전략에 대해 다룰 것이다. 중재나 교수 전략
을 선택할 때 모든 자폐 스펙트럼 장애아동에게 적절한 한 가지의 접근

은 없음을 기억해야 한다. 대신 자폐 스펙트럼 장애아동에게 광범위한 교수 전략을 사용할 필요가 있다. 게다가 각각의 전략은 아동의 발달 정도나 교육환경에 맞게 수정되어야 한다. 각각의 아동은 개별적이기 때문에 교사는 교수 전략을 각 학생의 흥미, 강점, 요구에 맞게 수정하는 것이 필요하다. 중재 방법의 선택은 학생의 IFSP나 IEP의 목표 수행에 맞게 선정되어야 한다.

1) 일반적인 교수 전략

자폐 스펙트럼 장애아동을 위한 프로그램은 학생의 동기화 전략을 사용하는 것과 아동의 주의를 최소로 분산시키기 위한 1:1이나 소규모 그룹 형식의 구조화한 방법이 있다.

자폐 스펙트럼 장애학생을 위한 언어적 지시나 친근하지 않은 자료는 아동으로 하여금 혼란을 주거나 좌절하게 할 수 있다. 일반적으로 많은 자폐 스펙트럼 장애학생은 새로운 기술을 학습하는 것에 대해 저항한다. 따라서 학생의 배우고자 하는 동기를 자극하는 방법을 알아내고 사용하는 것이 중요하다. 많은 자폐 스펙트럼 장애아동은 흥미의 레퍼토리가 제한되어 있다. 이러한 자연적인 관심을 활용하여 아동의 주의를 끌어내고, 아동에게 의미 있는 방법으로 가르치고, 완성된 과제에 대한 보상으로 활용해야 한다. 예를 들어, 아동이 컴퓨터에 관심이 있다면 컴퓨터를 이용하여 새로운 기술을 가르치거나, 컴퓨터 사용을 재미없는 과제 수행에 대한 보상으로 제공하는 방법을 찾을 수 있을 것이다. 추가적인 동기화 전략을 선택하는 방법도 있다. 주어지는 교수 (intstruction) 방법을 달리하거나, 과제 제시 방법을 수정하거나, 과제의 길이를 줄이거나, 교사의 말 속도를 조정하는 것 등이 이에 해당된다.

학생이 학습 기술을 가지고 있지 않거나 그 기술의 숙련도에 대한 충분한 증거를 보이지 않는다면, 독립 시행 훈련, 중심축 반응 훈련, 행동 형성, 촉진과 같은 다양한 교수 방법을 사용할 수 있다.

독립 시행 훈련(discrete trial)은 과제 분석을 통해 한 과제를 가르치는 데 사용하는 구조화된 교수 전략이다. 이것은 교수, 학생 반응, 결과, 짤막한 휴식(brief pause)의 네 가지 요소로 구성된다.

중심축 반응 훈련(pivotal response training)은 독립 시행 훈련을 사용하지만 아동에게 초점을 맞춘다. 이것은 교사가 단원계획을 만들거나, 아동이 선호하는 활동 내에서 교육하는 것을 장려한다.

행동 형성(shaing)은 목표행동의 근접행동에 대해 강화하는 것인데, 아동이 초기에 바람직한 기술을 가지고 있지 않을 때 적절하다.

촉진(prompting)은 학생에게 바람직한 반응을 하도록 도움을 제공하는 것이다. 촉진 전략은 언어적 촉진, 모델링, 신체적 촉진, 위치적 단서(positional cue)의 이용을 포함한다. 촉진은 아동이 반응을 하는 도중이나 틀린 반응을 했을 때 사용될 수 있다. 비록 촉진 전략을 아동에게 사용하는 것이 효과적이기는 하지만, 아동의 촉진 의존성을 피하기 위해 촉진을 용암(fade)해야 한다.

한 번 새로운 기술이 습득되면 높은 수준의 지원은 제거하고, 새롭게 습득된 기술을 좀 더 복잡하고 자연적인 상황에서 사용할 수 있도록 체계적으로 일반화할 필요가 있다.

2) 의사소통 전략

자폐 스펙트럼 장애학생의 의사소통능력은 언어전 학생부터 놀랍도록 다양한 어휘를 구사하는 학생까지, 언어 수용이 제한된 학생부터 복잡한 대화나 수업을 이해하는 학생까지 매우 다양하다.

언어전(preverbal)이나 말을 전혀 하지 못하는 자폐 스펙트럼 장애학생을 위한 의사소통 프로그램은 제스처 혹은 보완대체 의사소통(Alternative and Augmentative Communication: AAC) 체계를 이용하는 데 초점이 맞추어진다. 수화(sign language), 시각적 상징 체계(visual symbol system), 의사소통 판, 음성출력 장치 등은 어느 환경에서든 학생이 자신이 원하는 것을 표현할 수 있도록 돕는 효율적인 방법이다. 상호 교환적(reciprocal)인 상호작용과 질문하기, 도움 요청하기, 저항하기, 결정하기 등의 기능적 의사소통 기술을 가르치기 위해서 AAC 체계를 되도록 빨리 사용해야 한다. 초기 지원은 기능적이고 구체적이어야 한다. 시각적 상징 체계는 구체적인 것에서부터 추상적인 것으로 이동해야 한다. 예를 들어, 실제 물체나 실제 사진으로 시작했다면, 다음에는 컬러 그림이나 흑백 사진, 끝으로는 단어 등으로 이동해야 한다.

학생에게 제스처, 말, AAC를 통해 의사소통하도록 가르치더라도 새로운 기술은 반드시 조용하고 산만하지 않은 환경에서 그 기술이 의미 있고 자발적으로 발생하여 일반화가 일어날 수 있도록 해야 하며, 자연적인 단서와 강화가 가능하도록 자연적 환경에서 가르쳐야 한다. 의사소통 체계를 시작하고 사용하기 위해서는 학생의 흥미를 활용해야 한다. 예를 들어, 학생이 좋아하는 장난감이나 책이 있다면, 교사는 그 자료를 볼 수 있지만 닿을 수 없는 곳에 놓아서 학생이 그것을 요구할 수 있도록 할 수 있다. 또한 학생의 의사소통 시도나 시작 행위는 긍정적으로 강화해야 한다.

언어전 혹은 비언어적 학생과는 대조적으로, 많은 자폐 스펙트럼 장애 학생들은 복잡한 언어를 사용할 수 있다. 하지만 이러한 학생들이 비언어적인 동료와 함께 지내다 보면 언어의 화용론(pragmatic) 측면에서 심각한 손상을 입게 된다. 예를 들어, 많은 자폐 스펙트럼 장애아동은 사회적 관습이나 의식을 이해하려는 기술뿐만 아니라 사회적 대화를 유지하는 기술, 제스처와 얼굴 표정, 신체 표현을 인식하고 이해하고 사용하는 기술, 대화의 시작 · 유지 · 종료 기술을 얻기 위해 고군분투한다. 화용적 의사소통 기술은 학생의 교육 프로그램에 중요한 요소로, 직접교수와 사회성 기술 교수를 통해 효과적으로 가르쳐야 한다.

게다가 화용론적 언어 사용이 어려운 자폐 스펙트럼 장애학생은 복잡한 언어를 이해하는 데 어려움이 있다. 자폐 스펙트럼 장애학생을 담당하였다면 말을 하든 안 하든 그 학생이 이해했다고 가정(assumtion)해서는 안 된다. 교사는 가까이에서 학생의 수용 정도를 직접 관찰해야 한다. 말은 천천히, 그리고 주의 깊게 해야 한다. 다른 학생들은 말을 하기 위한 시간을 요구하는 동안 몇몇 학생들은 단순화된 한두 단계의 지시를 요구할 것이다. 교사의 교수나 지시를 정확하게 진술하고, 학생이 무엇을 하지 않으려고 하는지를 말하게 하는 것보다, 오히려 학생이 무엇을 하기를 원하는지를 말하도록 지시해야 한다. 그리고 지시의 정확한 전달을 위해 가까이에서 말해야 하고 제스처나 시각적 지원을 사용해야 한다.

언어나 의사소통 교수의 내용이 모든 학생들에게 비슷하지만, 문제점이나 전략은 다를 것이다. 의사소통 이해 증진 프로그램을 개발하기 위해서 언어병리학자와 협력해야 한다.

3) 사회성 발달 전략

대부분의 자폐 스펙트럼 장애아동도 친구를 사귀거나 그들과 어울리고 사회의 구성원으로 활동하기를 원한다. 그렇지만 그들은 사회적 단서를 읽고, 이해하고, 반응하는 데 어려움이 있다. 게다가 사회적 상황은 자폐 스펙트럼 장애아동을 좌절하게 만든다. 자폐 스펙트럼 장애아동은 발달상의 결함 때문에 사회에 대한 이해 혹은 사회세계에 대한 잘못된 신념이나 오류를 범하거나, 다른 사람을 화나거나 짜증나게 하는 말이나 행동을 하게 된다. 다행스럽게 다양한 접근법이 사회세계를 이해시키도록 자폐 스펙트럼 장애아동을 가르치는 데 성공적이었음이 증명되었다.

자폐 스펙트럼 장애아동의 사회 이해 발달을 돕기 위해서는 체계적인 교육뿐만 아니라 자연스럽게 발생한 일상생활에서 기술을 연마할 기회가 필요하다. 규칙, 상황 이야기, 역할놀이와 대본, 단서카드와 체크리스트, 코칭, 모델링, 우정 그룹(friendship group)은 모두 체계적으로 사회성 기술을 가르치는 데 효과적이다.

많은 교사들은 학생들이 교실이나 다른 사회적 상황의 기대를 이해하도록 돕기 위해서 교실에서 사회적 규칙을 가르치고 벽에 붙이는 것이 용이하다는 것을 발견하였다. 규칙을 서술할 때는 구조를 명확히 하고, 학생이 보고 이해하는 것이 쉽도록 규칙을 기술해야 한다. 또한 규칙이 왜 중요한지를 설명하는 문장을 포함하여야 한다. 예를 들어, "우리는 과제를 끝마치면 내면의 목소리(inside voice)를 사용한다." 규칙이 왜 중요한지를 포함함으로써 자신의 모습을 형성하는 데 실패한 자폐 스펙트럼 장애아동에게 사회적 연계를 제공한다. 일반적인 원리를 바탕으로 규칙을 재검토하고, 타당한 사회적 규칙을 따를 수 있도록 하기 위해서 긍정적인 접촉을 하는 아동을 보상한다. 더불어 학생에게 혼란을 주는 사회적 상황에서 교육하는 것은 사회적 규칙을 제시하고 강화하는 데 중요하다.

Carol Gray가 발전시킨 상황 이야기는 혼란스러운 사회적 상황을 설명하기 위해 짧은 이야기로 구성된 시각 교육 매체를 사용한다. 상황 이야기의 목표는 학생의 발달 수준에 맞게 주어진 상황에서 무엇이 왜 발생했는지 알 수 있도록 정보를 공유하는 것이다. 새로운 사회성 기술을 가르치기 위해 상황 이야기를 읽어 주거나, 학생이 읽고 난 후 새로운 기술을 연습할 수 있도록 학생에게 신호를 한다. 팀은 소개하기, 다시 보기, 이야기 소거 등을 위해 스케줄을 개발한다.

게다가 상황 이야기에서 대본 쓰기와 역할놀이는 새로운 사회성 기술을 가르치는 데 효과적인 전략이다. 새로운 사회적 상황을 아동에게 소개하기 전 무엇을 말해야 하는지 적힌 대본을 제공한 후 상황 역할놀이를 하는 것이 유용하다. 예를 들어, 교사는 학생이 다른 아동과 놀기 위해 어떻게 물어봐야 하는지 가르치는 대본을 작성한다. 교사와 학생은 시나리오에 따라 역할놀이를 하고, 그에 따라 다양한 후속 결과에 대해 어떻게 반응할 것인가를 연습한다.

일단 학생은 구조화된 상황에서 사회성 기술의 성공을 증명하기 시작하는데, 이는 자연적으로 발생한 일상생활에서 기술을 연습하는 것이 기본이다. 사회성 기술과 우정 그룹(friendship group)은 지원적이고 구조화된 환경에서 사회성 기술을 배우고 연습하는 데 학생들에게 문맥적 상황을 제공한다. 많은 교사들은 자연스러운 환경에서 연습하고 배우는 자폐 스펙트럼 장애아동을 돕기 위해 동료 조언자나 친구를 배정하는 것이 유용하다는 것을 발견하였다. 그룹이나 동료 조언자 또는 다른 체계를 통해 교실 안과 밖 모두에서 동료 및 다른 성인들과 새로 발견된 사회성 기술들을 성공적으로 연습하기 위한 기회를 만드는 것이 중요하다.

배경지식과 훈련을 충실히 수행한 다양한 전문가들은 사회성 발달을 가르치는 지식을 가지고 있다. 포괄적인 사회 발달 프로그램 개발을 위해 언어병리학자, 학교 상담가, 심리학자, 특수교사와 이야기하여야 한다.

앞에서 언급한 교수 전략들에 덧붙여, 수많은 개인적인 치료 방법이 있으며 자폐 스펙트럼 장애아동을 위해 계속 개발되고 있다. 자주 언급되는 몇몇의 치료 방법은 중재를 소개한 5장에서 설명하였다. 교수 방법이나 특별한 중재 전략을 고르기 전에 Heflin과 Simpson은 IFSP나 IEP팀이 다음의 질문에 대해 생각하기를 제안하였다.

- 치료법은 동료 평가 저널에 출판되었는가?
- 다양한 자료로부터 효과성에 대한 정보가 수록되었는가?
- 치료법의 질적 효과성이 바르게 증명된 연구인가?
- 지원의 대부분이 경험적인 확인이 가능한가, 또는 개인적 증명서로부터 오는가?
- 조언자는 대부분의 자폐 스펙트럼 장애아동을 돕도록 선택되고 요

구되었는가?
- 처치 비율의 제한성과 강도는 어떠한가?
- 효과적일 수 있는 덜 제안적인/강도 있는 대안이 있는가?
- 이것보다 잘 연구된 조건이 있는가?
- 이 치료법은 아동의 기능적 의사소통과 사회화 요구를 무시하는가?

5. 중재의 사정

어떤 중재를 사용하기 전에, 향상도를 알아보기 위해 지정된 각 영역에서 기초선을 기록하는 것이 중요하다. 즉, 필요 영역에서 어떻게 아동이 일반적으로 기능하는가를 평가 또는 결정하는 것이 중요하다. 일단 목표와 목적을 정하고, 프로그램 구성에서의 과정을 지켜보기 위해 자료는 기록되며, 자료는 목표 영역의 향상뿐만 아니라 프로그램의 조정에 사용될 수 있다. 수업이나 교육 중재가 효과적인지, 또한 교육에서의 어떤 변화나 교육적 중재가 만들어질 필요가 있는지를 결정하기 위해 자료는 분석된다. IFSP나 IEP 팀은 어떻게 자료를 기록할 것인가와 일반적으로 중재가 성공적일 때와 포기해야 할 때를 결정하기 위한 기준을 정해야 한다. 자료수집 시스템을 통한 아동 기술의 사정에 따라 목표와 목적의 다음 상황이 정해진다.

6. 환경 구조화

모든 학생이 일상생활이나 예측 가능한 상황에서 잘 생활하고 있으나, 자폐 스펙트럼 장애아동은 환경 또는 일상생활에서의 변화에 민감하다. 자폐 스펙트럼 장애아동을 위한 환경의 구조화는 학습을 위한 공

손함, 주의집중, 반응을 증가시킨다. 각 아동에게 필요한 구조의 수준
은 연령, 진단, 능력 수준을 기초해 다양할 것이다. 조사에 따르면, 효
과적인 교육 프로그램은 다음 사항을 포함하는 구조화된 환경을 가지
고 있다.

• 물리적 구조화
• 반복적 일과
• 시각적 지원

1) 물리적 구조화

물리적 구조화는 교실 또는 학교 각 영역의 배치와 조직화된 방식을
말한다. 세상을 다르게 받아들이거나 특별한 감각 손상이 있는 자폐 스
펙트럼 장애아동에게는 학교와 교실이 혼란스럽거나 당황스러운 환경이
될 수 있다. 그러므로 환경은 분명히 시각적 범위 내에서 물리적으로 배
치되고 조직화되어야 한다. 카펫, 책꽂이, 칸막이, 학습공간과 같은 범위
는 활동에 따라 다른 장소, 재료가 있다는 것을 학생이 이해하도록 돕기
위해 시각적으로 구분된 구조를 말한다. 여러 활동이나 개인적 과제 활
동을 위해 특별한 장소 제공이 고려되어야 한다. 다양한 장소와 범위가
구분되고, 상징이 표시된 스케줄 선택 게시판은 각 영역의 규칙이나 기
대되는 행동에 대해 시각적 정보를 제공할 수 있다. 또한 교실의 물리적
구조화를 계획하는 데 밝은 빛이나 소음과 같이 시각적 · 청각적 산만함
을 최소화하는 것이 중요하다(예, 벨소리, 아이들의 큰 목소리, 의자가 바닥
에 긁히는 소리, 프로젝트의 윙 하는 소리, 빛 또는 컴퓨터).

2) 반복적 일과

자폐 스펙트럼 장애아동은 고도로 예측 가능하거나 반복적인 방법으로 정보들이 나타나는 환경에서 학습에 집중하고 사회적 반응이 좀 더 높이 나타난다. 반대로 자폐 스펙트럼 장애아동은 하루의 스케줄이나 반복되는 일과에서 작은 변화가 생겨도 쉽게 당황할 수 있다. 독립적 과제 수행 기술과 학생이 수업을 준비할 수 있는 편안한 환경을 만들기 위해서는 반복적 일과를 개발하고 아동에게 가르쳐야 한다. 예를 들어, 독립적 과제 수행을 위한 일과는 "우리는 일하고 나서 휴식한다."처럼 간단한 것이다. 대그룹 교육을 위한 일과는 "첫째는 교사가 수업을 하고, 그 후 학생들은 개인 과제에 뒤따르는 그룹 연습문제를 한 후 휴식을 취한다." 일과는 또한 기능, 여가, 직업 기술을 가르치는 데 효과적이다. 물론 일과에서 아동이 변화에 대해 부정적인 행동을 나타내는 강박관념을 보이기 시작한다면 문제가 될 수 있다. 이러한 스트레스를 줄이기 위해서는 전환 전략, 역할놀이, 시각적 지원 시스템을 활용하여 일과의 잠재적 변화에 대해 계획하고 학생을 준비시켜야 한다.

3) 시각적 지원

자폐 스펙트럼 장애학생은 좋은 시각적 기술을 가졌다. 수업과 수업자료의 시각적 조직화는 학생이 시각적 학습에 강한 것을 이용한 것이다. 유용한 시각적 지원에는 학생 개개인에 적당한 활동 스케줄과 달력, 붙인 규칙, 선택 판, 다른 조직화 방법이 포함된다.

활동 스케줄은 그림 혹은 단어로 구성하여 학생이 학습에 참여하는 단서를 제공한다. 학생의 연령과 능력 수준에 의존하는 활동 스케줄은 3단링 바인더의 각 페이지에 단지 각 하나의 활동을 기록하는데, 그날 활동의 일부분 혹은 전체를 그림 스케줄로 기록하며, 하루 시간 계획자와 조직자, 개인용 전자장치(PDA)가 복합적으로 사용될 것이다. 미니 스케줄의 사진 혹은 단어의 세트화는 복잡한 일을 하나씩 해결하는 단서다. 예를 들어, 학생들이 손을 씻는 것을 배울 때 다음과 같은 순으로 한다. ① 물을 튼다. ② 손을 씻는다. ③ 물을 잠근다. ④ 손을 말린다. 또다른 학생은 사회수업을 위해서 미니 스케줄을 사용할 수도 있는데, 교과시간을 나누어 조용히 읽기, 강의 내용 필기하기, 그룹 학습 등을 한다. 자폐 스펙트럼 장애학생의 시각적 의사소통을 돕기 위해 그림이나 단어로 된 선택 게시판과 메뉴판은 선택하기에 유용한 자료, 보상, 과제다. 선택 게시판은 학생들의 삶이나 교육의 한 부분으로 이용될 수 있는 여가 활동, 작업 과제, 식당 혹은 음식 선택, 작업 공간, 방문하기, 노래 부르기 등의 항목을 효과적으로 활용할 수 있다. 또한 선택 게시판 활용은 활동에 참여하려는 학생이 의사소통이 되지 않아 좌절하는 경우 동기부여를 통해 완화할 것이다.

다른 시각적 조직화 방법은 교실 안의 물건 혹은 학생의 사물함, 책가방 라벨링을 하거나 조직화하는 것이다. 규칙을 위한 단서 카드와 과제, 준비물, 학습자료 목록도 유용할 수 있다.

7. 문제 행동에 대한 기능적 행동 사정의 적용

교육 프로그램의 한 가지 목적은 문제 행동 발달을 예방하는 것이다. 이전에 논의되었던 것처럼 물리적·시각적 조직화와 같은 환경 수정에 따른 의사소통, 사회성, 학업, 동기화 전략은 자폐 스펙트럼 장애학생을 가르치는 데 효과적인 전략이기 때문에 많은 잠재적 문제 행동을 막는 데 도움이 된다. 만약 부정적 행동이 발전하거나 지속된다면, 기능적 행동 사정은 아동의 사회적 의사소통 행동의 목적과 역기능을 확인하는 데 사용되며 아동의 의도와 의미가 해석의 중심이어야 한다. 한 번 기능적 행동 사정을 완성하게 되면 중재가 만들어진다. 효과적인 중재에는 환경 수정, 교과과정 중재, 학생의 요구에 맞는 교수 설계가 포함된다. 중재는 부정적 행동과 같은 의미의 다른 대체 행동에 접근하는 것을 찾고 가르치는 것을 포함한다. 또한 긍정적 행동은 부정적 행동을 줄이는데 강화가 된다.

8. 전 환

초기에 논의된 것처럼, 자폐 스펙트럼 장애학생은 일과의 변화나 환경의 변화, 특히 계획된 전환이든 무계획적인 전환이든 비구조화된 기간 동안 변화에 적응하기 어려워한다. 따라서 자폐 스펙트럼 장애학생의 독립적인 전환이 가능하기 위해서는 다음과 같은 추가적인 지원과 구조화된 기술이 요구된다.

- 활동에서 활동
- 학교에서 가정
- 가정에서 학교
- 다음 학년으로의 진급이나 상위 학교로의 진학
- 학교에서 졸업 후의 환경

전환계획을 세울 때 다가오는 변화에 대해서 학생을 준비시키는 것이 중요하다. 활동에서 활동으로 전환할 때, 활동이 끝나기 전에 구어와 시각적인 경고를 제공하고, 시각적 도움을 이용해 계획이나 다음에 할 활동을 학생에게 알린다. 학생이 어디 가야 하는지 시각적 단서를 제공하는 교차 전환은 종종 다른 행동 전환에 도움을 준다. 예를 들어, 스푼을 옮겨서 학생에게 점심시간임을 알려 줄 수 있다.

학생이 새 학년, 학교, 지역사회, 직업, 학교 이후 환경으로 전환할 때 다가오는 변화를 준비하는 것이 중요하다. 학생들이 독립적이고 성공적이게 할 수 있는 기술을 결정하고 사전에 가르치기 위해서 새로운 환경을 사정하여야 한다. 가능하다면 학생에게 새 환경에 대해 미리 말하거나 새 환경을 방문하는 것을 수락해야 한다. 방문이 불가능하다면 비디오나 사진을 보여 주거나 상황 이야기나 새 환경에 바라는 것을 고려해도 괜찮다. 또한 다음 환경의 스태프와 학생의 강점과 특별한 학습 요구를 논의하는 것도 중요하다. 새 환경의 스태프에게 자폐 스펙트럼 장애에 관한 정보를 제공하도록 준비하고 학생의 정확한 배치에 관해 그들이 학습하고 방문하도록 준비해야 한다. 만일 가능하다면 학생과 새 스태프의 만남을 정하는 것도 괜찮다. 자폐 스펙트럼 장애학생들이 성공적인 경험을 좀 더 할 수 있도록 정형화되고 중요한 인생의 전환기에 체계적인 실행과 계획은 모두가 만족감을 갖게 되고, 더 독립적이 되며, 긍정적인 경험을 하게 할 것이다.

9. 또래와 함께하는 기회

자폐 스펙트럼 장애학생은 다른 사람과의 사회적 · 의사소통적 상호작용에 상당한 어려움을 가지고 있다. 결과적으로 동료들과의 일반적이고 계획적인 상호작용은 자폐성 장애학생에게 중요하다. 동료와의 접촉을 통해 자폐 스펙트럼 장애학생은 사회적 행동을 위한 좀 더 적절한 모델을 관찰할 것이며, 사회적 파트너로 반응하기 위해 접근하게 되며, 자폐 스펙트럼 장애학생 혼자 또래와 사귀는 것보다 좀 더 정상적인 사회성을 경험하게 될 것이다. 그러나 단지 자폐 스펙트럼 장애학생이 일반적으로 발달하는 또래와 같은 장소에서 경험을 한다고 하여 사회성과 의사소통 기술을 완전히 습득하는 것은 아니다. Wagner(1999)에 따르면, 자폐 스펙트럼 장애학생에게 사회성과 의사소통 기술 습득을 가장 효과적으로 도와줄 수 있는 방법으로 다음을 포함해야 한다고 하였다.

- 적절히 구조화된 행동 혹은 놀이 활동
- 훈련받은 또래
- 자폐 스펙트럼 장애학생과 또래의 상호작용을 신속하게 강화하는 교사

10. 포괄적인 팀 접근

이 책에서도 논의된 것처럼, 자폐 스펙트럼 장애는 의사소통, 행동, 사회성 기술의 결핍이 특징적이다. 결과적으로 자폐 스펙트럼 장애학생에게 효과적인 프로그램에는 자폐 스펙트럼 장애를 이해하고 다양한 원리를 훈련받은 가족과 스태프의 전문성과 개입이 요구된다. 포괄적 팀 접근에는 법에서 결정한 부모와 전문가들이 포함된다. 전문가들에는 사회적 · 언어적 기술을 다루기 위해 언어병리학자, 심리학자, 작업치료사와 같은 관련 서비스 전문가가 포함된다. 더욱이 포괄적인 팀은 각 학생의 개별화 교육 목적, 대상, 결과에서 부딪히는 절차를 확실히 하기 위해 특수교사와 일반교사, 보조교사를 포함하기도 한다. 포괄적 팀이 협력하면 개인 간, 주제 간, 환경 간에 수업과 중재 기술의 일관성을 유지시키며, 자폐 스펙트럼 장애학생의 새로운 기술과 능력의 습득, 유지, 일반화 가능성이 증가한다.

···제7장
부모와의 협력

자폐 스펙트럼 장애학생에게 의미 있고 효과적인 교육 프로그램의 개
발과 적용은 부모와의 협력을 필요로 한다. 자폐 스펙트럼 장애학생의
부모는 진단, 조기중재 프로그램, 다른 자원들을 얻기 위하여 전문가와
밀접하게 협력하며, 일반적으로 장애와 아이들에 대한 식견을 가지고
있다. 부모의 경험과 지식을 프로그램 계획 절차에 반영하면 학교에서
의 성공 수준이 증가될 뿐만 아니라 학습 상황, 의사소통, 협력을 위한
풍토가 조성된다.

부모와 교사가 서로의 관점과 현실을 이해하는 것은 부모와 학교가
이루는 협력관계의 기본이다. 부모가 아동의 학교 프로그램과 학교 구
성원의 역할, 모든 학생의 다양한 요구에 맞는 개별학습 방법에 대해서
확실히 이해하는 것이 중요하다.

교사와 학교 구성원은 자폐 스펙트럼 장애아동과 함께 살아가며 가족
이 겪은 경험, 그들이 접근한 중재, 학교가 가족의 삶 안에서 작용하는
중요한 역할을 이해하는 것 역시 중요하다. 이러한 이해와 협력을 바탕
으로 부모와 교사는 학생들에게 긍정적이고 효과적인 프로그램을 만들
어 내기 위해 서로 협력할 수 있다. 각각의 가족은 진단받은 경험이 서

로 다르고 독특하며, 자폐 스펙트럼 장애아동의 요구에 맞게 조절하고
계획할 수 있다.

1. 진단하기

진단하는 것은 아동을 이해하기 위해 찾아가는 동안 부모가 겪을 수
있는 긴 과정의 정점이다. 부모는 우선적으로 전문가의 도움을 찾으며,
그들이 기대했던 것처럼 아동 발달이 이루어지지 않고 아동의 행동방식
이 다르다는 것을 알아챈다. 의사는 첫 번째로 접촉하는 전문가다. 다음
은 부모가 그들의 아동 발달과 관련하여 의사에게 이야기하는 일반적인
사례다.

- 아동들은 독특한 듣기 양식을 가지고 있을 수 있다. 아동들은 언어
  에 반응하지 않는 것으로 보일 수 있지만 음악은 즐기는 것처럼 보
  인다. 이러한 사례는 부모가 자신의 아동이 청각장애인지 아닌지에
  대해 탐색하게 한다.
- 아동들은 무관심해 보이며, 눈맞춤이 거의 없고 부모와의 유대를
  거부하는 것처럼 보인다. 이러한 사례는 부모가 아동과의 애착 형
  성 방법에 관한 조언을 구하게 한다.
- 아동은 독특한 식습관과 수면 양식을 가질 수 있다. 자폐 스펙트럼
  장애아동들은 먹는 것이 까다로울 수 있으며 부모는 아동이 적절한
  영양분을 섭취할 수 없는 것에 대해 염려한다. 다른 자폐 스펙트럼
  장애아동은 잠을 자거나 휴식을 취하는 데 어려움을 겪는다.
- 아동들은 언어와 의사소통 기술의 발달이 느릴 수 있다.

아동 발달에 관한 사례가 나타날 때, 의사가 문제를 조사할 수 있는

여러 가지 방법이 있다. 구체적이고 의학적인 진단 절차, 유전적 검사를 비롯하여 언어치료사, 작업치료사, 물리치료사, 심리학자와 같은 다른 전문가들을 소개하기 시작한다.

몇몇의 아동들은 조기진단을 받는 반면에 몇몇의 아동들은 시간이 흐른 후 진단을 받는다. 이것은 독특한 초기 발달과 행동이 눈에 띄지 않는 아동들의 경우다. 어떤 아동은 학교에 들어가 일반적인 아동 발달에 익숙한 교사가 관찰할 때 자폐성 증상이 발견될 수 있다. 또 다른 아동은 사회적, 언어적, 학습적, 행동적인 어려움에 관한 이력을 가지고 있는 것으로 보여 주의력결핍 및 과잉행동장애(Attention Deficit Hyperactivity Disorder: ADHD)나 학습장애와 같은 다른 종류의 장애를 가지고 있다고 추측될 수 있다. 그러나 주의 깊게 관찰하면 아동의 행동이 정확히 자폐 스펙트럼 장애와 같음을 알 수 있다.

많은 부모들은 아동의 행동이 설명 가능한 것으로 밝혀지는 것에 안도한다. 많은 부모들은 자녀를 최선으로 돕기 위해 접근할 수 있는 보조와 지원을 결정하기 위한 방법으로 진단을 받는다. 진단 그 자체를 받아들이는 것은 어려울 수 있지만 대부분 부모들의 목표는 적절한 중재에 접근하는 것이다.

2. 진단에 순응하기

많은 책, 문헌, 연구 논문에서 어린 아동이 자폐 스펙트럼 장애라는 것을 가족이 알았을 때, 가족 수용 정도에 대한 경험에 대해서 논의하였다. 최근의 연구는 사람들이 별개의 상황 안에서 다양한 감정과 반응을 경험한다고 밝히고 있다. 모든 가족은 자폐 스펙트럼 장애아동을 발견하는 것에 대해 다르게 반응하며, 그것을 극복하고 순응하는 그들 자신의 독특한 방법을 경험하게 된다.

순응은 경험한 감정의 수용, 사실의 수집, 형제의 도움, 다른 가족 구성원들의 장애에 대한 이해를 필요로 한다. 수용은 부모가 자폐 스펙트럼 장애에 대하여 더 많이 배우고 아이들을 위한 긍정적인 미래를 생성하는 데 역동적인 역할을 해야 함을 깨달을 때 일어난다. 정보를 모으고, 다른 자폐 스펙트럼 장애아동 가족들을 만나고, 전문가 서비스를 확인하고 사용하며, 아동을 변호할 수 있는 것이 부모가 순응을 시작할 수 있는 긍정적인 방법이다.

3. 발달 단계와 가족 스트레스

모든 가족들은 아이들이 태어날 때, 성장할 때, 그들의 곁을 떠날 때 등과 같은 여러 발달 단계를 거친다. 각각의 단계는 새로운 도전을 가져오며 새로운 적응을 요구한다.

자폐 스펙트럼 장애아동들의 가족들은 아이들에게 각각의 단계에서 다른 종류의 지원과 중재가 필요하다는 것을 인식하게 되면서 좀 더 중대한 도전들에 종종 직면한다. 부모들은 종종 각각의 새로운 발달 단계인 수용주기를 스스로 견딘다. 유치원에서 초등학교로의 전환, 초등학교에서 중학교와 고등학교로의 전환, 고등학교에서 성인 세계로의 전환은 두드러진 도전이다.

교사는 가정-학교 간 협력관계에서 나타나는 가족의 견해와 경험을 이해하는 것이 중요하다. 많은 부모들은 장애, 자원, 중재, 그리고 그들 각각의 아이에게 해야 할 일의 전반적인 이해와 관련된 지식을 많이 가지고 있다. 가족들은 하나의 교육 시스템에서 다른 시스템으로의 전환에 대한 스트레스와 걱정을 경험할 수 있다. 교사들은 가족의 크기, 문화적 배경, 사회경제적 지위, 지리적 위치와 같은 요소를 이해하여야 하며, 또한 교사들은 가족들이 학교-가정 간 파트너십의 관여 수준에 영향을 미친다. 대부분의 부모들은 아이들을 도우려는 의욕을 가지고 있지만 이 동기를 행동으로 옮기는 방식은 매우 다양하다. 몇몇 부모들은 시간, 기질, 교육적 배경 혹은 자폐 스펙트럼 장애에 대한 지식을 바탕으로 학교 스태프들과 친밀하게 지낸다. 그들 아이의 발달에 대해 동기가 부여되고 관심이 많은 부모들이라도 어떤 부모들은 아이들의 학교 프로그램에 활발히 참석하지 않을 수도 있다. 교사들은 학교환경에서 야기되는 가족들의 견해와 믿음에 민감해야 한다.

4. 협력적인 가정-학교 파트너십의 창조

학교와 가정 간에 협력적인 파트너십을 만드는 것은 신중한 계획, 공동 협력을 최종 목표로 정하고 학생들의 요구를 최대한 충족시키기 위한 것이다. 부모들의 힘과 지식을 결합하는 것, 부모들이 아이들에 대한 장점을 알고 지원의 내용을 인식하며 아이들을 지원하는 것, 교사의 전문적 지식 이 세 가지는 학생들에게 직접적으로 도움이 되는 강력한 파트너십을 만든다. 학교와 가정의 협력은 아동들의 학업과 사회적 성공을 향상시키기 위해 더 나은 태도로 임하게 되며, 학교에 대한 긍정적인 태도와 행동은 부모-교사 간에 향상된 의사소통을 이끌어 낸다.

협력적인 가정-학교 파트너십은 다음과 같다.

- 협력적인 가정-학교의 파트너십은 부모들과 교사들이 가정과 학교에서 아이의 실상에 대해 이해하는 정보에 근거한 파트너십이다.
- 협력적인 가정-학교의 파트너십은 프로그램을 계획하고 개발하는 과정에서 팀 접근을 사용한다.
- 협력적인 가정-학교의 파트너십은 가정-학교의 의사소통 계획이 명확하게 수립되어 있다.

5. 정보에 근거한 파트너십의 형성

가정-학교의 협력관계 안에서 정보에 근거한 파트너가 되기 위해서
협력 과정을 시작할 때 각 참여자의 배경 정보를 가지고 있어야 한다.
교사는 일반적으로 학생의 장애, 학생의 병력, 과거 중재와 그것들의 효
과성, 그리고 명확한 강점과 성장 범위에 대한 자연스러운 이해가 필요
하다. 교사는 부모들의 경험과 목표, 목표에 대한 전체적인 지식, 부모
들이 아이에 대해 가지고 있는 희망을 이해하는 것이 중요하다. 부모들
은 학교 시스템이 어떻게 작동되는지, 선택한 프로그램이 유용한지, 학
교에서 어떻게 교육적 결정이 이루어지는지에 대한 이해가 필요하다.

6. 팀 접근의 수립

협력적인 파트너십은 팀 접근과 관련되어 있다. 자폐 스펙트럼 장애
아동의 독특한 요구를 프로그램화하고 충족시키는 것은 부모와 교사가
단독으로 결정할 수 없는 복잡성을 가지고 있다. 팀 구성원들에는 행정
가, 특수교사, 일반교사, 보조교사, 치료 전문가, 부모, 다른 사회 자원
인사들이 포함된다. 학교 중심 팀은 개별화 교육 계획(IEP) 과정에서 결
정적인 부분이다. 학교 중심 팀은 의미 있는 학문적·사회적 목표와 목
적을 정하고, 전략을 선택하며, 긍정적인 행동 계획을 개발하고, 가정과
학교에서 동료들과의 관계를 강화하기 위한 사회적 프로그램을 생각한
다. 또한 학교 중심 팀은 계획을 세우고 프로그램을 실행하며, 부모와
교사의 자폐 스펙트럼 장애에 대한 지식을 증가시키기 위해 교육한다.

7. 의사소통 계획

　효과적인 협력을 위한 핵심은 의사소통이다. 아동의 잠재적이고 일반화된 기술을 가정과 학교 모두에서 최대화하기 위해서는 부모와 교사가 전통적인 부모-교사 사이의 의사소통 기술에서 벗어날 필요가 있다. 부모와 교사는 효과적인 의사소통 계획을 발달시키기 위해 함께 노력해야 한다. 이 계획은 교사와 부모가 어떻게 기본적인 원리를 바탕으로 의사소통을 해야 하는지, 불시에 일어날 수 있는 걱정거리를 어떻게 다룰 수 있을지를 제시한다. 의사소통 방식은 일일 알림장, 가정-학교 간 의사소통 책, 노트, 편지, 잡지, 회보, 전화통화 등 다양하다.

　부모들은 종종 아동들의 학습이나 행동에 대한 면밀하고 자세한 보고를 원한다. 학교와 가정 간 의미 있는 의사소통은 성공적인 협력을 위해 필수적인 요소라 할 수 있으나, 교사 보고가 의무적이지 않도록 하는 것이 중요하다. 교사와 부모가 매일의 원칙을 의논하기 위해 구체적인 영역을 우선순위로 매기는 것이 유익할 수 있다. 의사소통 프로토콜은 부모와 교사가 가지고 있는 욕구 충족을 유지시키고, 이것을 보장하기 위해서 주기적으로 재설명되어야 한다.

　교사들은 부모들이 요구하는 의사소통 방식과 양을 확인하는 것이 중요하다. 그리고 교사들은 자폐 스펙트럼 장애아동의 부모들이 자녀에 대한 어느 정도의 긍정적인 소식을 듣고 싶어 한다는 점을 명심하여야 한다.

8. 협력적인 관계의 촉진

　부모와의 협력은 종종 다양한 목적을 위한 계획된 만남을 포함한다. 이러한 만남은 교사들이 학생과 가족들에 대한 이해를 얻는 데 도움이 되고, 또 가족들을 지원할 수 있게 한다. 이러한 만남에서 역할을 명백하게 하고, 장기목표와 단기목표를 설정할 수 있는 기회와 전략을 개발하고, 효과적으로 교육 프로그램을 계획하고, 의사소통 계획을 세우게 된다. 부모들은 교육 프로그램과 행동 프로그램 개발에 귀중한 제안을 하는 다른 전문가들과 함께 일할 것이다. 부모들이 생각하기에 미팅에 참여하여 정보를 공유하고 전략을 위한 아이디어를 제공할 수 있는 사람으로 누구를 생각하고 있는지 물어보아야 한다. 이렇게 하면 학교는 학교의 경계선 내에 있으면서 협력과 계획의 과정에 기여할 수 있는 전문가들에게 접근할 수 있을 것이다.

9. 협력이 어려울 때

종종 좋은 의도에도 불구하고 부모-학교 간 파트너십이 어려워지고 협력이 약해질 수 있다. 이런 경우 부모와 교사는 협력을 막는 장애물을 만드는 서로의 관점을 이해하여 아동들에게 부정적인 영향이 미치지 않도록 하는 것이 좋다.

일반적인 중재원칙으로는 가정-학교 관계의 유지와 개선이 사용될 수 있다. 부모와 교사의 공동 관심사와 목표를 확인하는 것은 함께 일하기 위한 시작점이 된다. 부모와 교사는 자주 그들의 위치를 고정시키거나 그들의 목표에 대한 견해(판단)를 잃는다. 중심이 학생의 필요에 맞추어질 때 학생과 부모는 고정된 위치에서 움직일 수 있고, 해결책을 향해 창의적이고 협력적으로 일할 수 있을 것이다. 부모와 학교의 전 직원은 학생과 그들의 필요에 대해 다른 관점을 가지고 있을 수 있다. 부모의 근본적인 필요를 확인함으로써 공유한 이해에 다다를 수 있는 건설적인 단계를 세워야 한다. 상대적인 관점과의 차이를 줄이는 것을 돕기 위해 아동의 장기목표, 단기목표를 고려하는 부모의 관점을 조직화하고 잘

들어야 한다. 언어가 전체 아동의 요구만큼이나 능력, 힘, 열망의 크기
를 묘사한다는 것을 알아야 한다. 몇몇의 경우, 협력을 용이하게 하기
위해서 객관적이고 상호 간에 수용할 수 있는 제3자가 참여하는 것이 도
움이 될 수 있다. 아동의 최선의 적성을 위해 부모와 학교 관계자가 공
동 작업에 전념한다면 상호 간의 관계가 강화될 것이다. 부모와 교사는
아동의 삶에서 모두 중요하고 강력한 영향을 미친다. 협력적인 파트너
십의 공동 작업은 의미 있고 효과적인 학습을 조장한다.

···제8장

어린 자폐 스펙트럼 장애아동에게 효과적인 프로그램(3~5세)[1]

　많은 출판물과 연구 논문은 발달지체나 발달장애 아동을 위한 조기중재 프로그램의 긍정적 성과를 보고하고 있다. 하지만 많은 다른 발달장애 아동과는 다르게 어린 자폐 스펙트럼 장애아동들의 명확한 진단을 위한 의료적 검사가 없는 것처럼, 2~3세 연령의 진단도구는 아직 없다. 많은 의료 전문가들은 광범위한 '정상 상태'가 나타나기를 기다리는 방법을 취한다. 따라서 조기중재 프로그램은 이러한 아동들을 지체시킬 수도 있고, 의미 있는 두뇌 발달이 일어나는 중요한 시기 동안 집중적인 중재가 손실되는 결과를 가져오기도 한다. 이 시간 요인에 기인하여 한 번 진단이 주어지면, 조기중재 프로그램은 모든 발달 부분에서 아이들의 요구를 다루어야 하며, 삶의 모든 측면에서 독립적으로 기능할 수 있는 능력을 발달시키는 것이 가장 중요하다.

---

1) 이 장의 자료는 Susan Stokes가 미국 위스콘신 주 교육청의 기금으로 수행한 CESA 7[*Effective programming for young children with autism*(Ages 3~5)]의 내용이다. 2007년 8월 30일 http://specialed.us/autism/early/ear11.htm에서 검색하였으며, 사전 동의를 받아 사용하였다.

1. 기본적인 특징

자폐 스펙트럼 장애아동을 위한 유아기 프로그램의 성공에 필요한 기본적인 특징은 다음과 같다.

- 교육과정 내용
- 높은 자원적 교육환경과 일반화 전략들
- 예측 가능성과 반복적인 일과 요구
- 도전 행동에 대한 기능적인 접근
- 유아기 프로그램에서 초등학교로의 전환 계획
- 가족 참여

각각의 구성 요소는 이 장에서 자세하게 논의될 것이다.

2. 교육과정 내용

교과과정 영역은 자폐 스펙트럼 장애의 핵심적인 특징과 특성에 초점을 맞춰 유아기 프로그램으로 다루어진다. 목적과 목표를 위해서 각각의 교과 영역은 각 아동의 발달 수준과 학습 강·약점에 따라 고도로 개별화되어야 한다. 또한 전형적인 아동 발달의 지식은 교과과정 영역에서 중재를 위한 지침을 제공하는 데 핵심적이다. 제시되는 교과 영역들은 어린 자폐 스펙트럼 장애아동이 나타내는 주요한 요구로 확인된 것이다.

1) 주의 기술

자폐 스펙트럼 장애의 일반적인 특징은 빈번하게 그들을 공격하는 다양한 내·외부 자극(예, 파리가 방을 윙윙거림, 수학적 사실들을 열거하는 것과 같은 내적으로 떠오르는 반복적인 생각들)의 우선순위를 정하고 중요성을 판단하기 어렵다는 것이다. 결과적으로, 이러한 아동들의 대다수는 다음의 행동을 보인다.

- 다양한 주의 기술: 아동들은 그들의 흥미에 의존하여 기술에 집중하는 것이 증명되었다. 예를 들어, 컴퓨터, 비디오, 퍼즐 등과 같은 '감각적'이거나 흥미로운 것에 더 잘 집중하지만 대집단 활동에는 집중도가 낮다.
- 한 자극에서 다른 자극으로의 주의 이동 어려움: 만약 아이들이 시각적인 퍼즐 활동에 참여하고 있다면, 교사의 청각적인 지시에 관심을 집중할 수 없다.
- 여러 가지 자극이 있는 상황에서 집중의 어려움: 자폐 스펙트럼 장애아동들은 주의 이동에 심각한 어려움을 갖는다. 게다가 자극의 우선순위를 두는 것만큼이나 '가장 중요한 정보'에 참여하는 것은 만만치 않다. 예를 들어, 아동이 주의를 집중하는 것이 '소그룹으로 적절하게 앉기'라면, 그 아동은 교사가 가르치려고 하는 정보에 집중할 수 없다.

2) 모 방

삶을 통해서 학습하는 흉내내기의 기초인 모방은 자폐 스펙트럼 장애아동에게도 중요한 발달 기술이다. 모방능력은 사회성 기술이나 의사소통을 포함한 모든 영역의 학습에 영향을 끼친다. 다양한 모방 기술은 자

폐 스펙트럼 장애아동에게 구체적이고 직접적으로 가르쳐야 한다. 이러
한 것에는 다음이 포함된다.

- 소근육/대근육운동 동작의 모방
- 목표에 대한 행동의 모방
- 손끝으로 그리는 디자인의 모방
- 소리와 단어의 모방

3) 의사소통(이해와 사용)

자폐 스펙트럼 장애아동은 적절한 언어 이해와 표현에서 의사소통의
문제를 뚜렷이 보인다. 조기중재에서 많은 아동들은 의사소통의 '힘'에
대해 배우지 못한다. 여기서 힘이란 의사소통의 이유와 효과를 말한다.
그들은 의사소통의 목적을 발달시키지 못한다. 예를 들어, 몇몇 아동들
은 원하는 것을 얻기 위해 노력하거나 다른 도움을 찾지 않는다. 자폐
스펙트럼 장애아동들은 의사소통이 두 사람이나 그 이상의 사람들 사이
에 정보의 의식적인 교환임을 이해하는 데 어려움이 있다. 그러므로 이
조기중재 단계에서 의사소통의 목적을 가르쳐야 한다. 많은 자폐 스펙
트럼 장애아동들이 강하게 원하는 목적과 행동을 의사소통하도록 '시
도'를 하여야 한다.

4) 장난감을 가지고 노는 기술

자폐 스펙트럼 장애아동들은 적절한 기술로 장난감을 가지고 노는 데
확실히 어려움이 있다. 장난감을 가지고 노는 기술은 다음의 단계로 정
리할 수 있다.

- 접촉하지 않는 단계: 아동은 장난감을 쥐거나 만지는 데 관심을 보이지 않는다.
- 손으로 다루는 탐색적 놀이: 아동은 입에 물기, 휘두르기, 흔들기, 치기, 블록 쌓기, 블록끼리 두드리기, 줄 세우기를 통해 장난감을 쥐거나 주시한다.
- 기능적인 놀이: 아동은 찻잔을 입에 대고, 빗으로 머리를 빗고, 기차 칸을 연결하고 밀고, 인형의 집 안의 가구를 정리하고, 블록으로 빌딩을 짓는다.
- 상징놀이/가장놀이: 아동은 목적을 갖고 어떤 사물이나 어떤 사람인 척하는데, 이것은 상상놀이와 역할놀이에 포함된다(예, 유아들이 손을 입으로 움직이는 것은 컵으로 음료를 마신다는 의미, 장난감 사람이나 인형으로 자신을 표현, 엔진 소리를 내며 블록을 자동차처럼 사용).

5) 사회적 놀이/사회적 관계들

자폐 스펙트럼 장애의 주요 특징은 사회적 상호작용에 참여하거나 이해하는 데 어려움이 있다는 것이다. 초기 상호작용 단계에서 자폐 스펙트럼 장애아동들은 전형적으로 또래와 사회적 놀이에 참여하는 데 현저한 어려움을 보인다. 또래와 사회적 놀이를 하는 방법은 다음의 단계로 정리할 수 있다.

- 고립: 다른 사람들을 못 본 체하거나 염두에 두지 않는다. 순간적인 흥밋거리를 보는 데 전념할 수 있다.
- 관심: 다른 아동들을 바라보거나, 그들이 가지고 노는 물건이나 행동을 봄으로써 다른 아동들을 인식한다. 그러나 놀이에 참여하지는 않는다.
- 평행/근접놀이: 다른 놀이에 참여하기보다 옆에서 독립적으로 놀이를

한다. 또래들과 동시에 같은 장소에서 놀거나 같은 물건을 사용한다.
- 공통된 초점: 한 명 또는 여러 또래들과 비공식적으로 돌아가며 갖기, 도움 주고받기, 지시, 물건 공유하기 등을 포함하는 직접적인 활동에 참여한다.

일반적으로 또래 모델을 발달시키는 것은 자폐 스펙트럼 장애아동들에게 고유의 사회적 행동을 개발하고 촉진하는 데 필수적이다.

3. 높은 지원적 교수 환경과 일반화 전략

앞에서 기술된 교과과정 분야는 자폐 스펙트럼 장애와 관련된 전형적이고 독특한 특징을 고려한 환경 안에서 교수되어야 한다. 각 교과과정 분야의 독특한 기술은 자원적이고 구조적인 교수 환경, 좀 더 기능적이기 위한 일반화 계획, 자연적 환경 안에서 교수되어야 한다. 환경적 특징들은 다음과 같이 다루어질 것이다.

1) 물리적 환경

외부에서 들어오는 감각적 자극에 대한 적절한 조절의 어려움 때문에, 자폐 스펙트럼 장애아동에게는 물리적으로 구조화된 환경을 제공해야 한다.

> **요점** 시설 배치-환경 구성은 아동들이 어디가 시작이고 끝인지 이해할 수 있게 하고, 시각적/청각적 산만함을 최소화해 주는 분명한 물리적 시각적 경계들이 포함되어야 한다. 또한 교실의 각 영역 또는 다른 환경의 교구 배치는 분명하게 시각적으로 경계를 지어야 한다(예, 책장, 방의 칸막이, 사무용 패널, 결함 선반, 파일 캐비닛, 탁자, 러그 등).

　　자폐 스펙트럼 장애아동들은 일반적으로 전형적인 발달을 하는 아동들처럼 그들의 환경을 자동적으로 구분짓지 못한다. 크고 넓게 개방된 영역은 자폐 스펙트럼 장애아동들에게 매우 자극적일 수 있다. 그들은 각 영역에서 어떤 일이 일어나는지, 어디가 각 영역의 시작과 끝인지, 어떻게 가장 직접적인 길로 특정 영역에 갈 수 있는지 이해하지 못한다. 분명하게 시각적으로 구분하여 일정 영역을 전략적으로 배치한 가구는 아동이 영역에서 영역으로 배회하고 다니거나 무작위로 달리는 것을 감소시켜 준다.

(1) 시각적 산만

　　시각적 산만은 대부분 교실 앞에 있는 미술 프로젝트, 계절 환경 구성 자료, 학습자료 때문에 나타나는 시각적 '혼잡'을 현저히 낮출 수 있을 뿐만 아니라 바랜 색(예, 회색이 도는 흰색)으로 전체적 환경을 칠하는 것(예, 벽돌, 천장, 게시판 등)으로 최소화될 수 있다. 시각적 산만은 시트나 커튼을 사용하여 교실자료를 덮고 불필요한 자료들을 없애거나 아동의 시야 밖으로 없애면 감소할 수 있다. 또한 형광등 불빛은 몇몇 자폐 스펙트럼 장애아동에게 시각적 산만을 줄 수 있지만, 창문을 통한 자연광을 제공하면 쉽게 해결할 수 있다. 블라인드나 커튼, 그늘을 이용해 환경으로부터 들어오는 많은 양의 빛을 쉽게 조절할 수 있고, 따뜻하고 차분한 교실을 만들 수 있다.

(2) 청각적 산만

　　물리적으로 구성된 환경에서 청각적 소음은 카펫 깔기, 낮은 천정, 방음타일, 확성기 끄기 또는 소리를 낮추기 위해 단열재로 덮기, 그리고 컴퓨터와 테이프 플레이어 같은 특정 장치를 사용하기 위한 헤드폰 제공 등으로 감소시킬 수 있다. 물리적으로 구조화된 환경은 이해하기 쉽고, 예측 가능하며, 자폐 스펙트럼 장애아동에게 차분한 환경을 제공해 줄 것이다. 그 결과, 학습과 관련된 정보에 주의를 기울이게 할 수 있다.

2) 시각적 지원 전략

시각적 지원 전략은 구조화된 시각적인 방법으로 정보를 제공하는 것과 관련된다. 이런 전략은 자폐 스펙트럼 장애아동들이 그들에게 기대되는 것들이 무엇인지, 어떻게 적절하게 기능하는지를 이해하도록 돕는데 효과적이다. 이 전략들은 유아들이 많이 접근하는 영역을 시각적으로 지원한다. 시각적 단서들은 아동과 관련된 핵심 정보에 초점을 맞추도록 돕는다. 시각적 지원 전략은 자폐 스펙트럼 장애아동들이 더 효과적으로 배우는 것을 돕는다. 이 전략들은 또한 그들의 환경을 이해하는 것을 도움으로써 스트레스와 불안을 최소화한다. 조기중재 프로그램의 시각적 지원 전략은 다음과 같다.

- 스케줄
- 사용법(예, 자조 기술-양치하기, 위생, 손 씻기)
- 주의/예시
- 독립적인 작업 활동
- 수업 규칙/대안 행동
- 언어 이해 기술 높이기
- 의사소통 표현 기술
- 선택하기
- 주고받기
- 기다리기
- 집중하기
- 학업/준비 영역

4. 예측 가능하고 반복적인 일과 요구

　자폐 스펙트럼 장애의 또 다른 징후는 아동이 환경의 불변성과 일상
적인 일의 반복에 강한 집착을 보인다는 것이다. 체계적이고 일관적이
며 반복적인 유년 초기의 프로그램은 자폐 스펙트럼 장애아동의 요구에
가장 적합하다. 시각적 요소가 뒷받침된 계획, 예상 가능하고 반복적인
프로그램은 아동이 주변 환경을 이해하는 데 더 큰 도움을 줌으로써 스
트레스와 불안을 최소화할 수 있다.

5. 도전 행동에 대한 기능적인 접근

　자폐 스펙트럼 장애아동이 일으킬 수 있는 도전 행동에 대처하는 가
장 효과적인 방법은 선행학습이다. 자폐 스펙트럼 장애아동들이 전형적
으로 겪게 되는 스트레스나 불안, 욕구불만이 발생하여 도전 행동이 지
속적으로 발생하지 않도록 적절하고 중요한 학습환경을 만들어 줌으로
써 예방할 수 있다. 자폐 스펙트럼 장애의 특징인 언어 이해, 언어 표현,
감각 인지, 변화의 저항, 친근한 일상과 지속성의 중시, 조직화, 돌발
상황에 대한 반응, 혼란성 등의 분야에서 종종 스트레스가 유발되기도
한다.

　유아 프로그램의 기본적 특성을 사용하면 도전 행동을 다루는 선행학
습에 도움이 될 것이다. 만약 아동이 도전 행동을 지속한다면, 행동의
기능 사정을 통해 처리할 수 있다. 또 자폐 스펙트럼 장애의 독특한 특
징과 특성이 그들의 도전 행동에 얼마나 도움이 되는지를 결정할 때는
기능적 행동 사정으로 고려하여야 한다.

6. 유아기에서 초등학교로의 전환 계획

자폐 스펙트럼 장애아동들은 전환과 변화를 수용하고, 사전에 습득한 기술을 일반화하는 데 어려움을 지니고 있기 때문에 학령전기 프로그램에서 많은 어려움을 겪는다. 그러므로 몇 가지 중요한 요소가 아동의 이러한 변화를 성공적으로 수행하도록 돕는 것으로 증명되었다.

- 독립적 기능 기술 개발: 독립적 기능 기술의 초기 발달은 아동이 초등학교에 들어가는 것을 준비하는 중요한 요인이다. 중요한 것은 학령전기 프로그램에서 자폐 스펙트럼 장애아동이 초등학교에 들어가기 전까지 가능한 한 빨리 독립적 기능 기술을 가르쳐야 한다는 것이다. 이 기술은 아동들이 일생을 살아가는 데 지속적으로 도움을 준다. 모든 교과 영역에 이러한 독립적인 기능 기술이 적용되어야 한다(예, 의사소통, 사회적 관계, 놀이, 자조 기술/일상생활 기술, 주의 기울이기, 학교환경에 대한 안내 등).
- 적절한 배치 결정: 학령전기 프로그램은 각각의 아동들이 학령전기 프로그램에서 초등학교로의 전환이 적절히 배치되도록 부모와 지역교육청이 책임 있는 역할을 수행하여야 한다. 이를 위해 교실 크기, 교실 구조의 단계, 교수 유형, 물리적인 환경 등의 요인이 고려되어야 한다.
- 직원 훈련: 자폐 스펙트럼 장애아동 교육에서 직원 훈련은 매우 중요한 요소다. 자폐 스펙트럼 장애아동과 직접적으로 대면하는 직원들은 자폐 스펙트럼 장애아동들의 독특한 특징과 특성을 파악하는 훈련을 받아야 한다. 또한 자폐 스펙트럼 장애아동들에게 직접적인 도움을 줄 수 있는 전략이 포함된 훈련이어야 한다.

자폐 스펙트럼 장애아동 교육에서 학령전기 프로그램과 초등교육과의 관계는 매우 중요하다. 자폐 스펙트럼 장애아동 교육의 목표는 이 아동들을 다음 단계의 교육과정으로 효과적으로 전환시키는 것이기 때문에, 각자 다른 교육 시스템에 근무하는 학령전기 프로그램 직원들과 초등학교 교사들이 지속적인 관심을 갖도록 해야 한다. 학령전기 프로그램 직원들의 경우, 초등교육 시스템의 교육환경에 아이들이 적응하도록 도움을 주어야 하며, 초등학교 교사들은 학령전기 프로그램에서 아이들이 습득해야 하는 지식과 교육방식에 도움을 주어야 한다.

또한 앞으로 학교에 들어올 아동들을 잘 이해하기 위해서 학교의 모든 직원들에게 자폐 스펙트럼 장애아동의 독특한 특징과 특성이라고 여겨지는 정보를 제공하거나 교육에 참여시켜야 한다.

- 배치받은 초등학교 방문하기: 아동의 초등학교 배치에 따른 변화는 점진적으로 이루어져야 한다. 이는 여러 방식으로 나타날 수 있다. 앞에서 언급한 대로 아동들의 학령전기 프로그램에 초등학교 교사가 방문한다면, 아동들은 친숙하고 편안한 어린 시절 환경에서 새로운 교사에게 적응할 수 있다. 이 과정이 이루어진 후에 학령전기 프로그램이 친숙한 성인에 의해 수행되므로 아동들은 서서히 초등학교에 방문하기를 시작할 수 있다. 아동이 배치된 초등학교에서 보내는 시간은 점진적으로 증가하게 된다. 만약 아동이 배치된 초등학교에서 어떠한 어려움들이 발생되었다면, 이 절차들이 이러한 어려움을 학령전기환경에서 했던 것처럼 친숙하고 유사하게 처리하는 데 가장 효과적일 수 있다.

7. 가족 참여

1) 부모 및 가족과 직원 간의 동등한 훈련

스태프는 사전에 학교에서 성공적으로 쓰인 교육 방식을 부모 및 가족에게 알려야 한다. 반대로 부모와 가족들은 가정에서 적용했던 성공 전략을 직원에게 알려야 한다. 이러한 정보의 상호 교류는 다음과 같은 방식으로 이루어질 수 있다.

- 매월 가정 방문
- 매월 스태프/가족 간 후원 모임
- 매일 가정-학교 간 교류 노트 작성
- 전화통화
- 학교 방문

2) 방문자 혹은 참여자로서 부모

많은 부모들은 자녀들의 학령전기 프로그램이 진행되는 것을 직접 방문하여 보거나 여기에 참여하고자 할 것이다. 이는 부모들의 스케줄이나 교사의 요구 및 아동의 요구에 따라 다양한 방식으로 이루어질 수 있다. 어떤 아이들은 부모가 자신들의 교실 환경 내에 있을 때 극도로 불안해하거나 흥분할 수도 있다. 아이들은 이것을 '변화', 즉 부모는 집이라는 환경과 연관되어 있고 교실이라는 환경과는 관련이 없는 것으로 인식하는 것이다. 이러한 경우 부모는 교실 밖에서 자료나 복사본 등을 만드는 지원을 해 줄 수 있다. 또한 많은 학교가 방문이나 참여에 관한 정책이나 절차를 가지고 있다는 점을 염두해야 한다.

8. 다른 프로그램의 특징

학령전기 프로그램 성공에 크게 기여한 다른 프로그램의 특징은 다음과 같다.

- **팀 티칭 접근**: 팀 티칭 접근의 채택은 자폐 스펙트럼 장애아동의 독특하고 개별적인 욕구를 만족시키는 성공적 접근법이다. 이러한 접근법은 직원들로 하여금 프로그램 대상아동에게 팀 티칭을 실행하기 위해서 그들의 분화된 교육 기술 영역을 결합한 것이다. 다방면의 전문가와 보조교사들도 이 교육 팀의 일원이 될 수 있다(예, 언어병리학자, 작업치료사, 유아교사, 전문 작업치료보조사, 교실보조자). 비록 이상적인 팀 교육 환경 속에서 팀 구성원들이 각자의 전문 영역에 관한 지대한 공헌을 하겠지만, 이는 방문자들이 다양한 전문 영역을 구별해 내는 데 다소 어려움을 줄 수도 있다. 팀 교육 방식은 모든 교육 기술 영역을 지속적, 일관적, 개별적으로 아동에게 집중하게 할 수 있다.
- **개별화 교육 계획**: 개별화 교육 계획(IEP)은 자폐 스펙트럼 장애아동의 요구 충족에 성공적인 청사진이라고 할 수 있다. 각 아동의 일과 프로그램은 그들의 특별한 요구(IEP의 목표이자 목적)를 기초로 하고 있으며, 교실에 있는 모든 아동들마다 다르다.
- **자료 수집**: 각 아동의 개별화 교육 계획 목표와 목적의 진행 지원, 일과 프로그램 편성 결정의 도움, 아동에 대한 개별화 교육 계획의 전반적인 효과 입증을 위해 지속적으로 정보를 수집해야 한다.
- **전형적으로 발달하는 또래**: 학령전기 프로그램에서 전형적으로 발달하는 또래에게 재빠르게 접근하도록 하는 것은 자폐 스펙트럼 장애아동에게 모델을 제공하고 그들을 지원하는 데 중요한 사항이다.

개별화된 주류화는 다양한 방식으로 일어난다. 예를 들어, 특정 자폐 스펙트럼 장애아동을 위해 1~2명의 동료가 교실로 들어와 모델 역할을 하도록 한다. 이때 차례 바꾸기나 목표에 대한 행동 모방과 같은 구조화된 행동 요령 모델이 이루어지도록 초점을 맞춘다. 또한 아동은 전형적으로 발달하는 또래가 다니는 주간 정보실 혹은 다른 보육원, 심지어 다른 유치원에 참여하려고 할 것이다. 이 목표를 달성하기 위해 다양한 요소가 선택 가능하다.

결론적으로 학령전기 프로그램을 잘 계획하고 실행하는 것은 장기간 비용 면에서 효율적이고, 그러한 프로그램의 혜택을 받은 자폐 스펙트럼 장애아동은 추후에 강도 높은 조치를 덜 필요로 할 것이다. 가장 중요한 점은 적절한 학령전기 프로그램을 통해 자폐 스펙트럼 장애아동이 그들의 모든 삶에서 이득이 될 독립적인 역할 기술을 습득한다는 것이다.

··· 제9장
교수적 접근

자폐 스펙트럼 장애학생들을 가르치기 위한 어떤 교수 방법이 모든 아동들에게 성공적이지는 않다. 또한 아동의 요구는 시간에 따라 바뀌기 때문에 교사들이 다른 접근을 시험해 보는 것이 필요하다. 이 장에서는 교수(instruction)의 중요한 부분에 관한 정보들과 자폐 스펙트럼 장애학생과 함께 지내는 교사들이 성공적이었다고 판단한 교수적 접근을 설명한다.

1. 시각적 접근 활용하기

자폐 스펙트럼 장애학생을 가르치기 위해 가장 강하게 추천되는 접근은 시각 교재를 사용하는 것이다. 학생들은 추상적인 생각, 사회성 인식, 의사소통, 주의에서의 어려움을 보여 주는 한편, 구체적인 생각, 기계적 기억, 시·공간 관계의 이해와 관련하여 강점을 나타낸다. 종종 그림문자(pictographic)와 쓰인 단서는 학생이 자기 조절을 배우고, 전하고, 발달하는 것을 도울 수 있다.

시각적 지원을 사용하는 이점 중 하나는 학생들이 정보를 처리할 필요가 있는 것들을 사용할 수 있다는 것이다. 대조적으로, 구어 정보는 순간적이다. 한 번 말한 메시지는 더 이상 유용하지 않다. 구어 정보는 언어를 처리하는 데 어려움이 있는 학생들과 시간 연장을 필요로 하는 학생들에게 문제가 될 수 있다. 게다가 자폐 스펙트럼 장애학생은 관련된 정보에 주의를 기울이고 배경 자극을 제거하는 데 어려움이 있을 수 있다. 시각적 지원을 사용하는 것은 개인이 메시지에 집중하는 것을 가능하게 한다.

시각적 단서와 상징은 단순한 것부터 복잡한 것까지, 구체적인 것부터 추상적인 것까지 복잡성을 띠고 있다. 이것은 구체물이나 상황을 모사한 컬러 사진, 컬러 그림, 흑백 그림, 선화, 그림상징과 문어체로 연결되는 연속체다.

구체물은 가장 단순하면서도 구체적인 지원 형태다. 비록 복잡하고 추상적인 용어가 연속성을 따르지 않더라도 그림상징은 자폐 스펙트럼 장애학생들에게 성공적이었다. 그림상징에 대한 **빠른** 접근과 맞춤식으로 상징을 만드는 기능이 있는 소프트웨어 패키지는 아주 유용하다.

시각적 지원은 교실에서 다양한 방법으로 사용될 수 있다. 그러나 이것이 성공하기 위해서는 일련의 복잡성이 학생의 이해 수준에 알맞게 맞추어야 한다. 학생이 컬러 사진을 필요로 할 때, 선화를 사용하여 학습 지원을 하는 것은 모두에게 유익하지 않다.

다음과 같은 주의점을 고려하면 시각적 지원은 매우 유용하다.

- 학생들의 활동을 조직하라: 매일의 계획, 아주 작은 계획, 활동 체크리스트, 달력 또는 선택판을 사용하여 지원할 수 있다.
- 학생들을 위한 지시나 교수(명령)를 제공하라: 교실 배치, 특정 과제와 활동을 위한 지시와 관련된 파일 카드, 그림, 그리고 새로운 정보를 배우기 위해 쓰인 지시의 시각적 전시는 물건, 그릇(컨테이너), 기

호, 목록, 차트와 메시지를 라벨링함으로써 학생이 환경의 조직을 이해하는 것을 돕는다.

- 적절한 행동을 지원하라: 게시되었던 규칙과 표현은 일과의 단계에 신호를 보내고, 사회적 기술을 가르치며, 상황 이야기의 회화적 표현은 각 학생들에게 특정한 상황을 발전시켜 줄 수 있으므로 사회적 단서와 적절한 응답으로 사회적 상황을 묘사하라.
- 자기 조절을 가르쳐라: 예를 들어, 그림은 행동 기대를 위한 단서로 제공될 수 있다.

활동을 계획하거나 지시를 할 때 묻는 중요한 질문은 '이 정보를 단순한 시각적 형식으로 어떻게 나타낼 수 있는가?' 다. 학생의 이해력, 능력, 반응에 기초하여 시각적 지원을 선택하라.

2. 학생이 학습하는 동안 명확하고 확실한 칭찬 제공하기

학생들에게 그들이 올바르게 또는 잘하는 것에 관한 명확한 정보를 주라(예, "멋진 색" "수학 문제의 좋은 해결"). 일반화된 칭찬은 역으로 하기 어렵거나 의도되지 않은 학습을 가져올 수 있다. 자폐 스펙트럼 장애학생이 하나의 시도에 관해 배울 때의 칭찬은 매우 특정 상황에서 제시하는 것이 중요하다(예, "해웅, 너는 이 수들을 더하는 것을 매우 잘하고 있구나."). 만일 학생들이 칭찬을 받을 만한 행동과 잘못된 행동을 동시에 하고 있는 경우에 칭찬을 한다면 학생의 잘못된 행동이 강화될 수 있기 때문에 잘못된 학습이 발생할 수 있다. 해웅이가 수학 과제를 하는 동안 다리를 흔들 때, 일반적으로 칭찬을 연결시켜 "해웅, 너는 매우 잘하는구나."라고 말한다면 다리 흔들기를 지속할 것이다.

3. 의미 있는 강화 사용하기

강화는 학생들이 학습할 수 있는 행동을 증가시키도록 칭찬부터 유형 물체까지 어느 것도 될 수 있다. 자폐 스펙트럼 장애학생은 다른 학생들과 함께 공부할 때 부여되는 일반적인 강화로 동기화되지 않는다. 그들은 혼자 있는 시간, 이야기할 때 주도권을 갖는 것, 식당에 가는 것, 반복적인 운동(예, 걷기), 좋아하는 물체와 함께 시간 보내기, 음악, 물장난, 좋아하는 반복적인 일과 수행, 구체적인 감각 자극을 제공해 주는 항목, 창문에 앉기 등을 선호한다.

각각의 아동에게 강화를 제공하는 것이 중요하다. 학생에게 도움을 주기 위하여 선호하는 활동과 다른 강화를 규명하여 선호도의 윤곽을 그린다. '좋아하고 싫어함' 목록은 가족이나 모든 서비스 제공자들에게 도움을 줄 수 있도록 개발되어야 한다.

4. 적절한 난이도로 과제 계획하기

자폐 스펙트럼 장애학생들은 특히 걱정이 많고, 상처를 받기 쉬우며, 좌절감을 느끼고, 편협된 사고를 가지고 있다. 이는 지정 과제를 수행하지 못하는 원인이 된다. 점차 어려운 수준의 과제가 증가함에 따라 비계(발판) 또는 학습에서의 보조(특히 단순 구두 설명보다는 시각적 정보)는 학생들의 좌절을 감소시키는 데 도움이 될 것이다.

5. 연령에 적합한 자료 사용하기

교육자료를 선택하는 것은 자폐 스펙트럼 장애학생의 자존심을 존중하는 데 중요하다. 비록 교육 활동이 수정될지라도 학습자료는 학생의 연령에 적합해야 한다.

6. 선택 기회 제공하기

자폐 스펙트럼 장애학생들은 때로 스스로 이해하지 못하는 무능력 때문에 좌절감을 겪는다. 그들이 스스로 올바른 선택을 할 수 있도록 하는 교육과 연습이 필요하다. 그들 삶의 많은 부분에서 높은 구조화와 함께 성인들의 지도가 필요하다.

다른 선택의 방법을 알지 못하기 때문에 때로 학생들은 계속 하나의 활동과 자료를 선택한다. 의사소통능력이 제한된 학생들에게 기본적으로 발달시켜야 할 선택하기를 만족할 만한 방법으로 제공하여야 한다. 선택하기의 직접교수가 도움이 될 것이다. 선택은 하나 또는 2개의 선호하는 활동을 주고 학생들이 선택의 개념을 이해할 때까지 실시한다. 시작-끝의 선택은 학생의 선택 기술을 강화하는 데 도움을 주지 않고 단지 좌절을 느끼게 한다.

7. 구두 단서를 작은 단계로 쪼개기

자폐 스펙트럼 장애학생에게 교수를 제공할 때 교사들은 긴 단어의 정보를 피해야 한다. 또한 구어 교육을 제공할 때 시각적 단서와 함께 제공하여 설명한다면 학생들의 이해가 빨라질 것이다.

8. 과정과 속도에 집중하기

자폐 스펙트럼 장애학생들은 다른 학생보다 대답이 늦을 수 있다. 이는 인지와 행동의 연결에 어려움이 있기 때문이다. 자폐 스펙트럼 장애학생들은 각각의 메시지 또는 요구의 분리된 조각을 모으는 과정이 필요하므로 응답하는 데 약간의 시간이 필요하다. 일반적으로 제공되는 교수에 약간의 시간을 제공하고 학생 응답에 충분한 시간을 고려하는 것이 자폐 스펙트럼 장애학생들을 지원하는 중요한 두 가지 방법이다.

9. 구체적인 예시와 실제 활동 사용하기

추상적인 생각과 개념적인 사고를 가르치는 데 구체적인 예를 사용한다. 또한 개념은 단지 한 가지 방법을 적용하여 우연히 학습하는 것이 아니라 다양한 예를 사용하여 가르쳐야 한다.

10. 과제 분석 사용하기

교사와 부모는 복잡한 과제를 쪼개어 세부 과제로 나눌 필요가 있으며, 작은 단계에서 강화를 제공하고, 단계별로 가르칠 수 있다. 복잡한 과제의 각 단계마다 학생들은 필수적인 기술을 배워야 한다. 이러한 세부 기술은 연속적으로 가르치며 강화될 필요가 있다. 예를 들어, 이 닦기와 같은 자조 기술을 가르칠 때, 과제를 세부 기술로 쪼갤 필요가 있

다. 예를 들어, 이 닦기의 경우 칫솔과 치약 가져오기, 물 틀기, 칫솔에
물 적시기, 치약 뚜껑 돌려서 빼기, 칫솔에 치약 묻히기 등으로 세분화
할 수 있다. 일상생활 기술, 사회성 기술, 학업 기술은 각각의 단계를 가
르치기 위해 과제와 세부 과제로 분석되고 접근되어야 한다. 이로부터
다음 단계로 연결된 세부 과제로 이어진다.

11. 불연속적인 시도 방법 사용하기

촉진을 사용하여 학생의 배움을 돕는 것은 자폐 스펙트럼 장애학생들
을 위한 교수의 중요한 요소다. 촉진은 신체적이고, 몸짓(gestural), 언어
적일 수 있다. 학생들이 촉진에 의존할 수 있도록 그들이 필요로 하는
만큼 오랫동안 이용되어야 한다. 각각의 시범 전략을 사용할 경우, 교수
자는 학생이 원하는 행동을 자극(감독 또는 지시, 교수를 주는 것)하도록
촉진을 제공해 주어야 한다. 이에 학생은 반응하고, 그런 다음 교수자는
행동원리에 근거한 결과를 얻는다. 촉진은 수시로 원하는 행동을 만들
거나 그것을 실행하려는 학생을 도와주기 위하여 계획된다.

12. 가능한 한 친숙한 환경에서 생소한 과제 소개하기

친숙한 환경에서 생소한 과제를 소개하는 것이 불가능하다면 그림,
비디오테이프, 상황 이야기와 같이 도움을 줄 수 있는 환경과 새로운 과
제를 개인적으로 준비해야 한다.

13. 중요한 것을 강조하기 위하여 수업자료와 상황 조직하기

다음을 조직화한 도움과 시각적 지원에 사용한다.

- 타당한 정보에 주의하도록 학생들에게 도움 주기
- 새로운 과제를 가르치기

예를 들면, 기술을 가르치는 것을 시도하기 전에 책상 또는 테이블에서 관계 없는 물건을 치워야 한다. 또는 책 전체보다는 오히려 당신이 읽기 원하는 과제를 제시해야 한다. 책에 있는 캐릭터의 이름과 같은 핵심어를 강조하면 알아차리기 쉽다.

14. 독립적인 노력을 격려하고, 촉진 의존성을 감소시키기 위하여 이전 행동을 측정하여 구체화하기

자폐 스펙트럼 장애학생이 일관된 지원을 받을 때, 그들은 독립적으로 행동하는 수용능력이 발달할 수 있다. 독립심은 모든 학생들에게 추구되는 목표이기 때문에, 교수에는 성인의 촉진(필요)을 줄이기 위한 전략이 포함되어야 한다. 다음과 같은 전략이 포함된다.

- 부모, 교사, 보조원으로부터 신체적 및 언어적 촉진의 의지를 줄이기 위해 시각적 자료를 사용하기
- 촉진이 희미해지는(fade) 방법 계획하기
- 성인이 학생 근처에 항상 있지 않다는 것, 항상 부모님과 같은 동일한 성인이 있지 않다는 것을 확인시켜 주라. 학생에게서 성인을 떨

어트려 두고 보조원으로 바꾸는 것은 의존성을 피하는 데 도움이
될 것이다.
- 계획표, 과제 설명서, 체크리스트, 차트처럼 시각적으로 조직화된
  도움을 제공해 주고, 가능하다면 그것들을 사용하고 개발하는 데
  학생들이 포함되도록 하라.
- 학생의 환경 단서에 대한 인식을 증가시키기 위한 교수를 제공하라.
- 행동을 촉진하고 유지할 수 있는 단서와 강화가 포함된 환경에서
  교수하라.

15. 유용한 활동 속에서 집착을 확장시키고 가르치기

만약 학생이 색 · 모양과 같은 한 가지 물체나 주제에 고정되어 있다
면, 개념을 지도하는 데 이것을 사용할 수 있다. 쓰기와 수학에서 실시
한 주의 학습 활동은 극단적인 학습 활동을 기반으로 주제 한 가지가 중
심이 될 수 있다―이것에 창의적인 주제를 사용할 수 있다.

16. 개인의 강점과 흥미 목록을 숙지하며 유지하기

가족 구성원은 집과 지역사회에서 학생에 관해 알고 있는 것을 교사에
게 귀중한 정보로 제공할 수 있다. 이러한 흥미 및 기술은 성공적인 학습
과 행동을 강화하고 교수하기 위해 이용할 수 있다.

17. 재능과 흥미로운 분야 개발하기

　학생에게 특정한 분야(예, 음악, 연극, 예술, 그림, 컴퓨터)에 있는 특정
관심과 강점을 교수할 때는 그 분야에 더 전문적인 기술을 개발하도록
기회를 제공해야 한다. 이러한 접근은 즐거움과 성공을 제공할 뿐만 아
니라 미래 고용을 위한 기술 개발을 이끌어 낼 수도 있다.

··· 제10장
학급 관리 전략

어떠한 단일 학급 관리 접근도 모든 학생들을 위해 성공적일 수는 없다. 학생들의 요구는 매번 바뀌기 때문에 교사는 다양한 접근을 시도할 필요가 있다. 이 장은 자폐 스펙트럼 장애학생과 함께 활동하는 교사들에게 성공적인 것으로 증명된 학급 관리 전략에 관한 중요한 정보를 담고 있다.

1. 구조화된, 예측 가능한 학급환경 제공

학급환경을 구조화하는 것을 강제적인 접근과 혼동해서는 안 된다. 학생들이 대상이 어디에 속해 있고, 그것들이 구체적인 상황에서 무엇이 기대되는지, 다음에 무엇이 예상되는지 알게 하기 위해 환경은 지속적이고 분명하게 구조화하여 제공하여야 한다.

2. 개인의 요구에 맞춘 시각적 일과 스케줄 제공

자폐 스펙트럼 장애학생의 개별화 스케줄은 전체 학급 스케줄과 안정적으로 들어맞아야 한다. 지루함을 예방하기 위한 다양한 과제와 몇몇 부적절한 행동들을 방지할 수 있고 불안감을 낮출 수 있는 다양한 대체 활동을 실시해야 한다. 예를 들어, 덜 선호하는 활동들을 친숙하고 성공적인 경험으로 대체하는 것이다. 이것은 조용한 환경에서 안정할 수 있는 기회를 제공하기 때문에 대집단 활동들을 대체하는 데 도움이 될 것이다. 또한 하루 동안 적절한 시점에 신체 활동이나 연습을 하는 것은 협동하는 데 도움이 된다.

모든 계획된 활동은 자폐 스펙트럼 장애학생들이 활동 변화를 이해하고 기대되는 것이 무엇인지 알게 하기 위해 시각적인 형태로 범주화되어야 하며, 학생들의 책상 가까이에 부착되어야 한다. 학생들이 독립적인 스케줄 사용을 학습할 수 있도록 도와야 하며, 직원들은 전환 활동 시간들이 자연스럽게 바뀔 수 있도록 학생들에게 스케줄을 직접 가르칠 수 있어야 한다.

감각 요소의 목록은 자폐 스펙트럼 장애학생이 가질 수 있는 감각정보에 대한 부정적인 효과를 최소화하는 데 도움이 될 수 있다. 부모를 포함하여 학생들과 경험을 공유하는 그 밖의 사람들은 감각 처리 어려움에 관한 중요한 정보 자원이 될 수 있다. 목록들을 구체화시킬 때 고려할 다른 관점과 몇 가지 질문 사항은 다음과 같다.

1) 청 각

- 선풍기, 큰 소리로 떠드는 사람, 화재 경보, 심각하게 한꺼번에 얘기하는 사람들, 에어컨, 벨소리, 개 짖는 소리, 긁는 소리가 있는가?

- 일반적인 소리 수준은 어떠하며, 예측 가능하고 반복적인 소리는 무엇인가?
- 자폐 스펙트럼 장애학생이 가진 자극의 부정적인 효과를 최소화하기 위해 할 수 있는 것이 무엇인가?
- 각 개인의 구어 정보 이해력, 청각적인 정보를 처리하는 데 걸리는 일반적인 시간, 청각적인 자극 사이에서 주의를 전환시키는 것을 고려하라.

2) 시 각

- 학생이 학습 활동에 집중하는 데 영향을 미치는 주의산만, 불빛, 움직임, 반사, 배경 양식이 있는가?
- 학생의 시력 수준, 학생들과 관련된 교사의 위치, 주의집중을 방해할 수 있는 주의산만을 고려하라.
- 또한 시각적인 주의집중을 전환하는 데 요구되는 시간을 고려하라. 부적절한 시각 자극에 집중하지 않도록 한다. 이러한 자극의 영향을 감소시키기 위한 노력은 학생의 행동을 관리하는 데 도움이 되며, 학습하는 데도 도움을 줄 것이다.

3) 촉 각

- 싫어하는 것처럼 보이는 경향들이 있는가?
- 학생에게 부정적인 영향을 최소화하기 위한 적당한 온도는 몇 도인가?
- 접촉을 하여 설명할 필요가 있을 때 학생이 접촉을 기피하는가?
- 교수를 지원하기 위한 특정 물건을 사용하는 능력 수준이나 방어 수준은 어떠한가?

4) 전정기관

- 학생들이 필요로 하는 움직임과 운동을 고려하라.
- 움직임에 대한 개인들의 반응들은 어떠한가?
- 학급에서 또래의 학습과 주의를 분산시키지 않고도 움직임이 필요한 통합 프로그램을 수행할 수 있는가?

5) 미각과 후각

- 다른 물질과 음식에서 선호하는 맛과 냄새를 고려하라.
- 물질의 냄새에 대한 학생들의 반응을 고려하여 활동을 결정한다.
- 간식시간과 식사시간에 적절한 행동을 가르치는 것은 미각과 후각 선호도의 영향을 받을 것이다.

3. 실패를 만들어 내는 과제와 활동

학생들에게 감각의 과부화 또는 과소화를 줄 수 있는 문제 영역에 대한 교수 계획과 비교수적인 활동들을 검토해야만 한다. 학생에게 잠재적인 좌절감을 동반하는 과제에 침착하게 대응할 수 있도록 유용한 감각 경험들을 만들어 주어야 한다. 성공적인 참여를 증진시키기 위해서 과제와 자료를 가능한 한 적합하게 만들어야 한다. 환경적인 혼란을 감소시키고, 혼란스럽고 분별 없이 수업을 방해하고 또래들을 당황하게 하는 활동을 줄여야 한다.

4. 긴장을 푸는 기회와 영역 제공

학생들이 쉴 수 있는 고요하고 편안한 지정 장소가 필요할 수도 있다. 몇몇 자폐 스펙트럼 장애학생들에게 긴장을 풀게 하는 것은 진정 효과가 있는 되풀이되는 행동을 의미할 수도 있다. 어떤 경우에 몸을 흔들거나 다른 자기자극 행동과 같은 어떤 움직임을 갈망하는 학생들은 이러한 움직임이 허용되는 시간과 장소를 제공받아야 한다.

5. 또래친구들과 의미 있는 접촉 기회 제공

특정 상황에서의 행동 기대를 학생들에게 제공해 주고 적절한 사회적 행동을 가르쳐야 한다. 또래와 접촉하는 기회는 다음과 같다.

- 준비된 학습 공간에 학생들을 참가시킨다. 복도나 운동장, 그리고 다른 비구조화된 시간 동안에 이동하기 위해서 다른 친구와 짝을 지으며, 또한 한 학생에게만 의존하는 것을 막기 위해서 시간과 활동에 따라 다양한 또래친구들을 바꿔 주는 것이 중요하다.
- 개별화된 교수를 제공하는 데 또래친구들을 포함시킨다.
- 자폐 스펙트럼 장애학생들을 보조하기 위해 상급생을 지정하는 등 다양한 연령대의 또래 지원/친구들을 배치한다.
- 조회나 축제와 같은 특별한 학교 행사에 참석하기 위해 학생들을 짝 짓는다.
- 방과 후 활동 또는 과외 활동에 포함되도록 돕는다.

만약 학교에서 상급생 반과 하급생 반이 짝지어져 배치되었다면, 자폐 스펙트럼 장애가 있는 상급생의 성공을 위해 필요한 지원을 제공하는 짝을 맺어 주어야 한다.

6. 학생의 변화를 위한 준비와 전이 계획

자폐 스펙트럼 장애학생들은 종종 활동, 환경 또는 계획된 일과가 변화하면 많은 스트레스를 받는다. 시각 스케줄은 필요한 변화를 그들이 이해하고 적응하도록 돕는 데 사용될 수 있다. 삽화와 함께 제공되는 상황 이야기는 새로운 상황을 위해 학생을 준비시키는 데 사용될 수 있다.

··· 제11장
의사소통 발달을 위한 전략

　자폐 스펙트럼 장애학생들의 의사소통 기술을 확장시키는 것은 교사들이나 가족들에게 가장 큰 도전 중 하나다. 많은 사람들은 정상적인 의사소통의 복잡함을 알지 못한다. 왜냐하면 아이들은 보통 3~4세까지 의사소통 기술을 자동적으로 발달시키기 때문이다.

　많은 자폐 스펙트럼 장애학생들은 자발적 의사소통에 필요한 기술을 발달시키지 못하므로 반드시 그 기술을 가르쳐야만 한다. 자폐 스펙트럼 장애학생들이 의사소통 기술을 발달시키도록 그들이 원하는 것과 필요한 것을 표현하고, 사회적으로 상호작용하고, 정보를 공유하고, 감정을 표현하며, 싫어하는 상황에 저항하거나 벗어날 수 있도록 도와주는 것이 무엇보다 중요하다. 의사소통 발달을 촉진시키는 프로그램은 구조화된 장면에서 시작할 수 있다. 그러나 일반화를 촉진하거나 언어 사용의 용이함을 위해서는 자연스러운 장면에서의 중재가 필요하다.

　기능적 언어 기술은 실제 사용되고 진의를 가지는 사회적 맥락 속에서 가장 잘 가르칠 수 있다. 교실이나 학교환경은 사회적 맥락 속에서의 기능적 의사소통 발달과 일반화 촉진을 위한 풍부한 기회를 제공한다. 그러나 기회 그 자체만으로는 자폐 스펙트럼 장애학생의 의사소통 요구에 도달할 수 없다. 목표 기술을 발달시키기 위한 전략과 교수가 요구되는 특정 기술은 구별되어야만 한다.

학교 팀, 부모, 전문가들은 자폐 스펙트럼 장애학생의 의사소통 목표와 목적을 구별하는 데 협력해야 한다. 중재 계획은 학생의 능력과 요구에 기초를 두어야 한다. 언어병리학자는 의사소통 기술 사정에 도움을 줄 수 있고, 학생의 독특한 요구와 특성에 맞는 제안이나 전략을 제공할 수 있다.

다음은 의사소통을 도울 수 있는 일반적인 제안이다.

- 교실, 놀이터, 체육관과 같이 아동이 참여하는 환경 안에서 상호작용이나 의사소통을 발달시키는 데 초점을 맞춘다.
- 학생에게 말할 때 문장을 사용하라. 당신은 학생과 의사소통하려 노력하는 것뿐만 아니라 발화를 모델링하고 있다는 것을 숙지하라.
- 학생의 이해능력에 맞는 단어를 사용하라. 보다 중증의 의사소통 장애학생에게는 친숙하고 명확하며 구체적인 단어를 사용하고, 필요한 경우 반복하라.
- 명확하고 단순하며 간명한 언어를 사용하라. 반어나 비꼬는 말은 단지 의사소통의 어려움을 느끼게 하여 학생들을 더욱 혼란스럽게 한다.
- 학생에게 정보를 처리할 시간을 주라. 더 천천히 말하고, 단어와 단어 사이에 잠깐 쉬는 것이 필요할 수 있다. 발화의 속도는 개별 학생의 능력에 달려 있다.

1. 듣기 학습

자폐 스펙트럼 장애학생들은 종종 듣는 방법에 대한 구조화된 수업을 필요로 한다. 듣기가 당연하고 자동적인 행위라고 가정하기보다는 듣기능력을 보강해 주는 것이 필요하다. 듣기 활동을 학생에 맞는 성분으로 쪼개고, 각 성분을 보강하는 것이 도움이 될 수 있다. 예를 들어, 상대방을 쳐다보기, 한 곳 응시하기(꼭 눈맞춤을 의미하는 것은 아니다), 계획된 위치에 손을 두기 등을 가르치고, 각 단계에 대해 칭찬하거나 보상해 준다.

2. 구어 이해 발달시키기

구어 발화의 이해를 돕기 위해 시각적 투입을 사용하라. 시각적 도움은 학생이 주의를 얻고 유지하는 데 도움이 될 것이다. 발어와 적절한 물체, 그림 또는 다른 시각적 지원을 동반하면 이해하는 데 도움을 줄 수 있다. 자폐 스펙트럼 장애학생을 가르친 숙련된 교사는 구어적 의사소통 내용의 이해를 돕기 위하여 사진을 사용할 것을 권장한다. 흥미롭게도, 많은 자폐 스펙트럼 장애학생들은 읽기를 지원하기 위해 구어를 사용하는 것과는 반대로 구어의 이해를 돕기 위해 읽기를 사용한다. 이러한 사실 때문에 자폐 스펙트럼 장애학생들의 읽기 지도가 더 의미 있는 것이다.

고기능 학생을 가르치다 보면, 그들이 정보를 되풀이하여 말할 수 있기 때문에 이해한다고 가정하기 쉽다. 그러나 그들이 정보회상력이 높을지라도 의도한 의미를 이해하지 못할 수 있다. 그래서 이해를 하고 있는지 확인해 보는 것이 중요하다.

3. 구어 표현 발달시키기

자폐 스펙트럼 장애학생들은 전통적인 구어를 발달시키지 못하지만 대부분은 나름대로 의사소통 형식을 발달시킨다. 학생과 관련된 사람들이 그 학생의 표현 양식을 완전히 알고, 의사소통과 관련된 그들의 기대를 적절히 적응시키는 것은 중요하다. 구어 표현이 제한된 학생들을 위해서 교사와 가족들은 제한된 발화 시도와 비구어 행동을 의사소통의 일환으로 받아들여야 한다. 직원과 부모에게 매우 유용한 도구인 맞춤형 의사소통 사전은, 언어 시도에 대한 의도된 성인의 반응에 따라 학생이 무엇을 말하는지, 무엇을 의미하는지를 기입할 수 있다.

구어를 사용하는 자폐 스펙트럼 장애학생이라 할지라도 구어 어휘를 학습시키는 것은 쉽지 않다. 교사와 부모들은 시각적 기반의 접근을 통하여 다양한 문맥 속에서 새로운 어휘를 가르쳐야 한다. 학생들은 다음과 같은 것들을 배울 필요가 있다.

- 세상의 모든 것은 이름이 있다.
- 같은 것을 말하는 데 다양한 방법이 있다.
- 단어는 다양한 문맥 속에서 의미가 다르다.
- 단어 사용을 배우면 그들의 요구와 필요한 것을 표현하는 데 도움이 된다.

그림 표현에 의존하여 의사소통을 하는 학생들은 그림이나 표시가 이름을 가지고 있고, 지시가 될 수 있으며, 무엇인가를 하려고 한다는 것을 우리에게 말해 줄 수 있음을 배워야 한다. 이러한 사실을 이해하는 것이 의미 있는 의사소통을 제공하기 위한 시각적 체계의 핵심이다. 학생의 교육 프로그램은 다양한 형태의 표현을 장려하는 다음과 같은 상황이 포함되어야 한다.

- 요청(예, 음식, 장난감, 도움)
- 거부(예, 음식이나 장난감 거부하기, 무언가를 하라고 요구받을 때 저항하기, 멈추고 싶다는 것을 나타내기)
- 진술(예, 책의 그림이나 상자의 물건을 분류하기, 사람들과 인사하기, 놀이 활동에 참여하기)

4. 대화 기술 발달시키기

　사실상 모든 자폐 스펙트럼 장애인들은 의사소통의 화용론, 사회적 상황에서의 언어 해석과 사용에 어려움을 가지고 있다. 좋은 어휘를 가지고 있거나 언어를 잘 사용하는 것처럼 보이는 사람들조차 사회적 상호작용과 대화를 이해하는 데 제한적일 수 있다.

　일부 학생들을 위해서는 사회적·의사소통적 놀이에 필요한 구어를 발달시키기 위해 구조화된 교수를 제공하는 것이 필요하다. 이는 학생의 흥미와 관련된 구조화된 놀이 기회를 제공함으로써 가능할 수 있다. 모델링, 신체적 촉구, 시각적 단서와 강화는 주의집중, 모방, 의사소통, 상호작용을 용이하게 하는 데 사용될 수 있다. 사회적 의사소통을 촉진하기 위하여 사회적 상호작용은 학생의 선호 활동과 일과 위주로 이루어져야 한다. 또한 비형식적이든 형식적이든 간에 사회적 의사소통 교환을 종일 장려해야 한다.

　간단한 그림들은 대화 기술을 가르치는 데 효과적인 전략이다. 이런 그림들은 사람들이 무엇을 말하는지, 무엇을 하는지를 설명하고, 그들이 무엇을 생각하고 있는지를 강조한다. 상징 그림 한 세트는 듣기, 끼어들기, 크고 작은 소리 내기, 말하기, 생각하기와 같은 기초적인 대화 개념을 나타내는 데 사용될 수 있다. 색깔은 정서적 맥락을 표현하는 데 연결된다. 설명이 있는 그림은 대화 기술과 특정한 사회적 맥락과 상황에 맞는 의사소통을 발달시키는 데 사용될 수 있다.

자폐 스펙트럼 장애인은 미묘한 사회적 메시지와 규칙을 이해하기 어려워하고, 타인의 비구어 의사소통을 해석하는 데 어려움을 느낀다. 이러한 문제가 있을 때, 구체적인 규칙을 제공하거나 상황 이야기, 연재만화를 대화에 통합시켜 문제를 시각적 형식으로 제공하는 것도 도움이 될 것이다. 또한 학생들은 이런 기술을 실행할 수 있는 공동체 기반 경험과 사회적 상호작용을 위한 기회가 필요하다.

5. 반향어

일부 자폐 스펙트럼 장애아동들은 반향어(echolalia)를 보인다. 반향어란 타인의 언어 중에서 단어나 구문을 그대로 반복하는 것을 말한다. 어린 아동들은 정상적 언어 발달의 한 부분으로 반향어를 사용한다. 그러나 일부 자폐 스펙트럼 장애학생들은 이 언어 발달 단계에 멈춘 것처럼 보인다.

반향어는 즉시 있을 수도 있고 지연될 수도 있다. 즉, 들은 것을 바로 반복해서 말할 수도 있고, 나중에―가끔은 몇 달, 몇 년 후에―반복해서 말할 수도 있다. 반향어는 즉각 교육 도구로 사용될 수 있다. 발화 규칙을 사용한다든가, 더 적절한 언어를 모델링해 주기 위해 반향어 기술을 사용함으로써 반향어 구문을 발달시킬 수 있다. 예를 들어, 한 학생이 질문을 그대로 되풀이하는 경우, 교사는 적절한 응답을 모델링하고 그것을 되풀이할 때 적절한 응답을 사용하여 강화해 줌으로써 발달시킬 수 있다. 이런 전략 유형은 고도로 개별화되어야 하며, 개별 학생에 맞는 특정한 방법이 무엇인지 언어병리학자와 상의하는 것이 바람직하다.

지연 반향어는 청자에게 의미가 없다. 자폐 스펙트럼 장애학생들은 자주 TV 광고 속의 말을 되풀이한다. 이러한 언어 행동의 기능을 이해하기 위해서는, 아무런 의미 없이 저장된 언어 덩어리라고 생각하는 게 좋다. 상황과 전혀 관련이 없더라도 지연 반향어의 사용을 유발하는 상황이나 감정이 있다. 학생들이 사용한 반향어의 내용을 이해하였다고 가정하지 않는 게 중요하다. 가능하다면 말로 표현한 상황을 정하여 그 상황에 맞는 적절한 언어를 사용하도록 노력해야 한다. 예를 들어, 학생이 TV 콜라 광고 문구를 반복했을 때, 이는 학생의 목마름을 의미하는 것이다. 교사는 다음과 같은 질문으로 언어적 촉구를 하여 그 가능성을 시험한다. "너, 목이 마르고 뭔가 마시고 싶구나?" 때로는 가족들이나 교사들도 지연 반향어의 논리적 연결을 절대 알아낼 수 없다.

6. 보완대체 의사소통 체계 사용하기

많은 아동들은 보완대체 의사소통 체계의 사용으로 도움을 받을 수 있다. 보완대체 의사소통 체계란 어떤 사람이 무엇인가를 말하는 방법을 지원하고, 강화하거나 첨가해 주는 접근을 말한다. 이 체계는 비구어 학생들과 필요한 것이나 원하는 것을 표현하는 데 기능적인 방법으로 말을 사용하지 못한다고 생각되는 학생들에게 사용될 수 있다. 보완대체 의사소통 체계는 로테크(low-tech, 전기 같은 동력 자원이 필요하지 않은 시스템)부터 하이테크(high-tech, 동력이 필요한 시스템)까지 다양하다.

보완대체 의사소통은 다음과 같은 것을 포함한다.

- 의사소통을 위해 직접 사람이나 물건을 이동시키기
  (예, 밖으로 나가고 싶을 때 교사를 문으로 당기는 것)
- 의미 전달을 위해 제스처나 몸짓 사용하기

(예, 거부 의사를 표현하기 위해 고개를 젓는 것)
- 메시지 전달을 위해 실물 이용하기

  (예, 집에 가자고 요청하기 위해 재킷을 가져오는 것)
- 그림 표현 사용하기(예, 그림 교환 체계 또는 PECS)
- 판에 박힌 단어가 아닌 소리 내기

  (예, 화장실 가고 싶은 것을 알리기 위해 "아~, 아아."라고 말하는 것)
- 이미 쓰인 메시지를 손으로 짚거나 직접 써서 메시지 사용하기

  (예, 의사소통을 위해 워드 프로세서를 이용하는 것)
- 인습적이고 비구어적이며 형식적 언어인 수화 몸짓 사용하기

  (예, 미국식 수화 또는 영어 수화)

보완대체 의사소통 체계의 사용을 결정하는 것과 어떤 형태의 체계를 선택하는 것 모두 학생의 인지능력, 기술, 흥미, 운동능력 수준의 사정을 기반으로 하여 주의 깊게 이루어져야 한다.

··· 제12장
사회성 기술 전략

　대부분의 자폐 스펙트럼 장애학생들은 주변 세계의 부분이기를 원한다. 그들은 사회적으로 상호작용하고 다른 사람들과 어울리기를 원한다. 그러나 자폐 스펙트럼 장애의 특성 중 하나가 사회성 기술의 결함이다. 자폐 스펙트럼 장애학생들은 사람들과 상호작용하는 규칙을 자동적으로 배우지 못해 왔고, 그들은 쓰여 있지 않은 사회적 행동의 규칙은 따를 수 없다.

　많은 자폐 스펙트럼 장애인은 융통성이 없고 지나치게 글자 그대로 잘못된 관점에 따라 움직인다. 이런 잘못된 관점을 인지하는 것은 사회적 상황에서 이 학생들의 요구와 행동을 이해하는 데 매우 많은 도움을 준다. 잘못된 관점에는 다음의 것들이 포함된다.

- 규칙들을 단 1개의 상황에 적용한다.
- 사람들이 말하는 모든 것은 진실이어야만 한다.
- 무엇을 해야 하는지 모를 때, 어떤 것도 하지 않는다.

지나친 문자 그대로의 잘못된 생각이 사회적 상호작용을 심각하게 제한할 수 있다. 자폐 스펙트럼 장애학생들이 어떤 상황 또는 사회적 기대를 이해한다고 가정하는 것은 실수다. 그들은 무엇이 더 적절한 것인지 모르거나 적절한 행동을 선택해야 하는 상황을 구별할 수 없을지도 모르기 때문에 상호작용하는 데 비효율적인 방법을 사용할 수 있다.

사회성 기술 발달은 문제행동을 변화시키기 위한 어떤 중재 계획의 주요 요소일 뿐만 아니라 자폐 스펙트럼 장애학생들에게 필수적인 교과 과정 영역이다. 이러한 학생들을 돕기 위한 어떤 사회성 기술을 직접 가르쳐야 하는지를 주의 깊게 결정하기 위해서는 그들의 사회적 능력을 사정하는 것이 필수적이다.

사회성 기술을 발전시키기 위해서 학생들은 적절한 모델, 자연스러운 단서와 자극들, 기능적인 강화 인자들을 이용할 수 있는 다양한 자연환경, 상호작용 기회, 참여 기회가 필요하다. 통합환경에 배치함으로써 또래 모델과 사회적 기회에 대한 이러한 접근을 제공한다. 그러나 사회성 기술을 발달시키기 위한 모델과 기회의 접근이 충분하지는 않다. 일반적으로 자폐 스펙트럼 장애인들에게는 사회성 기술을 발달시키기 위한 수업과 사회적 상황에 대한 이해가 반드시 필요하다. 자폐 스펙트럼 장애학생들의 사회성 기술을 발달시키는 데 지원되는 다양한 실제를 다음에 기술하였다.

1. 상황 이야기 사용하기

사회성 기술을 가르치는 데 가장 도움을 주는 방법들 중 한 가지가 Carol Gray가 개발한 전략인 상황 이야기를 사용하는 것이다. 상황 이야기는 사회적 단서와 적절한 반응이 포함된 사회적 상황을 묘사한 것으로, 각 학생들을 위한 특정 상황이 기록되어 있다. 이야기는 다음과 같은 것들을 포함하며 다양한 목적을 위해 사용될 수 있다.

- 일반학급 속에 학생들의 통합 촉진하기
- 변화되거나 새로운 일과 소개하기
- 다른 사람들의 행동에 대한 이유 설명하기
- 상황에 맞는 사회성 기술 가르치기
- 새로운 학업 기술을 배우도록 도와주기

　상황 이야기는 부모, 교사, 다른 서비스 제공자들이 만들 수 있다. 이 것들은 이야기를 이해할 수 있는 인지능력이 있는 학생들에게 유용하다. 읽지 못하는 학생들은 상황 이야기를 카세트테이프로 들을 수도 있다. 이것이 효과적이기 위해서는 상황 이야기를 학생들의 관점으로부터 상 황을 묘사하고, 학생들에게 적절한 행동을 하도록 지도해야만 하며, 학 생들의 목소리여야 한다.

　관찰과 사정을 통해 학생들의 욕구를 확인하는 것으로부터 절차가 시 작된다. 일단 어려운 상황이 확인된다면, 교사는 상황을 관찰하고 무엇 을 보고 듣고 느꼈는지 학생들의 관점에서 이해하기 위해 노력해야 한 다. 그리고 나서 교사는 묘사적이고 직접적이며 예상 가능한 진술문을 포함하여 학생들의 관점과 이해 수준에 맞추어 이야기를 쓴다(묘사적인 문장은 배경, 활동, 인물에 대한 정보를 제공한다. 직접적인 진술문은 주어진 상황에서 원하는 반응에 대한 긍정적인 진술이다. 예상 가능한 진술문은 다른 사람들에게 나타날 반응에 대한 묘사를 제공한다.).

　상황 이야기를 시행하기 위한 기본적인 세 가지 접근들이 있다.

- 독립적으로 읽는 학생들을 위한 이야기는 성인이 두 번 읽고 나서 학생들이 읽어야 한다. 그리고 나서 학생들은 이것을 매일 읽는다.
- 만약 학생들이 읽지 못한다면, 이야기는 페이지 넘기는 신호와 함 께 카세트테이프에 기록되어야 한다. 학생들이 이야기 읽기를 배우 게 되면 매일 읽게 된다. 학생들에게 의미를 지원하기 위해 이야기

에 상징, 그림 또는 사진이 포함될 수 있다.

- 모델링을 구체화하기 위하여 이야기를 비디오테이프로 만들 수도 있다. 비디오테이프 화면에서 이야기와 이미지가 동시에 나오며 큰 소리로 읽어 준다.

2. 주요 사회적 규칙 가르치기

주어진 상황과 관련된 기본적인 규칙의 이해를 발달시키는 것은 아이들이 사회적 상황에 적응하도록 도와주고, 증가된 불안을 막아 주며, 부적절한 모방행동에 대한 의지를 감소시킨다. 자폐 스펙트럼 장애학생에게 핵심적인 사회성 기술은 다음과 같은 직접교수의 유형을 필요로 할 것이다.

- 기다리기: 기다리기 상황에서 사물, 사진, 쓰인 단어와 같은 시각적 단서들은 덜 추상적이면서 상세적이며 구체적인 정보를 제공한다.
- 차례 주고받기: 이것은 아동에게 단서를 주기 위해서 사진이나 그림 문자뿐만 아니라 상황 이야기의 사용을 통해 가르칠 수 있다. 또한 차례 주고받기 활동에서 어떤 교수나 반복연습을 제공하는 것도 필요하다.
- 전환: 학생이 이해하는 상징으로 상황 이야기를 사용하고 시각적 단서를 통해 통지(예고)하면 학생이 이 활동에서 다른 활동으로 전환하는 것을 도와줄 수 있다. 만약 학생이 그 활동을 완료하지 못했다면 전환은 어려울 수 있다. 따라서 학생에게 마무리를 실현할 수 있도록 나중에 끝마칠 수 있는 준비를 하게 한다.
- 대화에서 주제 바꾸기: 어떤 학생들은 한 주제에 머물러 있어 다른 것에 대해 이야기를 할 수 없거나 하기 싫어한다. 이처럼 한 가지 행동

이나 주제에 머무는 것을 '집요한 반복(이상언행반복증)' 이라고 한다. 시각적 규칙, 시간제한 설정, 가장 좋아하는 주제에 끌어들이기 위해 설정한 시간과 장소는 주제를 끝내거나 바꾸는 것이 필요한 학생들을 가르치는 데 도움이 된다.

- 끝내기: 다른 아동의 행동을 관찰하고 따라하는 것처럼 환경적인 단서를 사용하면 학생들을 가르치는 데 도움이 된다. 또한 그들의 학습을 체크하기 위한 방법을 가르치고 타이머를 사용하는 것이 필요할 수 있다.
- 시작하기: 그림이나 사진과 결합된 상황 이야기는 학생들이 다른 학생에게 어떻게 접근하는지, 무언가를 어떻게 물어보는지, 놀이에 어떻게 참여하는지, 인사는 어떻게 하는지, 화가 난 상황에 어떻게 대처해야 하는지를 가르치는 데 매우 유용하다.
- 유연해지기: 시각적 체계는 구체적인 방법으로 변화를 설명하는 데 사용될 수 있다. 연속된 스케줄이나 그림 일과가 사용된다면, 특정 사진과 상징은 제거되거나 교체되고 다른 것이 그 자리에 놓일 수 있다.
- 조용히 하기: 시각적 지원은 조용히 해야 하는 구체적인 행동과 특정한 상황에서 조용히 말하는 규칙을 가르치는 데 도움을 준다.

3. 인지적 그림 시연 사용하기

시각적 형태로 정보를 나타내어 사회성 기술을 가르치기 위한 또 다른 교수적 전략은 인지적 그림 시연(cognitive picture rehearsal)이다. 이 방법은 스크립트가 수반된 사진이나 그림 문자의 형태로 연속된 행동을 나타낸다. 학생은 연속된 행동의 반복 실행을 통해 지도된다.

4. 또래 지원 사용하기

또래는 자폐 스펙트럼 장애학생이 사회성 기술을 발달시키는 데 도움을 줄 수 있다. 자폐 스펙트럼 장애학생의 행동을 더 잘 이해하도록 하기 위해 먼저 또래를 가르쳐야 한다. 예를 들어, 교사는 비구어적 의사소통을 설명하거나 특정한 활동이 자폐 스펙트럼 장애학생에게 어렵다는 것을 또래에게 설명한다. 그러면 또래들이 돕기 위해 무엇을 해야 하는지 명확하게 알 수 있다. 이것은 비공식적이거나 구조화된 방법으로 이루어질 수 있다.

어린아이들에게는 자폐 스펙트럼 장애가 있는 학급 친구와의 상호작용을 시작하고 유지하기 위한 구체적인 시도를 어떻게 하는지 보여 주어야 한다. 또한 그들에게 자폐 스펙트럼 장애학생과 의사소통하는 방법을 알려 줄 필요가 있다. 자폐 스펙트럼 장애학생이 사회적 상호작용을 위해 강화받는 것과 마찬가지로, 또래들은 그들의 역할을 수행한 것에 대한 강화를 받아야 한다.

또래들은 자폐 스펙트럼 장애아동의 사회성 능력을 증진하기 위한 전략을 발달시키는 데 도움을 줄 수 있다. 중심축 반응 훈련(Pivotal Response Training: PRT)은 휴식시간 동안에 상호작용, 참여, 다양한 장난감 놀이, 언어 사용을 성공적으로 증가시키는 데 사용되는 하나의 기술이다. PRT에서 다음과 같은 전략을 사용하기 위하여 또래들을 가르쳐야 한다.

- 주의 획득
- 동기 부여를 유지하기 위한 선택사항 제공
- 장난감 바꾸기
- 사회적 행동 모델
- 시도에 대해 강화하기

- 대화 촉진하기
- 대화 확장하기
- 차례 주고받기
- 놀이를 순서대로 이야기하기

학생들에게 자폐 스펙트럼 장애에 대한 정보와 자폐 스펙트럼 장애 학생과의 상호작용을 위한 조언을 제공해야 한다. 부모들에게는 자녀의 또래가 자폐 스펙트럼 장애임을 결정하는 과정에 참여하도록 하는 것이 중요하다. 부모들은 자폐 스펙트럼 장애에 대한 어떤 자료를 미리 보거나 설명에 참여하기를 바랄 것이다.

5. 그룹 훈련에서 사회성 기술 사용하기

자폐 스펙트럼 장애학생들에게는 구조화된 소그룹 내의 사회성 기술 교수가 유익하다. 다양한 사회성 기술 훈련 프로그램과 자원들이 이용될 수 있다. 증명된 교수 기술을 사용하기 위해서 프로그램 실행 단계에 사정이 포함되어야 한다.

각각의 사회성 기술 교과과정에서는 다음과 같은 비슷한 유형을 배운다.

- 기술과 기술의 구성 요소가 언제 사용되는지 확인하기
- 기술 모델링하기
- 기술로 역할놀이하기
- 기술 실행하기
- 일반화를 위한 전략 확인하기

6. 놀이 그룹 통합하기

통합된 놀이 그룹은 보다 어린 자폐 스펙트럼 장애아동들에게 또래와 상호작용하고 사회성 기술을 우선 교수하기 위한 자연스러운 환경을 만들어 주는 기회를 제공한다. 놀이 그룹은 자폐 스펙트럼 장애아동들이 원하는 것을 표현하기 위해 언어를 사용하고, 근접해 있는 다른 또래와 어울림을 연습하고, 장애가 없는 또래들 사이에서 사회적 상호작용을 시작할 수 있는 자연스러운 상황을 제공한다.

7. 자기 관찰 및 자기 관리 기술 가르치기

자폐 스펙트럼 장애아동들을 포함한 모든 아이들의 궁극적인 목적은 효과적인 사회성 기술을 통해 다양한 환경에서 독립적인 참여를 증가시키는 것이다. 고기능 자폐 스펙트럼 장애아동들의 독립성을 증진시키기 위한 한 가지 방법은 그들의 행동을 관찰하고 긍정적인 강화를 얻는 자기 관리 과정을 가르치는 것이다. 학생들이 자기 관찰 정보를 모으는 과정을 보여 준 연구들에서는 희망했던 행동이 꾸준히 증가하였다. 자기 관찰의 정확성은 학생이 내적으로 인지하는 인식과 과정보다 중요하지 않을 수도 있다.

자기 관리를 가르치기 위한 절차는 다음과 같다.

첫째, 학생 스스로 관찰하게 될 표적 행동을 정의하라.
둘째, 개개인에게 효과적으로 기능하는 강화를 확인하라.
셋째, 학생이 정보를 수집하기 위한 자기 관찰 방법을 만들어 주라
    (예, 차트, 스티커 혹은 단순한 구조의 카운터 장치).

넷째, 학생에게 자기 관찰 방법을 사용하여 표적 행동과 행동 수행을
　　어떻게 기록하는지 가르쳐라.
다섯째, 점진적으로 성인의 개입을 줄이고 학생이 행동을 자기 관리
　　함으로써 독립심을 증가시켜라.

8. 또래관계의 우정 발달 지원하기

　최우선적으로, 구체적인 사회성 기술 발달의 목표는 아동들이 다양한
환경에서 다른 사람들과 상호작용하고 사회적 관계와 기회의 발달을 용
이하게 하는 것이다. 초기의 사회성 기술을 보이는 학생들은 다른 아동들
과 교류하고 또래와 상호작용을 지속하는 데 많은 어려움이 있다. 교사와
부모들은 다음과 같은 방법으로 사회적인 상호작용을 촉진해야 한다.

- 아동과 가정에서 놀 수 있도록 친구 격려하기
- 학교 동아리에 참여하기를 원한다면 학생이 가입하도록 도와주기
- 아동이 다른 아동들을 관찰하고 모방하도록 가르치기
- 협동 게임을 하도록 격려하기
- 아동과 어떻게 관계 맺는지를 모델링하고 교실에서 다른 아동들과
  동일하게 교육하기
- 발전적인 우정관계를 격려하기
- 좋은 친구로서의 자질을 알려 주는 활동과 프로젝트 실행하기
- 사람들의 표정과 몸짓을 읽는 방법과 서로 다르게 나타나는 감정에
  반응하는 방법을 직접 가르침으로써 학생들이 감정을 이해하도록
  도와주기

··· 제13장
아스퍼거 증후군 아동: 특성, 학습 양식, 중재 전략[1]

아스퍼거 증후군은 빈의 정신과 의사 Hans Asperger의 이름을 따서 지어졌다. 1944년에 Asperger는 독일에서 논문을 출판했는데, 이 논문에는 소년기에 주로 발생하는 능력과 행동의 일관적인 패턴이 기술되어 있다. 1980년대 초, Asperger의 논문은 영어로 번역되어 이 분야가 세계적으로 주목받게 되었다.

1990년대, 아스퍼거 증후군에서 적용되는 특정 진단 척도는 미국 정신의학회의 『정신장애의 진단 및 통계편람 제4판(*Diagnostic and Statistical Manual of Mental Disorders*, 4th ed.: DSM-IV)』뿐만 아니라 세계보건기구의 『국제질병분류 제10판(*International Classification of Diseases*, 10th ed.: ICD-10)』에도 포함되어 있다. 일반적으로 DSM-IV와 ICD-10에서 사용하고 있는 아스퍼거 증후군의 진단 준거는 다음에 기

---

1) 이 장의 자료는 Susan Stokes가 미국 위스콘신 주 교육청의 기금으로 수행한 CESA 7(*Children with Asperger Syndrome Characteristics/Learning Styles and Intervention Strategies*)의 내용이다. 2007년 8월 30일 http://www.bbbautism.com/pdf/article_64_ children_ with_Aspergers.pdf에서 검색하였으며, 사전 동의를 받아 사용하였다.

초하고 있다(APA, 1994; WHO, 1990).

- 사회적 상호작용의 결함
- 사회적 의사소통의 결함
- 사회적 모방, 유연한 사고, 상상놀이의 결함
- 인지 발달에서의 심각한 지체와 결함
- 언어 발달에서의 일반적 지체와 결함(위스콘신 주의 경우, 이 주에서 설정한 언어적 적격성 기준이 아스퍼거 증후군 아동에게 중요하게 작용하고 있다.)

최근 연구에서는 아스퍼거 증후군의 발생이 대략 300분의 1임이 입증되고 있다. 소년과 소녀의 비율은 10:1이며, 의학적 진단을 받아 학교에서 '장애아동'으로 분류된 아스퍼거 증후군 아동들은 전통적으로 IEP 팀에 의해 발견되는데, IEP 팀은 자폐증, 의사소통장애, 다른 건강장애와 같은 영역에서 결함을 가지고 있는 것으로 평가하고 있다. 아동의 독특한 특성에 의존하기 때문에 특수교육법에서 열거한 다른 결함 영역이 고려되거나 사용될 수도 있다.

아스퍼거 증후군으로 진단받은 아동들이 나타내는 일반적인 특성과 특징들은 임상적으로 자폐 스펙트럼 장애로 진단받은 아동이 나타내는 일반적인 특성 및 특징과 유사하며, '고기능(high-functioning) 자폐증'으로 묘사된다. 교육 목적을 위해서, 이 장의 나머지는 IEP 팀에 의해 장애아동으로 분류된 아스퍼거 증후군 아동에 중점을 두었다. 또한 다음에서 제시되는 많은 자료들은 '고기능 자폐증'으로 설명되는 자폐 스펙트럼 장애아동들을 대상으로 한 연구와 관련 있다.

1. 훈 련

아스퍼거 증후군으로 진단된 아동과 접촉하는 모든 사람(교직원이나 또래)은 이러한 아동들의 독특한 특징과 교육적 요구에 대해 교육을 받아야 한다. 이런 훈련은 비밀이 보장되어야 하기 때문에 아스퍼거 증후군 아동의 부모들과 항상 먼저 상의되어야 하며, 또래 훈련을 실시하기 전에 부모들의 동의서를 받아야 한다.

교직원 훈련에는 다음의 두 요소가 포함되어야 한다.

- 전체 교직원에 대한 총체적 훈련: 아스퍼거 증후군 아동들과 함께하기에 앞서 이러한 발달장애의 독특한 특성과 특징을 이해하는 것이 반드시 필요하다. 교직원은 아스퍼거 증후군 아동들이 다른 학생들과는 다른 형태의 반응과 행동을 야기하는 발달장애임을 알아야 한다. 가장 중요한 것은 이런 아동들의 반응과 행동이 의도적이고 교묘한 행동으로 오해되지 않아야 한다는 것이다.
- 아동들과 직접적으로 활동하게 될 교원을 위한 특별 훈련: 아스퍼거 증후군 아동과 함께 직접 활동해야 할 교사는 그들과 활동하기에 앞서 각 아동의 개인적인 장점과 욕구를 이해해야 한다. 아동과 그 아동의 장애를 잘 알고 있는 팀원들이 이런 훈련을 제공할 수 있다. 이 팀에는 아동을 전에 가르쳤던 교사, 언어 병리학자, 직업치료사, 보조교사, 그리고 가장 중요한 아동의 부모가 포함된다.

2. 일반적인 특징과 학습 형태

아스퍼거 증후군과 관련된 다음의 특징과 학습 형태는 아동의 학습에

영향을 미치는 적절한 교육 프로그램을 계획할 때 고려하는 것이 중요
하다. 아스퍼거 증후군 아동들은 투입되는 정보를 처리하는 데 어려움을
나타낸다. 정보를 입력, 저장, 사용하는 두뇌능력은 신경을 전형적으로
발달시키는 아동들과는 상당히 다르다. 그래서 아스퍼거 증후군 아동들
을 위한 교수 전략은 일반아동에게 사용되는 전략과 차이가 있다.

아스퍼거 증후군 아동들은 대체로 시각적인 처리 기능에서 강함을 보
이는 반면 청각적 자료의 처리에서는 상당히 약하다. 그래서 아스퍼거
증후군 아동들이 환경을 더 잘 이해할 수 있도록 시각적 교수 방법의 사
용과 시각적 지원 전략은 항상 통합되어야 한다.

이 장의 이하 부분에서 아스퍼거 증후군 아동의 열 가지 주요한 특징
과 각각의 중재 전략을 설명하였다.

3. 사회적 관계에서의 어려움

1) 특 징

아스퍼거 증후군 아동들은 사회적 상호작용 그 자체보다는 효과적인
사회적 상호작용을 하는 것이 부족하다. 그들은 사회적으로 어떻게 관계
를 맺어야 하는지를 아는 것이 어렵다. 아스퍼거 증후군 아동들은 사회
적 상황을 잘못 이해하기 쉽기 때문에 그들의 상호작용과 반응은 다른
사람들에게 종종 이상하게 보인다.

아스퍼거 증후군 아동들은 자존감이 낮고 쉽게 우울해지는데, 특히
사춘기가 되면 자신과 다른 친구들 사이에 존재하는 사회적 차이에 대
해 부정적인 인식을 갖게 된다. 그들은 사회적으로 소속되고 싶어 하지
만 그렇게 하기 위해 어떻게 해야 하는지를 모른다. 아스퍼거 증후군 아
동들은 다음의 사회적 관계 특성에 의해 많은 영향을 받는다.

2) 사회적 상호 의존성

아스퍼거 증후군 아동들은 상호 의존적 사회관계(예, 사회관계에서 주고받기)에서 불균형이 나타나는데, 이는 다음의 몇 가지의 양상으로 나타난다.

- 다양한 사회적 상황의 인식과 해석: 발달이 정상적인 아동들은 따로 배우지 않아도 다양한 사회적 뉘앙스를 바르게 인식하고 해석할 수 있다. 그들의 상호작용 과정 체계는 이를 가능하게 해 준다. 그러나 아스퍼거 증후군 아동들은 일반적으로 다양한 사회적 상황을 인지하고, 이해하며, 적절한 사회적 기술을 적용하는 데 큰 어려움이 있다. 그들의 독특한 학습 과정 체계들은 다소 추상적인 정보에 대한 정확한 인지와 해석을 잘하지 못한다.
- 사회적 규칙: 아스퍼거 증후군 아동들은 타인을 관찰하거나 자주 사용하는 말들을 통해 학습되는 일반적인 사회 규칙들을 잘 학습하지 못한다. 이 아동들은 일부러 규칙을 무시하거나 위반하지는 않는다. 다만 사회환경을 정확히 인지하는 데 어려움이 많기 때문에 구체적인 사회적 상황에서 필요한 규칙을 이해하지 못하는 것이다.

> **예** 한 교사가 아스퍼거 증후군 아동에게 쉬는시간에 밖으로 나갈 때 다른 아동을 밀지 않도록 계속 상기시켜 준다고 하자. 그 아동은 나가기 전에 이 규칙을 반복한다. 하지만 이 아동이 운동장으로 나가면 다른 아동을 밀어 버린다.

- 친구관계 기술: 아스퍼거 증후군 아동들은 친구관계의 개념을 이해하는 것에 제한이 있다.

> **예** 십대의 아스퍼거 증후군 학생에게 친구가 있느냐는 질문을 하자, 우
> 정은 자신이 어떤 문제에 부딪혔던 한 장소라고 대답했다. 그는 자신
> 이 친구라고 생각하는 두 사람의 이름을 댈 수 있었지만 한 친구의
> 이름을 말하지 못했다. 그는 듣고 있는 사람이 마치 그 친구의 이름
> 을 아는 것처럼 그 친구를 묘사해 나갔다. 그가 말한 친구들이 왜 친
> 구인지 물어보자, 복도를 지날 때 볼 수 있고, 한 친구는 주말마다 교
> 회 아동부에서 만나기 때문이라고 했다. 그와 친구들이 서로의 집에
> 놀러 가거나 전화 통화를 하는지 등에 대해 물어보자, 아니라고 하면
> 서 다른 장소에서만 본다고 했다.

• 아스퍼거 증후군 아동들은 또래 압박에 영향을 주고받거나 반응하지 않음
  옷차림도 친구들의 옷 입는 스타일에 상관없이 그들의 감수성에 맞
  으면서도 편안하게 해 주는 자신만의 기호가 있다.

> **예** 어떤 아동들은 옷깃이 없는 것, 앞에 단추가 없는 것만 입고 청바지
> 를 입지 않고 고무줄 바지만 입는가 하면, 긴 옷을 전혀 입지 않거나
> 짧은 옷을 전혀 입지 않는 등 다양하다.

• 다양한 감정 상태의 이해와 표현: 아스퍼거 증후군 아동들은 자신과
  타인의 다양한 감정 상태를 인식하는 데 어려움이 있다. 게다가 감
  정 조절은 더욱더 어렵다.

> **예** 큰 고통을 경험하게 되었을 때, 아스퍼거 증후군 아동들은 다른 사
> 람들이 자신의 감정 상태를 감시하고 있는 것에 대해 계속해서 물어
> 본다. "내가 아직도 통제당하고 있나요?" 그는 침착하거나 극단적
> 으로 혼란스러움을 아는 것에 한계를 지니고 있다. 다른 예로, 타인
> 이 다치거나 당황해할 때 적절하지 않게 웃는다. 한 아스퍼거 증후
> 군 아동은 다양한 감정을 나타내도록 요구받을 때 얼굴 표정을 눈에
> 보이는 모양대로 짓는다.

3) 사회적 관련성 중재 전략

아스퍼거 증후군 아동들에게는 일대일이나 소그룹 형태로 다양한 사회성 기술(인지, 이해, 적용)들을 직접 가르치는 것이 필요하다. 사회성 기술 훈련 또한 큰 구조 안에서 또는 훈련을 위해 지원된 작은 구조적 상황 안에서 선행 학습된 사회성 기술을 일반화하기 위해 필요하며, 이는 결국 실생활에 영향을 미치게 된다. 아스퍼거 증후군 아동들이 타인을 지켜보거나 다양한 사회적 상황에 참여함으로써 사회적 관계를 학습하는 것이 아니라는 것을 아는 것이 매우 중요하다. 그들은 어떤 사회적 상황에서 스스로 정확하게 해석해 내고 상호작용하는 것은 물론, 본질적인 정보를 인식하는 것조차 매우 어렵다.

4) 사회성 기술을 가르치기 위한 도구들

- 사회적 상황 이야기와 스크립트 활용: 시각적인 정보와 전략을 함께 제시해 주면 다양한 사회적 상황에 대한 아동들의 이해를 향상시킬 수 있다. 나아가 상황 이야기와 스크립트는 아동들이 다양한 상황 속에서 적절한 행동을 하도록 가르칠 수 있다. 상황 이야기와 스크립트의 반복적인 읽기는 아스퍼거 증후군 아동들에게 효과적이다.
- 다양한 사회적 상황들의 역할놀이: 아동들에게 적절한 사회적 반응을 가르치기 위한 효과적인 도구다.
- 비디오테이프와 오디오테이프: 적절한 행동과 부적절한 행동 모두 아동이 다양한 사회적 상황을 바르게 인식하고 반응하는 것을 학습하도록 도움을 줄 수 있다.
- 점심시간과 쉬는시간을 활용한 클럽: 점심시간과 쉬는시간을 잘 활용하여 특별히 정해진 친구들과 함께 아스퍼거 증후군 아동이 목표한 사회적 기술을 중점적으로 발달시킬 수 있도록 체계화한다. 이 전

략은 구조화된 상황에서 선행 학습한 사회적 기술을 일반화하는 데 도움을 줄 수 있다.

- 만화(comic strip)를 통한 대화: 사회적 상호작용과 감정관계를 시각적으로 명료화하는 데 사용된다.
- 또래교수: 사회적 상황이 덜 구조화되었거나 사회적 어려움을 경험할 때(예, 수업이 끝나고 전환, 쉬는시간, 점심시간 등)에 아스퍼거 증후군 아동과 함께 있으면서 도와줄 수 있는 특정 또래친구를 선정한다. 이 또래 지원 네트워크는 처음에는 소규모 그룹에서 이루어져야 한다.
- 개별화된 시각적 사회 규칙 카드: 아동이 해야 할 올바른 사회적 행동과 관련된 시각적 상기물로서 아동의 책상에 붙여 놓을 수 있다. 휴대용 규칙 카드는 교실 외의 환경에서도 사용될 수 있는데, 다양한 특정 상황에 대한 사회 규칙의 시각적 상기물을 카드에 적어 아동들이 가지고 다닐 수 있도록 한다.

4. 사회적 의사소통의 어려움

1) 특 징

아스퍼거 증후군 아동은 독특하게 매우 명료한 발음으로 말하며, 특정 주제(관심이 높은 분야)에 관해서 많은 어휘로 장황하게 표현하는 언어 기술이 있다. 그러나 이러한 언어 기술은 고차원적인 의사소통 기술로 잘못 해석되기 쉽다. 다시 말하면, 적절한 사회적 의사소통 기술을 사용하거나 이해하는 것이 아동의 심각한 어려움 때문에 일어나는 행동이라기보다는 오히려 아동의 의도적인 행동이나 속임수로 잘못 명명되는 결과를 낳게 된다. 아스퍼거 증후군 아동은 주로 다음의 영역에서 최

소한의 사회적 의사소통 상호작용을 유지하는 데 사회적 의사소통 기술
의 결함을 보인다.

- 회화체의 대화 기술: 아스퍼거 증후군 아동은 일반적으로 인사와 같
  은 일상적인 사회적 상호작용을 한다. 그러나 흥미를 확장하거나
  양자 간의 관계에서 심각한 어려움을 나타낸다. 그들은 대화의 시
  작과 유지, 대화 주고받기, 화제 전환에 따른 적절한 매너와 관련하
  여 어려움이 있다. 그들의 언어는 매우 자기 중심적이기 때문에 다
  른 사람들보다 앞서 말하려는 경향이 있으며, 일방적인 대화를 하
  게 된다. 또한 끊임없이 질문을 하는 것으로 알려져 있을 뿐만 아니
  라, 회화체 사용의 문제를 교정하는 데도 어려움이 있다.
- 비언어적인 사회적 의사소통(담화) 기술의 사용과 이해: 아스퍼거 증후군
  아동은 사회적 상호작용을 조정하는 데 쓰이는 비언어적인 사회적
  의사소통 기술의 해석에 심각한 어려움을 가지고 있다(예, 목소리톤,
  얼굴 표정, 자세, 제스처, 개인적 공간, 목소리 크기, 얼굴 표정을 읽기 위
  한 눈 맞춤의 사용 등). 그들은 화난 감정 상태를 전달하는 격앙된 목
  소리를 이해하지 못할 수도 있다(예, 엄마가 자신이 화났다는 것을 알
  리기 위해 격앙된 목소리로 얘기했을 때 아스퍼거 증후군 아동은 "엄마는
  왜 크게 말을 합니까? 나는 들을 수 있어요."라고 말할 수 있다.). 이러한
  아동들은 대화에 실패하였을 때 청자가 전달하고자 하는 비언어적
  단서(예, 대화 내용을 이해하지 못했다는 것을 나타내는 얼굴 표정, 지루
  함 등)를 해석하는 데도 어려움을 보인다. 어떤 아스퍼거 증후군 아
  동은 다소 단조로운 정서(예, 목소리톤, 음량, 높이, 강세, 리듬의 제한
  된 변화)를 지닌 대화 기술을 보인다. 특히 감정을 나타내거나 핵심
  단어를 강조한다.
- 이야기체의 대화 기술: 아스퍼거 증후군 아동은 과거의 사건 또는 연
  속되는 방식의 영화, 이야기, TV 쇼 다시 말하기 등과 관련된 이야

기체 대화 기술에서 어려움을 나타낸다. 말하고자 하는 대상과 관련된 많은 정보의 중요한 부분을 생략할 수도 있으며, 반복 혹은 일시정지, 잦은 수정을 한다.

> **예** 아스퍼거 증후군인 한 아동이 학급 친구들에게 그의 주말에 대해 이야기하고 있었다. 아스퍼거 증후군 아동이 말하기를 "과거의 어느 시간, 음, 음, 나의 할머니의, 어, 이것은 과거의 어느 시간이었습니다. 나는, 나는, 나…… 나, 어, 옛날에, 나는 할머니의 집에 있었습니다.

2) 사회적 의사소통: 목표 기술과 중재를 위한 전략

다음에 설명하는 사회적 의사소통 기술(화용 언어 기술)은 비교적 직접 교수, 아동의 개별화된 요구에 기초하여 초점이 맞추어져 있다.

- 다양한 상황에서 행동이나 활동보다 적절한 구어적 발언을 통한 사회적 상호작용을 시작하기. 예를 들어, 놀이터에서 술래잡기를 하기 위해 또래를 떠밀기보다는 또래들에게 "술래잡기 놀이할래?"라는 말을 사용하기
- 관심이 높은 영역과 관련된 주제뿐만 아니라 다양한 주제로 대화 시작하기
- 다른 사람이 시작한 주제로 대화하며 유지하기
- 3~4번에 걸쳐 차례대로 대화 주고받기(호혜적 의사소통 기술)
- 다른 사람이 시작한 주제와 관련해서 질문하기
- 의사소통을 위해 주의집중하기. 다른 사람과 의사소통하기 위해 자신에게 처음 말하는 사람의 의도에 주의 기울이기
- 목소리 톤, 특정 시간, 목소리 크기, 신체 자세, 얼굴 표정 등의 비

언어적인 사회적 의사소통 기술의 사용과 이해하기

- 이야기체의 대화 기술 사용하기. 과거 사건과 연관시키거나, 지시하는 단어에 대해 관련된 정보의 중요한 부분을 연속되는 이야기로 다시 말하기
- 다른 사람과 인사하기
- 적절한 도움 구하기(예, 교실에서 도움을 위해 손을 들기)

5. 언어 이해/청각 처리 과정의 어려움

1) 특 징

아스퍼거 증후군 아동은 구체적인 청각 정보를 글자 그대로 해석한다. 따라서 은유적 언어, 농담이나 수수께끼를 포함한 말, 다양한 의미가 내포된 단어, 놀리는 말 그리고 암시적 의미를 지닌 말을 이해하는데 어려움이 있다.

> 예 1. 아스퍼거 증후군 아동이 지역의 농구 치료실에 참여하고 있었다. 그는 경기를 굉장히 잘해서 코치가 그에게 "와우! 너의 엄마가 아마 오늘 아침 너의 신발에 가스를 넣어 놓으셨을 거야."라고 말했더니 아동은 급히 엄마를 보며 걱정된 표정을 지었다. 엄마는 아니라고 고개를 흔들었고 용기를 얻은 그는 경기를 계속했다. 코치를 향한 아동의 반응은 "아니요."였다.
> 2. 엄마가 아동에게 "말 대답(back talk)하지 마라."라고 했더니 아동은 "미안해요, 엄마. 이제부터 엄마 앞에서 얘기할게요."라고 말했다.

이러한 예를 통해서 아스퍼거 증후군 아동이 정보를 청취하는 과정에

지연이 있을 수 있다는 것을 아는 것이 중요하다. 만약 아동이 청각적 정보를 이해할 수 있더라도 반응에 필요한 정보를 우선적으로 처리하기 위해서는 추가적으로 시간이 필요할 수도 있다. 아스퍼거 증후군 아동은 다음과 같이 여러 단계의 청각적 지시에서 어려움이 있다(예, "책상으로 돌아가서 일기를 꺼내라. 그리고 네가 주말에 무엇을 하였는지 작성해라.").

2) 언어 이해/ 청각적 처리 과정: 중재 전략

- 청각적 정보/촉진은 어떤 아동에게는 너무 압도적일 수 있기 때문에 최소한으로 유지되어야 한다. 시각적 단서는 아동이 좀 더 쉽게 지시, 질문, 법칙, 은유적 언어 등을 이해하도록 돕기 위해 사용된다.
- 아스퍼거 증후군 아동에게는 지문이나 지시의 반복하기/바꿔 말하기 전에 청각적 처리하기에 어려움이 있음을 인정하고, 아동이 반응하기 위한 충분한 시간을 주어야 한다. 아동들에게 추가적인 처리시간이 필요하다는 것을 나타내는 적절한 표현(예, "시간을 조금만 더 주세요-나는 생각 중이에요.")을 배우도록 할 수 있다.
- 쓰여진 규칙은 모든 시간에서 그들에게 기대하는 것이 무엇인지를 아동이 이해할 수 있도록 돕는다. 규칙 참고하기는 언어적 말보다 오히려 무엇을 해야 하는지, 하지 말아야 하는지에 사용할 수 있다.
- 청각적 지시는 아스퍼거 증후군 아동을 위해 화이트보드에 쓸 수 있다. 이러한 방법은 아동의 독립적 과제 활동 수행능력을 증가시킨다.
- 아동의 주변에 있는 어른들은 은유적 언어의 문자 표현을 구체적으로 이해하고 있어야 하며, 필요 시 구체적인 표현을 제공해 주어야 한다. 또한 아동에게 관용어, 다의어의 의미, 농담, 회화 등과 같은 은유적 언어 기술의 이해를 증가시키기 위해 초점을 맞추어야 한다.

6. 감각 처리의 어려움

1) 특 징

　아스퍼거 증후군 아동은 감각 입력(청각, 시각, 후각, 미각, 촉각 그리고 움직임)의 불규칙적인 반응 때문에 감각 처리에 어려움이 있다. 이러한 어려움은 아동의 감각 입력의 조직을 통해 들어오는 다양한 감각 자극에 민감하거나 둔감하게 반응한 경험이 오히려 환경을 정확하게 이해하려고 노력하는 아동에게 스트레스와 걱정을 경험하도록 야기할 수 있다. 또한 감각 처리의 어려움은 아동의 주의집중 유지를 현저히 감소시킬 수 있다. 중요한 것은 감각 처리 정보가 매우 모순되어 있음에 주목해야 한다. 이것은 동시에 아동이 특별한 감각 자극에 대한 민감한 반응을 경험할 수 있으며, 또 다른 상황에서는 전형적이거나 둔감한 반응을 할 수도 있음을 말한다.

예
1. 가족과 함께 식당에서 식사를 한 아스퍼거 증후군 아동이 과식을 했다. 그 아동은 가능한 한 빨리 먹고 나서 밖으로 나가도 되는지 물었다. 아동은 밖으로 나와 20분 동안 걸었고 가족들의 식사가 끝날 때까지 식당 앞에서 기다렸다. 집으로 오는 동안 그는 코트에 있는 모자를 뜯어 얼굴을 덮고 모자를 꽉 조여서 모든 감각 자극을 차단하려고 애썼다.
2. 가족과 TV를 보고 있을 때 아스퍼거 증후군 아동이 자신의 손을 귀에 대고 "저 TV는 나를 미치게 하고 있어."라고 소리쳤다.
3. 한 아스퍼거 증후군 아동은 달걀을 보거나 냄새를 맡으면 극도로 민감하게 반응하는데, 특히 삶은 달걀일 경우 더욱 심하다. 그 아동은 삶은 달걀이 있을 때 입을 막거나 구토를 했다.

2) 감각 처리: 중재 전략

아동에게 있을 수 있는 청각적 민감성과 환경이 불안 및 문제행동의 증가와 어떤 관련이 있는지 인식하는 것이 중요하다. 청각적 민감성을 조절하는 전략은 다음과 같다.

- 헤드폰을 사용하라/머리띠로 외부의 청각 자극을 감싸라.
- 적절한 때 헤드폰을 사용하여 고요한 음악을 듣게 하라.
- 아동에게 화재나 토네이도 등에 대비한 훈련을 하여 미리 주의하도록 하라. 이는 구어나 시각적으로 이루어질 수 있다(그들의 시간표에 따라). 아동이 일상 속에서의 이러한 변화를 손쉽게 다룰 수 있는 것처럼 외견상으로 차분해 보일 수 있지만, 내면적으로는 스트레스나 불안을 경험하고 있을 것이며 이것은 나중에 나타나기도 한다.
- 매일 다양한 감각이 요구되는 활동이나 운동(필요하다고 생각되는)을 구성하여 감각을 조절할 수 있도록 하라. 이는 아동의 일상 스케줄에 따라서 실시되어야 한다. 이를 통해 아동의 스트레스나 불안은 감소하고 차분함과 주의집중이 증가할 수 있다.
- 기능적인 일 중에서 고도의 협동적인 작업 유형(당기기, 밀기, 옮기기)은 차분함과 집중이 좀 더 필요한 아동에게 도움이 될 수 있다. 이러한 것을 예로 들면, 청중을 이끌거나, 각 학급의 점심 먹는 인원을 세어 식당에 알리거나, 유치원에서 우유나 만화를 각 반에 갖다주거나, 길거리를 쓸고, 도서관에 책을 나르고, 칠판을 닦는 것 등이다.
- '조용한 장소/영역'의 사용은 민감한 감각을 감소시키고 스스로 차분함을 증가시키는 또 하나의 전략이다. 조용한 공간은 특별한 장소에 아동이 차분해질 수 있는 구체물과 함께 마련되어야 한다(예, 쿠션볼, 책, 푹신한 의자). 아동에게 다양한 수업 전환이 이루어진다

면 '홈베이스(본거지)'인 교실은 편안한 장소로서 아동에게 차분함을 요구하기에 만족할 만한 장소가 되어야 한다. '작은 바구니' 이용은 아동을 위한 소품으로 구성되어 있어서(예, 작은 쿠시볼, 빨래집게 등) 아동을 좀 더 차분하게 할 수 있고, 아동의 하루 일과 중 특정 시간에 집중할 수 있도록 도와준다(예, 앉거나, 교사가 큰 소리로 읽는 이야기를 들을 때).

• 변화가 있을 때, 예를 들면 교실을 바꾸는 시기, 휴게실로의 이동 또는 휴게실로부터의 이동, 체육시간에 사물함에서 옷을 갈아입을 때 나타날 수 있는 과민 반응을 피하기 위해서 아동이 다른 학생보다 몇 분 일찍 또는 늦게 휴식을 갖도록 허락한다.

7. 내적 언어 표현의 어려움

1) 특 징

아스퍼거 증후군 아동들은 외관상의 둔감함이나 재치의 부족 탓에 사실적인 정보 진술처럼 그들의 생각을 '누설'한다. 이러한 아동은 전형적으로 어떤 생각이나 아이디어를 내면적으로 떠올려야 한다는 것을 이해할 수 없다. 더군다나 큰 소리로 말하지 말아야 한다는 것도 모른다. 그러므로 무엇이든 그들이 생각하는 대로 큰 소리로 말하는 경향이 있다.

> 예   "아저씨는 왜 그런 옷을 입었어요? 아저씨 목욕가운 입은 것 같아요."
>
> "이거 너무 재미없어. 건우야, 이거 재미없다고 생각하지?"

전형적인 발달을 보이는 아동은 5, 6세가 되면 자신의 생각을 내면화할 수 있다. 이러한 언어의 관점은 다른 사람의 관점을 어떻게 받아들여야 하는지를 학습함으로써 향상될 수 있다. 이러한 관점에 대한 능력은 가끔 '생각 읽기'로 언급되었으나, '마음이론'으로 발전되었다.

2) 내적 언어 표현: 중재 전략

처음에는 아동이 속삭이도록 지도하고, 그다음에는 그의 생각을 크게 말하도록 한다. 그다음 아동에게 "그것을 생각은 하지만 말해서는 안 된다."라고 지도한다.

역할놀이, 오디오, 비디오, 사회적 스크립트 등은 아동에게 내적 언어를 말하지 않고 표현하도록 가르치는 데 사용될 수 있다. 역할놀이는 아동들이 이러한 기술을 연습하는 데 도움이 될 것이다.

8. 동일성에 대한 고집

1) 특 징

아스퍼거 증후군 아동들은 일과에서 생기는 최소한의 변화에 쉽게 당황하고, 명확한 의례적 행사를 더욱 선호한다. 그 결과 이러한 아동들은 환경을 예측할 수 없고, 예상하는 것을 모르기 때문에 계속적으로 걱정하고 신경 쓸 수밖에 없다.

> **예** 예측할 수 없음은 덜 구조화된 활동이나 시간 동안에 일어난다. 휴식, 점심, 자유놀이나 자유시간, 체육시간, 버스 타기(학교에서/학교로), 음악시간, 미술시간, 모임, 현장학습, 지연된 시작/이른 해산 등.

다음은 아스퍼거 증후군 아동을 위해 고려해야 할 중요한 특징이다.

- 엄격한, 자기 중심의 지각: 아스퍼거 증후군 아동은 세상에 대해 매우 엄격하고 자기 중심적인 지각을 가지는 경향이 있어서 이미 인식했던 '규칙'이나 지각에 대해 '반대로 가는 것'과 같은 변화가 발생하면 매우 당황할 수 있다. 추운 날씨 때문에 실내에서 휴식을 가지게 되는 것과 같은 새로운 환경의 발생은 그들을 매우 당황스럽게 할 수 있기 때문에 그들은 '새로운 규칙(지각)'을 배워야만 한다.
- 규칙에 대한 엄격한 고집(집착): 아스퍼거 증후군 아동은 다양한 경험(지각)에 기초한 자기만의 규칙을 만들 수 있다. 그 결과 엄격하게 자기 규칙을 고집하고 다른 사람들 또한 그렇게 하기를 기대할 수 있다. 이러한 규칙들을 다른 사람이 '어기면' 아스퍼거 증후군 아동들은 많은 스트레스와 걱정을 경험한다.

> **예**   한 아스퍼거 증후군 아동이 누군가에게 "고마워."라고 말할 때마다 그는 그 사람이 "천만에."라고 즉시 반응해 주기를 기대한다. 다른 사람이 즉시 반응하지 않으면 그 아동은 그 사람이 "천만에."라고 말할 때까지 불안이 증가하면서 "고마워."라고 말하는 것을 계속할 것이다.

- 반면 교사나 부모 등 다른 사람이 아스퍼거 증후군 아동에게 규칙을 제시했을 때, 이러한 규칙을 엄격하고 구체적으로 해석하는 경향이 있다. 뿐만 아니라 그들 자신이나 다른 사람들을 위한 규칙에도 엄격한 고집을 보인다.

> **예**   미술 시간에 교사가 한 아스퍼거 증후군 아동에게 마커 던지지 않기, 마커 씹지 않기, 마커 끝을 부수지 않기와 같은 마커 씹지 않기, 마커 끝을 부수지 않기 같은 규칙을 제시했다. 아스퍼거 증후군 아

동은 친구를 모방하여 마커를 길게 칼 모양의 구조로 만들어 마커 끼리 연결했다. 이 아동과 친구는 '칼 싸움'을 약속했다. 양쪽 아동 모두 이 행동은 문제가 있다. 그러나 아스퍼거 증후군 아동의 지각 에 따르면, 그는 어떠한 규칙도 어기지 않았기 때문에 왜 그가 문제 를 일으켰는지에 대해 정말로 어리둥절해 할 수 있다.

- 종결/완성을 위한 요구: 엄격히 틀에 박힌 그들의 요구와 관련하여 아스퍼거 증후군 아동들은 다음 활동으로 전환하기 전에 일 또는 활동을 종결하거나 완성하고자 하는 강한 요구를 나타낼 수 있다. 계획되지 않았지만 이것은 중요한 교육적 의미를 함축한다. 예를 들어, 아스퍼거 증후군 아동들이 밖에서 휴식을 즐기려 할 때 수학 연습문제를 휴식 전에 완성하지 않았다면 매우 당황스러워한다.

2) 동일성에 대한 고집: 중재 전략

- 최소한의 전환과 함께 일관되고 예측 가능한 환경을 제공하는 것이 중요하다.
- 시각적 계획표의 사용은 아동의 하루와 관련한 정보뿐만 아니라 매일의 일과에서 발생할 수 있는 어떠한 변화에 대한 준비를 제공 할 수 있다.
- 시각적 · 청각적으로 미리 알려 주는 것/미리 증후를 보여 주는 것 이 중요하다. 아동에게 일상에서 가능한 변화와 관련한 많은 정보 를 제공한다.
- 아동이 충분한 시간 내에, 다음 활동으로의 전환 전에 과제를 완성 할 수 있도록 변형이 필요할 수 있다.
- '나중에 끝내기' 폴더나 상자를 사용하면 도움이 될 수 있다. 게다 가 아동이 휴식 후에 수학 연습문제지를 끝낼 수 있다는 것을 언어

적으로 상기할 수 있다. 이 정보가 시각적 정보로 소통된다면 더욱 쉽게 진행될 것이다.

9. 응집의 부족, 주의산만, 혼란함

1) 특 징

아스퍼거 증후군 아동은 종종 내면 자극(자신의 생각, 관심사)이나 외부 자극(감각 자극의 투입) 등으로 과제에 집중하지 못하고 쉽게 산만해지는 모습을 보인다. 예를 들어, 하늘에 떠 있는 한 조각 구름을 보면 비가 오거나 폭풍우의 가능성(내면적 주의산만)에 대해서 고민하기 시작한다. 또는 교사보다 교실 주위에서 윙윙대는 파리 소리나 형광등의 깜빡임에 더 주의집중할 수 있다(외부적 주의산만). 아스퍼거 증후군 아동에게는 화면에서 출력되는 정보 중 불필요하거나 관련 없는 자극을 배제하기가 어렵고, 그러기 위해서 의식적인 노력이 필요하다.

덧붙여 아스퍼거 증후군 아동은 다음과 같은 내적 혹은 외적 정보를 조직화하는 기술에서 어려움이 나타난다.

- 스스로 자신의 생각을 표현하는 적합한 방법의 구조화
- 과제 같은 특별한 일이나 활동을 위해 필요한 교육적 도구 및 물건 모으기
- 해야 할 일 기억하기―개인적 일 혹은 숙제와 같은 교육적 요소
- 자신의 책상과 사물함을 구조화하기

2) 응집의 부족, 주의산만, 혼란함: 중재 전략

- 고도로 구조화된 교육 환경은 아스퍼거 증후군 아동에게 성공적인 경험을 예견해 준다.

- 타이머를 사용하여 과제 완료 시간을 제한하라. 아스퍼거 증후군 아동에게 시간을 무제한으로 준다면, 과제를 완수하는 데도 시간을 무제한으로 사용할 것이다. 그러나 타이머를 사용할 때는 신중을 기해야 한다. 몇몇 아동은 과제를 얼마나 빠른 시간 안에 완료하는 가에만 흥미가 있고 과제 완료에는 적은 집중력을 보일 수 있다. 또 다른 아동들은 타이머를 사용하였을 때 극도의 불안을 드러낼 수도 있다. 왜냐하면 지나치게 과제 완료 시간에 초점이 맞추어져 있기 때문에 주어진 시간 안에 과제를 완수하지 못했을 때를 걱정하기 때문이다.

- 시각적인 체크리스트는 아동들의 과제에 대한 집중을 유지하는 데 사용된다. 아동들은 다음 순서에 해야 할 각각의 단계를 체크리스트를 통해 인지하고 완료할 수 있다. 이러한 시각적 도구들('아침 일과' 체크리스트, '숙제' 체크리스트)은 전체의 일과나 과제를 독립적으로 수행하는 데 도움을 준다.

- 매일의 시각적 스케줄(개인적)은 아동에게 현재 무엇을 해야 하는지, 언제까지 무엇을 완수해야 하는지, 다음에 해야 할 일은 무엇인지에 대해 알 수 있게 해 준다.

- 가정과 학교에서 시각적 달력을 사용하면 아동에게 곧 다가올 행사나 활동에 관한 정보를 줄 수 있다. 특별한 행사(예, 소풍, 수영강습)가 언제 있을지 물을 때 아동이 쉽게 달력을 통해 참고할 수 있고, 시각적 정보를 통해 현재의 정보를 좀 더 쉽게 이해할 수 있다.

- 다양한 환경과 상황에서 일어날 수 있는 일에 대해 목표와 단서를 제공한다. 이때 목표를 적어 둔 색인 카드나 작은 화이트보드는 아

동들이 쉽게 이용할 수 있는 좋은 도구다. 예를 들어, 과제를 완수하는 데 계속적인 청각적 자극을 주는 것보다 아동이 해야 할 일에 대한 목표를 세 단계로 나눠서 컴퓨터 라벨을 통해 제공하는 것이 더 효과적이다.

- 교과서와 색이 매치되는 공책을 사용한다.
- 숙제 공책을 항상 사용한다.
- 수업시간에 노트 작성을 하기 위해서는 동료의 도움이 필요하다. 줄이 없는 공책을 사용하거나 다른 학생의 공책을 복사해서 사용할 수 있다.
- '완료해야 할 숙제' 폴더와 '완료된 숙제' 폴더 사용을 추천한다.

10. 정서적 취약성

1) 특 징

아스퍼거 증후군 아동들은 종종 일반교육과정을 성공적으로 수행할 수 있는 지적 능력을 가지고 있다. 그러나 이 아동들은 일반교실에서의 쉬는시간, 점심시간 같은 일반수업환경의 요구에 대처하는 사회적·감정적인 능력이 부족하다. 결과적으로, 이러한 아동들은 낮은 자존감을 보이고, 스스로 비판하며, 실수에 관대하지 못하다(완벽주의자). 그러므로 쉽게 압박당하고, 스트레스 받고, 좌절하고, 자기 조절이나 전략 대응을 잘 못해서 과격한 행동을 보인다. 이러한 아동들은 모든 직업에서도 상당히 우려할 만한 점을 보인다. 이 아동들은 직업세계에서 변하지 않는 감각 과잉자극을 조절하고자 끊임없이 시도한다.

2) 정서적 취약성: 중재 전략

- 교실에서 나타나는 아동의 강점을 이용할 수 있도록 특별한 과제나 숙제를 제시한다. 이러한 활동성은 아동의 또래 자존감을 증가시킬 것이다. 예를 들어, 지질학에 높은 관심을 보이는 아동은 지질학과 관련된 수업에서 최근의 수업 부분을 발표할 수 있다.
- 아동들에게 '이완 기술'을 가르치는 것은 불안의 정도를 감소하게 하는 방법(예, 크게 숨을 쉬고 10까지 셈)이다. 이러한 과정으로 대표적인 것은 시각적인 단서 카드로, 아동들이 원하는 것을 가지고 오거나 원하는 것을 언급하도록 하는 것이다.

11. 흥미의 제한/고집의 범위

1) 특 징

아스퍼거 증후군 아동들은 다음과 같이 이상한 행동에 몰두하거나 엉뚱한 또는 격렬한 병적 집착과 같은 성향이 있다.

- 흥미로운 특별한 범주(영역)에 관해 매우 심한 '잔소리'를 한다.
- 흥미, 관심사, 걱정에 관해 반복적으로 질문한다.
- 문제는 생각이나 아이디어를 '놓아 버리기'에 있는데, 특히 관심사나 걱정과 관련이 있는 경우 그렇다.
- 한정된 분야에 흥미가 있을 뿐 그외의 것은 배우기를 거부한다. 그래서 마치 다른 정보는 이해하지 못하는 것처럼 보인다.

많은 아스퍼거 증후군 아동들의 큰 관심 영역은 대부분 운명의 바퀴

게임, 교통기관, 천문학, 동물, 공룡, 지질학, 날씨, 지도다. 집요하게 반복되는 이런 행위는 종종 강박신경증 행동과 비슷하다는 점에 주목해야 한다.

> 예
> 쓰기 숙제와 관련된 완벽주의의 한 예는 아동들이 겉으로 보기에 불완전한 문자 정보를 나타낸다고 생각하여 동일하게 쓰여진 문자를 지우는 것이다. 이는 결과적으로 좌절감과 두려움을 증가시킨다. 한 아스퍼거 증후군 아동은 바비인형에 큰 관심을 보였다. 그 아동은 바비인형들을 정확히 같은 줄에 세우지 않고서는 자러 가지 못했다.

2) 한정되고 반복적인 흥미 영역에 대한 중재 전략

- 특정 시간 및 기간에 상관없이 아동의 주된 흥밋거리에 대해 토의하라. 이러한 '토의시간'은 아동의 눈에 보이는 스케줄에 포함되어야 한다. 만약 아동이 주제에 대해 집요하게 질문한다면, 그 주제에 관해 대화할 수 있는 다른 시간을 아동의 눈에 보이는 시간표에 표시한다.
- 아동의 반복적인 질문에 대한 답안지를 제공한다. 아동이 질문을 반복할 때 그들은 답안지를 요구할 수 있는데, 이것은 아동의 이해를 도울 수 있고, 따라서 반복적인 질문의 발생을 감소시킬 수 있다.
- 학업 속에 아동의 주된 흥미를 결합한다(예, 아동이 지도에 강한 흥미를 갖고 있다면 수학 기술을 가르치는 데 지도를 이용하라.). 거의 모든 주된 흥미 영역은 창조성과 개성으로, 어떠한 학업 영역에든 결합될 수 있다. 많은 아스퍼거 증후군 학생들은 자신의 높은 흥밋거리를 더 높은 학문적 연구와 뒤이은 직업에 결합하여 지속한다. 예를 들어, 동물과학 분야에서 박사가 된 Temple Grandin은 미국의 동물 가축과 관련된 편의도구 중 1/3을 디자인했다.

12. 타인 입장 고려의 어려움(마음 읽기/마음 결함 이론)

1) 특 징

아스퍼거 증후군 아동은 타인이 자신과 다른 생각, 의도, 필요, 요구, 신념을 가질 수 있다는 것을 이해하는 데 큰 어려움이 있다. 주변 세계에 대한 그들의 인식은 흔히 융통성이 없고 자기중심적으로 보인다. 실제로 그들은 다른 사람들의 정신세계를 이해할 수 없다. 일반적으로 아동은 4세에 '마음이론'의 기술을 터득하나 아스퍼거 증후군 아동은 이 개념이 9~14세에 발달한다고 추정되고 있다. 마음이론 결함 아동을 위한 교육적 함의는 다음과 같다.

- 교사가 학급의 아동들에게 질문할 때 아동은 선생님이 직접적으로 자신에게 말한다고 생각해서 대답한다.
- 아스퍼거 증후군 아동은 나쁜 의도를 가지고 있는 다른 아동으로부터 상처받기 쉽다. 이 아동들은 타인의 의도를 읽는 것과 타인의 행동 속의 동기를 이해하는 데 큰 어려움이 있다. 예를 들어, 5학년 아동이 아스퍼거 증후군 아동과 '친구가 되었다.' 그리고는 친구를 곤경에 빠뜨리는 말과 부적절한 행동을 한다.
- 다른 이의 감정을 이해하는 어려움 때문에 아이는 외관상 감정이입이 부족한 것처럼 보일 수 있다. 예를 들어, 아스퍼거 증후군 아동은 다른 아이가 상처 입었을 때 부적절하게 웃는다.
- 아스퍼거 증후군 아동은 그들의 행동(또는 말)이 타인의 생각, 느낌에 영향을 미친다는 것을 이해하는 데 어려움이 있다. 그러나 이는 아동이 고의로 남에게 상처를 주는 것이 아니다. 이 아동들은 실제적으로 타인의 기분을 고려하지 않고 정보와 관련짓는다.

> **예** 1. 아스퍼거 증후군 아동이 자유시간 동안 컴퓨터를 하고 싶어 할 때, 컴퓨터를 사용하고 있는 다른 아이에 대한 고려 없이 컴퓨터를 하려고 시도할 것이다.
> 2. 아스퍼거 증후군 아동은 매우 둔감하게 "여기 누군가에게서 고약한 냄새가 나. 내가 생각할 때 이것은 해웅이야. 해웅아, 너한테 고약한 냄새가 나."라고 할 수 있다.

- 협동학습 그룹은 아스퍼거 증후군 아동에게 큰 도전이 될 수 있다. 다시 언급하지만, 이 아동들은 그룹 안의 다른 아동이 자신과 다른 생각을 하고 있음을 이해하는 데 어려움을 갖는다. 결과적으로 이것은 아동의 스트레스, 좌절감, 화가 증가하게 하는 것으로 보인다.
- 아동은 타인이 알고 있는 것이나 알기를 원하는 것, 청자 입장에서 당황스럽게 만드는 부분 등을 예측하는 데 어려움이 있다.

2) 마음 읽기/마음 결함 이론: 중재 전략

- 이 사항들을 해결하기 위하여 구체적으로 설계된 훈련은 아동이 타인의 관점을 고려하는 것을 배우는 데 도움을 줄 것이다. *Teaching Children With Autism to Mind-Read: A Practical Guide*는 좋은 자원이 되는 책이다. 이 책에는 중재를 위한 특별한 기술과 활동들이 명확하게 소개되어 있다.
- 타인에게 자신의 행동이 미치는 영향을 인식하도록 아동에게 가르쳐야 한다. 만약 아동들이 무언가에 불쾌해한다면 "팔을 맞은 것처럼 말이 상처를 준다."와 같이 구체적이고 글자 그대로 알게 하라. 아동이 행동하거나 말하기 전에 타인이 어떻게 느낄지 멈추고 생각하도록 격려하라.
- 만화(comic strip)로 이루어진 대화는 간단한 선 그림을 통해 사회적

상호작용을 분명히 알 수 있게 하므로 감정관계를 시각적으로 알 수 있도록 하는 도구로 사용될 수 있다. 특정 색깔은 화자와 청자 모두에게 다양한 감정 상태를 나타내는 데 사용된다.

• 문학, 비디오, 영화, TV 드라마는 아동에게 인물의 행동을 해석하는 것을 가르치는 데 사용된다. 이런 방법으로 아동들에게 다른 사람들이 알고 있는 것을 어떻게 생각해 낼 수 있는지 가르친다.

13. 결 론

아스퍼거 증후군 아동들은 다른 특성뿐만 아니라 사회적 의사소통의 어려움이 확실히 나타난다. 이것은 그들 삶의 모든 면에서 기능하는 그들의 능력에 영향을 미칠 것이다. 그렇지만 직접교수, 다양한 조절과 수정을 통한 적절한 지원과 전략이 제공되어야만 아스퍼거 증후군 아동도 예측할 수 없는 부분, 감각적 과부하, 사회적 상호작용 분야를 성공적으로 배울 수 있다. 부모가 주요 일원으로 활동하는 팀 접근은 아스퍼거 증후군 아동의 부족한 점을 도와줄 수 있다는 점에서 중요하다.

··· 제14장
보조공학[1]

    수년 동안 여러 가지 과학기술이 다양한 발달장애아동의 삶의 질 향상을 위해 사용되어 왔다. 하지만 이러한 아동들이 다양한 분야에서 과학기술에 대해 매우 높은 관심을 가지고 있음에도 불구하고, 자폐 스펙트럼 장애학생을 위한 과학기술 사용에 대한 관심은 매우 제한적으로 이루어져 왔다.

    이 장에서는 대체 의사소통 시스템으로 설계된 과학기술을 포함하여 다양한 방법의 과학기술들을 어떻게 자폐 스펙트럼 장애학생들에게 사용하고, 이것을 다음의 기술 영역에서 어떻게 향상시킬 것인지 논의한다.

- 자폐 스펙트럼 장애학생들의 전반적 환경에 대한 이해
- 의사소통 표현 기술
- 사회적 상호작용 기술

---

1) 이 장의 자료는 Susan Stokes가 미국 위스콘신 주 교육청의 기금으로 수행한 CESA 7(*Assistive Technology for children with ASD*)의 내용이다. 2007년 8월 30일 http://specialed.us/autism/assist/asst10.htm에서 검색하였으며, 사전 동의를 받아 사용하였다.

- 주의 기술
- 동기부여 기술
- 조직화 기술
- 학업 기술
- 전체 독립 생활에 기능하는 기술

1. 보조공학이란 무엇인가

1988년 미국의 장애인을 위한 보조공학 관련법[2]에 따르면, 보조공학은 상업적으로 규격화된 것이든, 수정이 된 것이든, 아니면 주문해서 맞춤 제작을 할 수 있는 것이든 장애인들의 기능적인 능력을 증가, 유지 혹은 향상시키는 데 사용되는 모든 품목, 장비 혹은 제품 시스템을 의미한다. 보조공학 서비스는 보조공학 장치의 선택, 습득 혹은 사용과 관련하여 장애인들을 직접적으로 도울 수 있는 어떤 서비스를 말한다.

일반적으로 자폐성 장애아동들은 청각적 정보보다 시각적 정보를 보다 쉽게 처리한다. 우리는 이러한 학생들이 언제든지 보조공학 장치를 사용할 수 있도록 함으로써 그들의 강점 영역인 시각 처리 영역을 통해 정보를 제공할 수 있어야 한다. 그러므로 낮은 수준의 공학 기술(low-tech)에서 높은 수준의 공학 기술(high-tech)에 이르는 다양한 공학 기술 유형이 자폐성 장애아동들의 기능적 능력을 향상시킬 수 있도록 일상생활 속에 통합시켜야 할 것이다.

---

2) 역자 주: 우리나라는 현재 「장애인복지법」 「장애인고용촉진 등에 관한 법률」 「장애인, 노인, 임산부 등의 편의증진보장에 관한 법률」 「장애인 등에 대한 특수교육법」에서 재활공학 또는 보조공학을 다루고 있다. 또한 노동부 산하 장애인고용촉진공단에서 보조공학 관련 기기에 대한 연구와 보급에 힘쓰고 있으며, 국회에서도 「보조공학관련법」 제정을 추진하고 있다.

2. 시각적 표현 체계

시각적 표현 체계는 아동이 문맥 상황을 가장 잘 이해하도록 해 주기 때문에 중요하다. 대상, 사진, 실제적인 그림, 선 그림, 쓰인 단어와 같은 다양한 시각적 체계는 공학의 방법으로 분류하여 사용될 수 있으며, 아동들이 시각적 제시 체계를 빠르게 이해할 수 있을 것이다.

어떤 아동들은 서로 다른 상황에서 서로 다른 시각적 표현 체계들이 필요할 수도 있다. 이것은 주의집중, 조직화, 주의산만 등의 독특한 특성뿐만 아니라 학습 기술과 같은 다수의 요인에 의존하게 될 것이다.

> **예**　어떤 학생은 전환하는 동안 좀 더 집중하여 기억에 오래 남을 뿐 아니라 구체물을 사용하는 것이 어디로 가는지, 그리고 그다음에 무엇이 오는지에 관한 더 많은 정보를 줄 수 있기 때문에 시각 스케줄에 구체물이 사용될 수도 있다. 그러나 이 아동은 사진이나 또는 선 그림과 같은 그림교환 의사소통 체계를 사용할 수도 있다.

몇몇 연구자들은 선 그림의 시각적 표현 체계로 시작하여 필요한 사진 또는 물체의 좀 더 구체적인 시각적 표현 체계로 이동하는 것이 학생들에게 가장 좋다고 제안한다.

Mayer-Johnson 소프트웨어 프로그램인 Broadmaker[3]는 성인과 아동에게 친숙한 프로그램이다. 이 프로그램은 3,000개의 그림 의사소통 상징(Picture Communication Symbol: PCS)을 흑백 또는 컬러로 제공하고 있으며, 각 PCS에는 어떤 단어나 메시지가 포함되어 있다. 상징은 보편

---

3) 역자 주: 우리나라에는 지체장애 특수학교를 중심으로 보급되어 있다.

적으로 이해하기 쉬우며 크기 변형을 할 수 있다. 사진, 특히 개인이 만든 사진을 사용할 때 발생할 수 있는 모호성을 제거하였으며, 비교적 명확하고 잘 정돈되어 표현된다.

> **예** 한 교사는 자폐 스펙트럼 장애학생이 교사들의 이름을 외울 수 있도록 학교에서 만날 수 있는 교사들의 사진을 찍었다. 사진에 있는 교사들의 이름을 다시 보았을 때, 학생이 "멕시코."라고 하면서 특정 교사의 사진을 언급하였다. 사진을 다시 살펴보았는데, 멕시코 지도의 부분이 희미하게 배경으로 들어가 있었다. 비록 교사의 얼굴이 사진 속에 분명히 나타나 있지만, 아동은 붙인 사진의 가장 주요한 특징을 사진에서 가장 최소한으로 보이는 것을 선택하였다.

Boardmaker로 선 그림(line drawing)을 사용할 때 주의할 점은 흑백을 사용하거나 컬러 그림 의사소통 상징(PCS)을 사용한다고 결정하였을 때다. 어떤 자폐 스펙트럼 장애아동들은 구체적 색깔을 선호하거나 싫어할 수 있으며, 전체적인 그림으로 처리하기보다 한 가지 색상에 집중할 수 있다. 전체적인 그림으로 처리하는 과정을 알지 못하기 때문에 전체적인 그림으로 처리한 PCS가 아동에게 실제적으로 무의미한 것이 될 수도 있다. 흑백 그림 의사소통 상징은 만약에 일어날 수 있는 모호함을 없애 주는 경향이 있다.

> **예** 만약 빨간색을 좋아하는 아동에게 점심식사 메뉴를 표현한 그림 의사소통 상징에 빨간 사과뿐만 아니라 갈색 샌드위치와 오렌지 주스를 제시하였다면, 아동은 선호하는 색깔이 있기 때문에 분명 사과만을 인식할 것이다. 아동은 오로지 빨간색에만 집중하고 나머지 이미지는 인식하지 않을 수도 있다. 그러므로 PCS는 아동에게 의미가 없을 수도 있다.

만약 PCS 선 그림을 이해하는 데 어려움이 있거나 좀 더 구체적인 묘
사가 필요한 아동이라면, Picture This[4]가 사용하기 좋은 소프트웨어일
것이다. 이 프로그램은 배경 그림이 어지러워 모호함에 빠지지 않도록
개인이 직접 찍은 사진을 포함하여 실제 사진들을 표현하기 위해 노력
하였다. Picture This는 5,000개의 사진을 다음과 같은 범주로부터 가져
온다.

- 일정표 만들기
- 보완 의사소통 체계
- 게임
- 읽기 활동
- 지시 따르기 위한 연속적인 활동
- 다양한 학업 활동

> **전략** 흑백 선 그림으로 시각적 표현 체계를 이해하는 아동들에게 사진과
> 물건의 사용을 가르치기 위해서 최근 아동이 사용한 다양한 물건/사
> 진을 각 코너에 작은 흑백 그림 의사소통 상징으로 배치한다. 물건/
> 사진을 전반적으로 가질 때까지 그림 의사소통 상징의 크기를 서서
> 히 증가시킨다.

평면의 시각적 표현 체계(사진, 그림, 선 그림)를 이해하는 데 어려움이
있는 아동들과 구체물이 요구되는 시각적 표현 체계를 사용하는 아동들
에게 구체물 중심의 아이콘 (True object-based icons: TOBIs) 사용이 제

---

4) 아마존(http://www.amazon.com)에서 판매하고 있으며, 현재 버전
   3.0까지 개발되어 있다. 38개의 범주로 이루어져 있으며, 약 5,000여
   장의 사진을 플래시 카드나 숫자 카드에 붙여 사용할 수 있다.

시되었다. 어떤 선 그림과 사진 등이 될 수 있는 이 TOBIs는 실제 형상을 오려 내거나 그것을 대표하는 대상의 윤곽을 그려낸 것이다. 아동은 상징과 형상을 보고 느낄 수 있을 뿐만 아니라 평면의 시각적 표현 체계를 보다 쉽게 이해하도록 도와준다. TOBIs는 일반적인 평면의 시각적 표현 체계보다 약간 확장시킬 수 있는 경향이 있다. 처음 소개됐을 때는 대략 3인치 크기였다. 프린트된 글자 라벨은 항상 그림이 동반되었고, 상징 형상이 대체되지 않기 때문에 전략적으로 배치될 수 있었다.

> **전략** 많은 자폐 스펙트럼 장애학생들은 문자와 단어에 관심이 많고, 조숙하게 글을 읽기도 하기 때문에 어떠한 시각적 표현 체계가 사용하여 쓰여진 단어와 결합시키는 것이 중요하다. 그러므로 우리는 어떠한 유형의 시각적 표현 체계를 사용하더라도 쓰인 단어를 제공하여 아동의 문해 기술을 지속적으로 확장시켜야 한다.

이 장에서는 다음과 같이 정의된 공학 전략을 사용하여 자폐 스펙트럼 장애학생과 공통적으로 관련된 다양한 기술 영역을 살펴볼 것이다.

- 낮은 수준의 공학(low technology): 어떠한 유형의 전기 또는 배터리 조작 장치도 포함되지 않은 시각적 지원 전략—일반적으로 돈이 적게 들고 쉽게 사용할 수 있는 도구. 예를 들면, 다용도 칠판, 클립보드, 3단 링 바인더, 마닐라 파일 폴더, 사진 앨범, 얇은 조각으로 된 PCS/사진, 그리고 하이라이트 테이프와 같은 것이다.
- 중간 수준의 공학(mid technology): 진보된 과학기술이 제한적으로 요구되는 배터리 작동 도구 또는 간단한 전기적 장치. 예를 들면, 테이프 녹음기, Drake Educational Associate's Language Master, 투사기, 타이머, 계산기, 간단한 목소리 출력 장치 등이다.
- 높은 수준의 공학(high technology): 복잡한 과학기술적 지원 전략—상

대적으로 많은 비용이 드는 장치. 예를 들면, 비디오 카메라, 컴퓨
터, 개작한 하드웨어, 복잡한 목소리 출력 장치 등이다.

3. 낮은 수준의 공학 전략

과제/활동/상황에 대한 이해를 증가시키는 것은 조직, 주의집중, 자
조, 지시 따르기, 규칙 따르기, 행동 변경하기와 같은 기술 영역에 필수
적이다. 세상을 좀 더 잘 이해하게 되면, 아동은 점점 더 독립적으로 생
활할 수 있다. 낮은 수준의 공학을 적용한 다음의 시각 지원 전략은 아
동의 이해 기술을 신장시키는 데 사용할 수 있고, 문제 행동 발생을 줄
일 수 있다.

1) 스케줄

매일 개별화된 시각 스케줄을 일관적으로 사용하면 아동의 조직화 기
술은 늘어날 것이고, 삶의 모든 측면에서 독립적인 기능을 수행할 수 있
으며, 성인기로의 전환이 쉬울 것이다. 시각 스케줄을 표현하기 위한 방
법은 다양하다. 예를 들면, 대상 스케줄, 3단 링 바
인더 스케줄, 클립보드 스케줄, 마닐라 파일폴더 스
케줄, 다용도 칠판 스케줄 등이 해당된다.

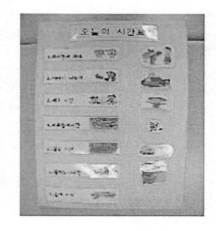

각 아동의 개별적 요구들을 개인의 시각 스케줄에
고려하여야 한다. 아동들에게 학교나 집에서 사용하
는 시각 일정표가 중요함을 알려 줘야 한다. 아동에
게 시각적인 방법으로 정보가 주어지면 그날의 행사
나 연속성을 그들이 가장 잘 이해할 수 있게 도와
준다.

시각 스케줄은 아동에게 다음과 같은 정보를 주어야 한다.

- 지금 무슨 일이 일어나는가?
- 다음에는 무슨 일이 일어나는가?(사건의 연속)
- 언제 어느 것을 완성해야 하는가?
- 어떠한 변화가 일어났었는가?

시각 일정표는 'if-than(만약 그다음)' 접근(만약에 네가 _____을 한다면, 그다음에 넌 _____를 할 수 있을 것이다.)보다 오히려 'first-than(처음-그다음)' 전략(처음에 네가 _____을 하고, 그다음에 _____을 해라.)이다. 정보를 얻는 절차가 바뀌면 아동들의 능력도 조절되어야 할 필요가 있기 때문에 '첫 번째' 활동은 수정할 수 있어야 한다. 첫 번째 활동이 끝나면 다음의 시각 일정표에 제시된 과제 활동을 할 수 있다. 학생들이 계획한 활동을 다했다고 스스로 가리키게 하는 것이 매우 중요하다. 예를 들면, 그들은 일정표의 항목에 줄을 그어 지우고 체크하거나 계획된 활동 대상/사진/PCS를 완료 봉투에 넣는다.

다양한 사회적 상호작용은 '높은 스트레스' 활동과 '낮은 스트레스' 활동이 균형을 맞춰 수립되어야 하고 매일의 스케줄에 포함되어야 한다. 또한 각 아동의 점심시간 또는 쉬는시간에 그날의 필요에 따라 각 시간의 시각 스케줄을 수립할 수 있다.

> 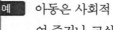 아동은 사회적 상호작용과 강화를 위해 교사에게 완성된 작업을 보여 주거나 교실에 들어올 때 교사와 학생들에게 인사하도록 요구할 수 있다.

미니 스케줄/일정을 아동의 하루 일과 중 필요에 맞게 통합시킬 수 있다.

> **예** 점심시간이 끝나고 유치원을 나가기 전에 일과를 수행하지 못한 아동에게는 '유치원을 나가기 전' 이라는 시각 일정 체크리스트를 만들어 주었다. 아동이 이 시간에 해야 할 일들을 이해하지 못함으로써 문제 행동이 자주 발생하였기 때문이다. 일정을 작은 부분으로 나누어 짠 후 냉장고에 자석으로 부착하였다. 그러고 나서 아동은 점심시간에 완료한 것을 체크하였다(예, 얼굴과 손을 씻기, 이를 닦기, 두 권의 책을 읽기, 신발과 양말 신기, 코트 입기, 가방 메기, 문으로 가 버스 기다리기.).

(1) 활동 일정표

확실한 시간이 부여된 적절한 과제/활동에서 독립적으로 약속을 지키는 것은 자폐 스펙트럼 장애아동에게 매우 중요한 기술이다. 활동 일정표는 독립적으로 수행하여야 할 레크리에이션/레저 시간 활동에서 아동에게 시각적으로 약속된 단서[한 세트의 그림(사진 또는 PCS) 또는 쓰인 단어]를 사용하여 이러한 기술을 가르친다.

활동 개수와 활동의 연속적인 각 단계는 아동에 따라 개별화되어야 한다. 몇몇 아동들에게는 활동을 철회하여야 할 필요도 있으며, 독립적으로 활동을 완성할 수 있도록 단계적인 묘사가 필요할 수도 있다. 또 다른 아동에게는 좀 더 일반적인 하나의 사진/PCS/쓰인 단어가 전체의 일이나 활동을 수행하는 단서로 사용될 수 있다. 어떤 바인더, 포토앨범 등은 학생들의 활동 스케줄 책으로 사용될 수 있으며, 간단하게 쓰인 목록은 읽고 이해할 수 있는 아동들에게 유용할 것이다. 활동 스케줄 책은 다양한 과제/활동(필요하다면 단계들까지)을 그려야 하며, 시각적 표현 체계가 무엇이든지 아동이 이해할 수 있는 수준이어야 한다(예, 사진, 선 그림). 이러한 스케줄이 완성되면 사회적 강화는 책의 마지막 쪽에 있는 스케줄에 삽입되어야 한다.

> 1. 앨범의 첫 번째 쪽에 퍼즐 사진이 그려졌다. 다음 쪽에 형태들을 가려내는 사람이 그려져 있다. 세 번째 쪽에는 아버지가 공중으로 퍼즐을 어지르는 사진이 있다.
> 2. 다음과 같은 아이템들이 나열된 목록을 아동이 수행하였을 때 스스로 체크하거나/밑줄을 긋게 한다. ① 접시 닦고 처리하기, ② 진공 청소기로 방을 청소하기, ③ 수건 정리하기, ④ 컴퓨터 30분 동안 하기.

(2) 달력(집/학교)

집과 학교에서 주간/월간 달력을 사용함으로써 청각적 정보보다 다가올 사건/활동에 대한 정보를 효과적으로 제공할 수 있다. 아동들이 특별한 행사(예, 소풍 가기, 저녁에 목욕하기, 패스트푸드점 가는 날 등)에 대해 물어볼 때 시각적 달력을 통해 아동에게 쉽게 이야기할 수 있다.

시각적 달력을 사용하는 것은 사건이 규칙적이지 않음을 이해하도록 도울 수 있다.

> 예   방과 후 매주 금요일마다 수영 강의가 있는 학생이 있는데, 이번 주 금요일은 수영장이 문을 닫는다. 빗금이 그어진 '아니요'의 상징을 수영 레슨 일정표에 붙여 놓는다.

이 예를 통해서 특정한 날 어떠한 일이 발생하지 않을 것을 알림으로써 아동이 계획화된 활동을 하도록 할 수 있다.

또한 달력은 아동의 학교 출석에 관한 중요한 정보를 알려 줄 때 사용할 수 있어 주간 학교 활동에서 일반적으로 쉬는 날을 이해하는 데 도움을 준다. 월간 달력은 각 날마다 학생이 학교에 가는 날인지, 집에 있는 날인지를 시각적으로 알려 주는 데 사용된다. 많은 부모들은 냉장고에 붙여 놓고 매일 알려 주어 완료된 날에 체크하게 하며, 그다음 날에는 어디를 갈 것인지 알려 준다.

다음 일정표 전략을 통해서 이해 기술을 증가시킬 수 있다.

2) '아니요' 상징

자폐증 아동에게 매우 추상적 개념인 '아니요'는 '아니요' 상징(빨간 선이 위에 그려져 있는)을 사용하면 시각적 의사소통을 하는 데 효과적이다.

'아니요'라는 보편적인 상징의 사용은 다음과 같은 문장을 해석하는 데 도움을 준다.

"정지-지금 네가 하고 있는 것을 멈추어라."

> **예** 행동관리 카드의 "때리지 말아라."라는 '아니요' 그림상징을 "때리지 말아라." 위에 올려 놓음으로써 나타낼 수 있다.

"지금 당장 해야 할 일이 아니야."

> **예** 아동이 지금 시간에 해서는 안 되나 아동이 하고 싶어 하는 것이 그려진 그림상징을 당신에게 건네 주었다면, '아니요' 상징을 표시하기 위해 지워지지 않는 빨간 매직펜을 사용하여 "지금은 이것을 할 때가 아니야."라고 말한다.

"허락할 수 없어."

> **예** 태그보드 크기의 '아니요' 상징을 문 위에 붙이면 문 밖으로 뛰쳐나
> 가는 아동을 막을 수 있다.

"존재하지 않음."

> **예** 어떠한 활동을 매 시간 혹은 매일 일상적으로 했다 하더라도 오늘은
> 어떠한 이유든 간에 해서는 안 된다는 것을 '아니요' 상징을 활동
> 일정표 위에 붙여 놓음으로써 습득시킬 수 있다.

3) 지 시

낮은 수준의 공학 전략(low-tech strategies)은 지시에 따른 시각 정보를 아동들에게 다양하게 제시하기 위해 사용된다. 시각 정보는 청각적 지시만을 제공하였을 때보다 아동의 이해력 증진에 훨씬 더 효과적이다. 시각적 지시는 아동이 완벽한 교수를 보장받는 것뿐만 아니라 획득, 유지, 아동의 주의환기에 도움을 주기 때문에 지원 요구의 양을 줄이고 독립 기술의 양을 증가시켜야 한다.

다음과 같은 낮은 수준의 공학 전략은 학생들에게 지시를 시각적으로 제공하는 데 사용될 수 있다.

- 언어로 함께 제시되는 다용도 칠판이나 밀착(인화)지 화이트보드를 공책이나 일정표의 구석에 쓰거나 다양한 시각적 지시 방법을 그림으로 제시하면서 구어를 함께 제시한다.

예 여행에 대해 떠올린다. 주말과 관련해 세 가지의 문장을 쓴다. 끝났을 때 손을 든다.

• 특정한 과제나 활동을 위한 연속적인 단계적 지시를 한다.

예 이 닦기, 점심 준비, 청소, 타월 접기, 테이블 세팅하기, 도서관에서 책 대출하기, 요리하기, 아침에 학교에 숙제 제출하기

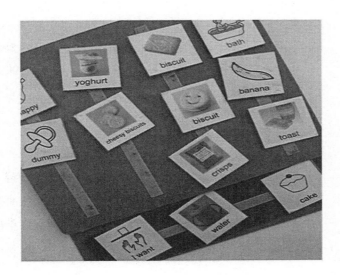

예 학교에서의 아침 지시
학교에 도착해서 하루를 시작하기 전에 학생에게 '오전 지시' 카드를 제공하여 시각적 교수목록의 완성을 보조해 준다. 이 카드는 얇은 조각으로 되어 있으며, 끈으로 다용도 칠판에 부착할 수 있다. 이것은 아동의 옷걸이 근처에 있다. 코트와 가방을 걸고 나서 학생은 카드를 가지고 와 '오전 지시'를 시작하고 끝낸 목록을 체크한다(예, ① 읽은 책은 완료함(상자)에 넣기, ② 출석막

대를 완료함(상자) 안에 넣기, ③ 점심 티켓을 뜨거운/차가운 박스에 넣기, ④ 오전 지시 카드 치우기, ⑤ 책상에 앉기).

양치질

PCS는 세면대 바로 위에 양치질하는 동일하게 연속된 행동 단계를 찍찍이로 길게 만들어 붙여 보여 준다. 아동이 각 과제 단계를 수행했으면 마무리 단계에서는 PCS를 떼고 '끝났음'이란 봉투를 부착한다.

도서관

책을 고르고, 책을 대출하고, 테이블에 앉아 책을 읽고, 교실로 돌아오는 것으로 구성된 작은 PCS는 도서관에서 꼭 해야 하는 일련의 과정을 보여 준다. 이 PCS는 단계적으로 묶여 있으며, 도서관에 갈 때 학생이 주머니에 넣거나 벨트 고리에 달게 되어 있어 휴대하기 편리하다.

테이블 세팅

테이블 세팅을 위해 언어적 지시가 포함된 연속적 단계의 사진을 작은 앨범에 넣어 배치한다. 맨 마지막 쪽은 "컴퓨터를 30분 동안 할 수 있다." 등과 같이 과제 완성 시 아동이 하고 싶어 하는 무언가를 적어 놓아야 한다.

4) 경고하기

아동에게 무언가를 중지/끝 혹은 '끝마치기'라고 지시할 경우 뚜렷한 경고하기가 매우 중요하다. 이때 시작(go), 거의 끝나 감(almost done), 끝(stop) 카드를 아동에게 제공하여 중요한 정보를 전달하는 것이 효과적이다. 아마도 이러한 방법은 전환의 어려움을 극복하는 데 도움이 될 것이다.

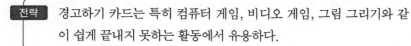

시작[go]은 초록색, 거의 끝나감[almost done]은 노란색, 끝[stop]은 빨간색의 큰 색깔 원으로 되어 있고 색깔 카드의 중간에는 각 카드에 맞는 글자가 크게 쓰여 있다. 아동이 활동을 시작할 때 초록색의 시작 카드를 학생의 책상이나 컴퓨터 책상 등에 놓음으로써 과제를 시작하라는 언어적 메시지를 전달할 수 있다. 학생이 활동을 지속할 시간이 1~2분 정도 남았을 경우는 거의 끝나감[almost done]인 노란색 카드를 학생 앞에 놓아 언어적 메시지를 전달할 수 있다. 활동을 끝낼 시간이 되면 시간이 끝났다는 언어적 메시지를 빨간색의 끝[stop] 카드를 학생 앞에 놓음으로써 전달할 수 있다.

5) 규칙/대안적 행동

규칙을 시각적 형식으로 제시하면 아동에게 바라는 목표가 무엇인지 이해할 수 있을 뿐 아니라 어떠한 행동이나 대안이 받아들여질 수 있는 행위 또는 대안행동이 무엇인지 알 수 있게 된다. 이 전략은 행동이 좀 더 지속되는 결과를 낳는다. 또한 규칙의 시각적 제시와 대안적 행동은 어른의 도움 없이 학생의 자기 규제와 자기 관리 전략 향상에 영향을 준다.

- 학급 규칙이나 개인 규칙을 책상에 붙이기: 이러한 규칙은 학생이 이해할 수 있는 시각적 표현 시스템(쓰인 단어, 선 그림 등)을 제공한다. 만약 학생이 부적절한 행동을 하고 있을 경우에 학생에게 특정한 규칙을 읽도록 지도해야 한다(예, 규칙을 세 번 읽어라.).
- '내가 할 수 있는 바람직한 선택' 목록: 이 전략은 학생이 규칙을 위반했거나 부적절한 행동을 했을 때 적절한 선택을 하고 이해하도록 돕는다. 이 목록은 게시되어 학생들이 쉽게 볼 수 있어야 하고, 이렇게 중요한 시각 지원 전략은 학생들을 교육할 환경에 있는 성인들에게 바로 언급되어야 한다.

> **예**   아동이 어려워하는 과목인 수학 시간에 수학 과제를 시작하려 할 때 아동이 시끄러운 소음을 낸다면, 성인은 그의 책상에 있는 시각적 제시 규칙인 "몇 번째 규칙을 보아라."나 "조용히 앉아 과제를 하라."를 가리키며 지시할 수 있다. 그 후 성인은 아동에게 '내가 할 수 있는 바람직한 선택' 목록에 대해 말해 준다. 성인은 처음에 이러한 환경에서 학생이 어떠한 선택을 해야 하는지 알려 줘야 한다.

이 전략은 행동의 자기 관리 기술 향상에 큰 도움을 준다. 다음은 '내가 할 수 있는 바람직한 선택' 목록의 예시다.

> 1. 난 질문하거나 도움이 필요할 때 손을 들 수 있어요.
> 2. 난 이해되지 않으면 더 질문할 수 있어요.
> 3. 다른 사람의 말과 행동을 이해할 수 없으면 난 그 사람에게 물어볼 수 있어요.
> 4. 나 자신의 말과 행동이 다른 사람들의 기분을 언짢게 한다는 것을 알아요.
> 5. 내 기분이 어떤지 사람들에게 말할 때 '나 메시지'를 사용할 수 있어요

("네가 나에게 집에서 쉬라고 말하면 기분이 좋지 않아.").

6. 난 문제를 받아 쓸 수 있고, 쓰고 내가 할 수 있는 적절할 것을 생각할 수 있어요.

7. 나는 이완 전략을 사용할 수 있어요. "심호흡을 하면서 10까지 셀 수 있어요."

8. 난 스스로 휴식을 요청할 수 있어요.

9. 나는 적절한 선택을 할 수 있어요.

• 개별규칙/행동 카드: 이 시각 표현 카드는 링으로 엮여 있으며 혼자 해야 하거나 연속적으로 일어나는 상황에서 필요하다. '아니요' 상징은 특정 행동이 일어나지 않는다는 것을 학생에게 지시할 때 PCS나 사진 위에 올려 놓는다. 또한 행동 관리 카드는 컬러색의 기호다. 이 카드는 아동에게 요구 행동과 비요구 행동을 이해시키도록 부가적인 시각 정보를 제공한다. 색깔은 다음과 같이 사용된다.

  – 빨강: 아동이 하지 않았으면 하는 행동(예, "삼키지 마라.")

  – 노랑: 설명하기 위해 아동에게 요구하는 행동(예, "쉿, 조용히 해라." "조용히 손을 들어라.")

  – 초록: 적절한 대안적인 선택(예, "안아 주세요." "걷고 싶어요.")

예   다음처럼 의사소통을 하기 위해 커다란 색인 카드에 얇은 조각으로 잘린 PCS를 사용하라.

"김 선생님을 보세요." – 눈이 그려진 PCS

"의자에 앉아라." – 아동이 의자에 앉아 있는 PCS

"조용히 해." – 손가락을 입술에 갖다대고 '쉿' 이라는 표시를 한 PCS

"때리지 마라." – 한 아동이 다른 아동을 때리는 PCS 위에 '아니요' 상징을 올려 놓음

6) 전환 규칙 카드

이 카드는 학생이 어디로 가야 하는지, 그리고 그러한 환경에서 어떻게 해야 하는지를 이해할 수 있도록 돕는다.

> **예** 패스트푸드점 가기: 패스트푸드점 사진을 색인 카드에 얇은 조각으로 만든다. 카드의 뒷면에 패스트푸드점에 가기 위한 특정 규칙을 시각적으로 제시한다.

- 만약 무언가가 나를 괴롭힌다면 나는⋯⋯: 이 전략은 불안하거나 스트레스를 받은 상황에서 적절한 대안을 선택할 수 있도록 시각적인 도움을 준다. 이 카드는 책상 윗부분에 붙이거나 작은 앨범에 넣어 예시를 따르도록 한다. 이는 다음의 시각 지원 전략을 포함한다.
  - 도움을 요청하기 위해 손 들기
  - 눈을 감고 10까지 세기
  - 다섯 번 크게 숨쉬기
  - 휴식 요청하기

7) 의사소통 표현 기술

다음과 같은 낮은 수준의 공학 전략은 의사소통 표현에 초점을 둔다.

- 그림 가리키기 의사소통 판: 의사소통을 하기 위해서 아동은 의사소통 판에 붙여져 있는 다양한 시각 표현물을 가리킨다(예, 사진, PCS, 물체 등). 많은 의사소통 판은 아동, 과제, 환경 특성에 따라 만들 수 있다.

> **예** 식탁용 매트 의사소통 판은 식탁용 매트 가장자리에 있는 PCS와 함께 간식이나 식사시간에 사용된다. 의사소통 판은 놀이 영역에서도 사용될 수 있다.

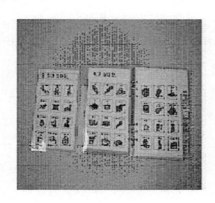

- 그림 교환 의사소통 체계(PECS): 아동은 가지고 싶어 하는 물건(사진, PCS, 물체 등)을 상대방과 교환하기 위해 가지고 싶어 하는 물건의 그림을 가리키거나 상대방에게 전해 준다. 이러한 유형의 의사소통 체계는 아동에게 의사소통 수단을 제공할 뿐 아니라 자연스럽게 기능적 의사소통 교환을 시작할 수 있도록 교수한다.

  아동의 개별적 요구를 충족시키기 위해 PECS를 사용할 때마다 다양하게 조절할 수 있다. 예를 들어, 얼린 주스 캔, 병 뚜껑, 딱딱한 다른 것, 모형(주방 앞의 예시) 등으로 나열한 시각 표현 체계는 더 입체감 있게 입력됨으로써 아동에게 좀 더 효과적인 시각 표현 체계가 될 수 있다. 아동들은 가벼운 종이를 구기는 경향이 있기 때문에 가능하면 감각적 요구를 충족시켜 주어야 한다.

- 휴식 카드: 아동들에게 그들이 휴식이 필요할 경우 의사소통할 수 있도록 돕는다. 휴식 카드는 아동이 쉽게 접근해야 하며 아동의 의사소통 판이나 책, 책상과 같이 교실의 항상 같은 장소에 놓아야 한다. 휴식 카드의 목적은 짜증과 불안이 증가하여 문제 행동을 유발

하는 것보다 오히려 적절한 의사소통 방법(시각 표현 체계)을 사용함으로써 휴식이 필요하다는 것을 의사소통할 수 있도록 하는 것이다.

- 선택 카드: 선택 카드(어떤 시각 표현 체계에서도 재활용됨)는 가능성의 경향을 미리 결정하고 선택함으로써 독립심을 연습시킨다. 예를 들어, '학습시간' 선택 카드는 아동에게 제공되는 많은 활동 중에서 아동이 그 활동을 선택한다는 것을 보여 줘야 한다. 이러한 방법으로 제시되었을 때, 아동은 그들이 원하는 것을 선택하고 이행하게 되었기 때문에 이탈 행동을 덜 보이는 경향이 있다.

- 완료: 말이 서투른 많은 아동들은 어떠한 것을 끝마쳤다는 표시로 문제 행동을 보인다. 이는 그들이 이러한 개념을 의사소통할 다른 방법이 없기 때문이다. 그러므로 시각 표현 체계를 통해 '완료'라는 것을 나타내기 위한 적절한 방법을 가르침으로써 아동과 성인 모두에게 스트레스와 좌절감을 감소시킬 수 있다. '완료' 카드는 아동의 작업 영역에 붙여 놓고 아동에게 주의나 좌절 수준에 이르기 전에 '완료' 카드를 가리키면 활동을 중단할 수 있음을 가르쳐 주어야 한다. 아동이 필요하다면 즉시 '완료' 카드를 손으로 가리킬 수 있어야 한다. '완료' 카드를 사용하기 쉽게 의사소통 판이나 책에 배치하여야 한다.

- 주제고리/주제지갑: 이는 타인에게 가장 큰 관심거리가 아닌 주제를 가지고 말을 시작하는 아동을 위해 고안되었다. 주제고리/주제지갑은 아동에게 한 주제로 시작하도록 촉구하기 위해 다양한 주제가 시각적으로 묘사(예, 쓰인 단어, PCS)되었다.

> **예** 다음 주제들은 3×3인치 크기의 작은 조각 카드들로 만들어져 PCS와 단어로 사용할 수 있도록 개별적으로 묘사되었다. 이는 가장자리를 링으로 엮을 수도 있고(학생의 벨트에 묶을 수도 있으며), 주머니에 휴대할 수도 있으며, 작은 '의사소통 지갑' 안에 넣을 수도 있다.

주제는 "당신은 지난 주말에 무엇을 했습니까?" "당신이 가장 좋아하는 영화는 무엇입니까?" "애완동물을 기르고 있습니까?" "좋아하는 책은 무엇입니까?" 등이 포함된다.

• 과거 사건 이야기하기: 발화가 되든 되지 않든 많은 자폐 스펙트럼 장애아동들은 과거를 이야기하는 데 매우 어려움을 느낀다. 시각 표현 체계를 사용함으로써 가정과 학교 사이의 이러한 어려움을 연결 짓고 이해시키는 데 도움을 줄 수 있다. 쉽게 동그라미를 치거나 각각의 날을 채워 넣고 각 위치에 보내는 일반적 모형은 이러한 시각 표현 체계를 통해 과거 정보를 이야기할 수 있도록 도움을 준다.

8) 사회성 기술

자폐 스펙트럼 장애아동들은 일대일 또는 소그룹 안에서 다양한 사회성 기술을 직접 가르쳐야 한다. 수많은 낮은 수준의 공학을 이러한 목적으로 사용할 수 있다. 사회성 기술 훈련은 다른 사회적 상황에서 일반화가 어려운 아동에게 고려되어야만 한다. 서로 다른 사회적 상황에서는 다음과 같은 시각적 전략을 통해 지원할 수 있다.

• 상황 이야기: Carol Gray가 개발한 상황 이야기는 다양한 사회적 상황의 이해를 향상시키며, 타인과 상호작용할 때 사용하는 특정 행동을 가르치는 시각적 정보/전략을 아동에게 제공한다. 상황 이야기는 한 사람을 대상으로 쓰이며, 각 아동에게 어려운 다양한 사회적 상황(예, 버스에서 조용히 앉아 이야기하기)이 개별적으로 쓰인다. 상황 이야기는 아동이 쉽게 이해할 수 있도록 시각적으로 표현된다. 아동들이 안정되었을 때 상황 이야기를 반복하여 읽어 줌으로써 전략을 성공적으로 이끌게 된다. 동일한 상황 이야기를 바인더를 2개

만들어 가정과 학교에 각각 비치하면 천천히 읽을 수 있다. 이 전략은 다른 사회적 상황에서 적절한 상호작용과 인식, 해석 학습에서 많은 학생들이 성공적이었음이 입증되었다.

Slater 소프트웨어 회사는 그래픽 상징을 텍스트로 바꿔 주는 Picture It 소프트웨어를 개발하였다. 이 소프트웨어 프로그램은 상황 이야기를 이해시키기 위하여 쓰인 단어 위에 그래픽을 드로잉하는 이상적인 프로그램이다.

- **상황 대본**: 상황 이야기와 유사하지만 활동 대사는 특정 사회적 상황의 특정 아동을 위해 개발되었다.

> **예**
>
> 한 아동은 자기가 ball-tag 게임에 같이 참여해도 되는지 친구들에게 묻는 데 어려움이 있다. 그는 일반적으로 게임 중간에 뛰어들어 공을 가지고 도망간다. 이 대사를 읽게 하라.
>
> 선영: "안녕, 얘들아 ~ 나도 ball-tag 게임을 같이 해도 될까?"
> 아동: "물론이지, 선영. 그렇지만 넌 공을 던질 차례가 올 때까지 기다려야 해."
> 선영: "좋아. 너희들이 말할 때까지 내 차례를 기다릴게."

상황 대본의 사용은 또래, 동료나 인형 등과 함께 다양한 사회적 상황에서 역할놀이를 하는 데 도움을 준다. 상황 대본은 사회적 상황에서 무엇이 분명하게 잘못되었는지 시각적으로 나타낼 수 있다.

- **만화를 이용한 대화**(comic strip conversations): 간단한 그림은 사회적 상호작용과 감정적인 관계 요소를 시각적으로 명확하게 한다. 만화를 이용한 대화는 문제 상황을 시각적으로 그려서 과제를 해결한다.
- **차례 주고받기 카드**(turn-taking cards): 이 카드는 차례를 시각적으로 표현할 때 사용할 수 있다. 시각적 표현 방법(PCS, 구체물, 쓰인 단어

등)의 차례 주고받기 카드는 사회성 기술 개념을 효과적으로 가르칠 수 있다.

- '기다리기' 카드('wait' cards): 이 카드는 큰 오렌지색 타원형 카드에 '기다리기'라는 단어를 인쇄하여 시각적으로 표현한다. 이 카드는 어느 상황에서든 사용할 수 있다.

> **예**　컴퓨터나 프로그램이 부팅되는 동안 컴퓨터 모니터에 '기다리기' 카드를 붙여 두라. 아동은 기다릴 때마다 '기다리기' 카드를 붙일 것이다.

- '도움' 카드('help' cards): 이 카드는 아동에게 추상적인 개념을 가르칠 때 도움을 표시하기 위해 사용된다. 처음으로 도움 카드를 사용하여 손을 드는 아동에게 구체적인 이유를 제시할 필요가 있다. "나는 도움이 필요해."의 시각적 표현(PCS, 사진, 쓰인 단어)은 그들이 도움을 필요하다고 손을 들게 해 준다. 이 아이템은 그들이 스스로 도움을 청할 때까지 천천히 제거해 나간다.
- '손 올려 놓고 기다리기' 카드('waiting hands' cards): 색종이 위에 사람의 손 윤곽이 그려진 선 안에 손을 얹어 놓고 아동을 기다리게 한다.
- 사회성 '규칙' 카드(social 'rule' cards): 이 카드는 교실 안의 아동 책상에 테이프로 붙여 놓는다(예, "교사가 나를 부를 때까지 나는 손을 들

고 기다린다.")。사회성 규칙 카드는 단조로운 교실보다 다른 교실 환경을 만들 수 있다. 환경 하나에 하나의 규칙을 색인 카드에 붙일 수 있으며, 특정 상황의 사회 규칙이 담긴 시각적 신호를 얇은 판으로 조각조각 만든다.

> 예   도서관 사회 규칙 카드: "나는 적어도 한 명 이상의 다른 학생과 테이블에 같이 앉는다." "나는 다른 학생과 나의 책에 대해 토론한다." "나는 다른 학생의 책에 대해 토론한다."

9) 주의집중 기술

'시작[go]' '거의 끝나감[almost done]' '끝[stop]' 등의 시각적 상징을 아동들의 주의집중 기술을 높이는 데 사용할 수 있다. 특정 과제에 아동이 얼마나 오래 참석하는지에 대한 전반적인 정보를 얻기 위해 초기에 관찰하여 자료를 수집해야 한다.

> 예   아동이 약 45초 정도만 과제에 참석하고 '완료' 카드를 표시하며 그의 모든 자료를 던진다. '시작[go]' '거의 끝나감[almost done]' '끝[stop]' 카드의 중요성을 가르치기 위해 시작 카드는 활동이 부여되는 시작 부분에서 제시하고, '거의 끝나감' 카드는 그 후 30초(45초 뒤에 아동이 자료들을 던질 것을 알고 있으므로 시간을 줄인다.), '끝' 카드는 40초를 준다. 이때 활동을 즉시 중단한다. 아동이 자료들을 던지기 전에 '끝' 카드의 활동을 하는 것이 중요하다. 그리하여 그 아동에게 '거의 끝나감' '끝'의 메시지를 전달하여 그 실현의 중요성을 깨닫게 한다.
> '거의 끝나감' '끝' 카드를 주기 전에 점차 시간을 증가시킴으로써 아동의 주의집중 기술을 향상시킨다. 참고로 '거의 끝나감' 카드는 항상 짧은 시간을 주고 '끝' 카드를 사용한다. 이 카드의 일관성을 높이는 것이 아동의 관심을 끄는 데 중요하다.

10) 학업 기술

- File Folder 활동: 파일 폴더 활동의 사용은 많은 학업 과제를 독립적으로 수행할 수 있도록 아동을 도와줄 수 있다. 벨크로의 긴 스트립은 얇은 조각으로 잘라 파일폴더의 안쪽에 배치한다. 읽기 이해 기술, 수학 기술, 일반화 기술을 중심으로 한 과제뿐만 아니라 색상, 모양, 알파벳 문자, 일반적인 명사, 익숙한 사람, 범주, 관계(예, 신발과 양말) 등을 중심으로 과제와 맞춰 어린이용으로 개발될 수 있다.
- Highlighter Tape: 많은 자폐 스펙트럼 장애아동들은 읽기 인식 기술(디코딩)에서 상대적으로 강점을 가지고 있으나 읽기 이해에 상당한 어려움을 경험한다. 하이라이트 테이프는 경제적이고 파괴적이지 않은 방법으로 텍스트에 강조 표시를 할 수 있는 제거 가능한 투명 테이프다. 예를 들어, 테이프는 읽기 이해에 관련된 질문과 관련된 핵심 단어를 강조할 수 있다. 서로 다른 색깔의 테이프로 다른 중요한 개념을 강조하여 표시한다(예, 파란색 형광펜으로 날짜 표시, 노란색 강조 테이프로 사람 표시 등).

4. 중간 수준의 공학 전략

다음 목록은 자폐 스펙트럼 장애학생들의 특정 기술 영역을 강화하는 데 사용되는 중간 수준의 공학 도구다. 대부분의 장치는 아동들에게 매우 매력적이며, 참여를 유도하고, 다양한 기술에 집중하게 하며, 학급 활동을 성공적이게 한다. 이러한 도구는 음성출력 의사소통도구(Voice Output Communication Aids: VOCAs)라고 불린다. 어떤 종류의 시각적 표현 체계는 학생들이 단순하게 '버튼'을 누르는 것으로 접근할 수 있도록 음성 출력 장치를 단순하게 배치한다. 대부분의 장치들이 전지로 작동되고 녹음된 메시지를 통해 쉽게 작동한다. 의사소통 증대를 위해 이러한 장치를 사용하는 것은 중요하다.

그러나 수많은 자폐 스펙트럼 장애아동들에게 이 장치는 학급 참여, 집중, 의사소통을 증가시킬 뿐 아니라 다양한 기술 분야에 집중하도록 다양하게 사용할 수 있다. 다음 목록은 중간 수준의 공학 VOCA 장치의 다양한 이점을 기술하였다.

- Big Mack: 하나의 스위치/버튼 장치로 이용되는 BIG Mack은 20초 정도의 메시지를 녹음할 수 있다.

• Talk Pad: 네 가지 메시지/버튼 장치로 전지로 작동되며 한 버튼당 15초 동안 계속하여 녹음할 수 있다.

• Voice in the Box: 복합 메시지를 배터리로 구동하는 커뮤니케이션 장 치로 16, 24, 40개의 메시지/버튼이 지원된다.

• Cheap Talk 4: 네 가지 메시지/버튼 장치로 한 버튼당 5초 동안 계 속하여 녹음할 수 있다.

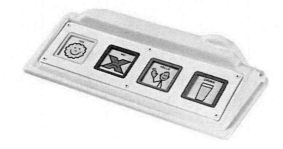

- Step-by-Step: 배터리로 구동하는 장치로 순차적인 메시지를 최대 75초 동안 녹음할 수 있다.

- Language Master: 이것은 20년 전부터 사용해 왔다. 이 전자 장치는 오래된 테이프 리코더다. 대략 3×8인치 크기의 스트립을 Language Master의 하단을 따라 통과시킨다. 짧은 메시지를 카드에 인쇄할 수 있다. 또한 카드는 단어와 대응하는 시각적 단서를 포함할 정도로 크다.

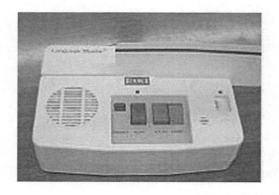

VOCAs는 자폐 스펙트럼 장애학생들의 언어 이해 기술, 표현 언어 기술, 사회성 기술, 주의집중 기술, 조직화 기술, 학업 기술을 발달시키는 데 사용될 수 있다. 다음으로 이러한 기술 영역과 VOCAs가 자폐 스펙트럼 장애학생들의 기술을 좀 더 독립적으로 수행하도록 도움을 주는 구체적인 사용에 대해 논의해 보자.

1) 언어 이해 기술

• Talk Pad: 이 장치는 4단계의 단순 방향으로 프로그래밍할 수 있다. 아동이 단순히 버튼을 누르고 맞추면 단계를 완료하게 되어 동기가 유발됨으로써 각 단계를 완성할 수 있다.

> **예** 자폐 스펙트럼 장애학생이 간식을 준비하는 시간에 3단계의 순서를 완성하려면 어려운 경험을 하게 된다. 아동은 과제에 참여하는 성인으로부터의 지속적인 언어적·신체적 촉구가 요구된다. 그러면 단계대로 과제를 수행할 수 있다. 과제의 3단계는 Talk Pad에 기록되며, 네 번째 메시지로 "의자에 앉아."를 아동에게 말한다. 각각의 구어 메시지와 대응하는 시각적인 단서를 벨크로로 된 Talk Pad의 버튼 위에 놓는다. 아동이 장치의 버튼을 누르면 간식시간 동안 독립적으로 할 수 있는 시간이라는 초기 교육이 확실하게 동기화된다.

• Language Master: 교사가 카드당 한 단계의 다중단계 지시가 기록된다. 학생이 주어진 청각적 지시를 기억할 수 없을 때 Language Master의 모든 또는 약간의 지시를 듣고 수행하게 된다.

2) 의사소통 표현 기술

• 음성출력 의사소통 도구(Voice Output Communication Aid: VOCA) 아동은 시각적 설명이나 VOCA의 시각적 단서를 통한 도움으로 자신을 표현할 수 있다. 많은 자폐 스펙트럼 장애아동들이 사용하는 이러한 장치는 즉각적으로 주어지는 청각적 피드백을 사용하여 의사소통의 동기부여가 된다. VOCAs는 자극적인 활동을 통해 언어의 인과관계를 아동에게 가르치는 데 효과적이다.

> **예** "나를 쫓아 봐." "나를 간지럽혀 봐." "나를 안아 줘." "음악을 듣
> 자."와 같은 감각적 활동을 매우 원하는 자폐 스펙트럼 장애학생들
> 은 Big Mack을 사용한다.

VOCAs가 자폐 스펙트럼 장애학생들에게 항상 효과적인 것은 아니다. 어떤 아동들에게는 VOCAs가 효과적인 의사소통 장치가 되지 못하며 단지 동기부여와 자극적일 뿐이다. 아동들은 의사소통 메시지의 원인과 효과에 따른 것보다 청각적으로 주어지는 피드백으로부터 자기 동기화되어 반복적으로 장치의 버튼을 누른다. 이러한 경우에 VOCAs는 명확하게 동기화될 때까지 사용될 수 있으나 방식은 서로 다르게 사용한다. 예를 들어, 아동의 학급 참여를 증가시키는 것과 같은 다양한 기술 영역에서 주의를 집중시키는 데 사용될 수 있다. 이러한 경우에 아동의 의사소통 요구는 낮은 수준의 공학의 의사소통 표현 전략을 사용하여 좀 더 효과적으로 설명될 수 있다.

자폐 스펙트럼 장애아동의 VOCAs 사용에 대한 평가 연구는 다음과 같다.

- Young children with autism can learn to use VOCAs to effectively communicate various language functions(e.g., request, answer yes/no questions, make social comments).
- VOCA use can be generalized across settings.
- Use of VOCAs increased the child's use of gestures, words, and vocalizations.
- Communication partner interactions increased when VOCAs were used.

• Audiotaping: Audiotaping은 의사소통 기술과 부적절한 의사소통

행동에 관심을 가지는 아동에게 사용할 수 있다(예, 방해, 고집, 끊임없는 질문 등). 또한 자기 의식과 자기 규제에 적합한 의사소통 상호작용을 개발하는 데도 사용할 수 있다.

• Language Master: 모방을 할 수 있는 아동에게 Language Master는 모방을 하나의 모델로 사용할 수 있을 뿐만 아니라 사회적 상호작용에 관여하는 기회를 제공하는 데 사용할 수 있다.

3) 사회성 기술

• Big Mack: 이 장치의 조각은 말 주고받기(turn-taking) 활동에 초점을 맞추는 훌륭한 동기유발 장치다. 많은 말 주고받기 활동은 학교생활의 모든 측면을 만들고 통합할 수 있다.

• Audiotaping: 적절하거나 부적절한 모든 종류의 사회적 상호작용을 녹음하고 재생하여 교수하는 방법으로, 학생들이 적절한 사회작용과 부적절한 사회작용을 인식할 수 있도록 도와준다. Audiotaping은 목소리 크기나 음성의 감정 톤을 유지하는 것과 같은 다양한 비언어적 의사소통능력에 초점을 맞출 수 있다.

4) 주의집중 기술(동기유발)

• Voice in the Box: 이 장치는 큰 집단이 듣기 활동을 하는 동안 아동의 집중을 돕는다. 이러한 활동은 자폐 스펙트럼 장애아동들에게 매우 어려운 경향이 있다. 게다가 어떤 큰 집단이 듣기를 하는 동안에 무수한 활동이 발생하고, 합병될 수 있다.

> **예** 선생님이 큰 소리로 학생들에게 책을 읽어 줄 때, 책에 있는 수많은 대사들은 단추 위에 기록된 메시지와 부합되어 시각적으로 나타날 수 있다. 아동은 이야기를 위해 적당한 버튼을 누름으로써 이야기 읽기를 도울 수 있다. '갈색 곰' 과 같은 대사가 있는 책의 반복은 학습에 큰 도움이 된다. 아동은 '갈색 곰은 무엇을 보았니?' 버튼을 누를 수 있다. 다른 예로 '아주 배고픈 포식자' 가 '그러나 곰은 여전히 배고프다.' 로 대사를 바꿀 수 있다. 이와 유사한 방법으로 반복적인 활동을 프로그램할 수 있다.

• Big Mack: 주의집중을 높이기 위해서 큰 집단이 듣기와 읽기 활동을 하는 동안에 이야기의 반복적인 대사가 기록되고, 그와 어울리는 시각적인 묘사 조직이 빅맥 위에 위치된다.

> **예** "나는 크게 숨을 쉬고, 바람을 불어 너의 집을 무너뜨릴 거야."가 반복적으로 실행되도록 크고 나쁜 늑대의 그림을 빅맥의 스위치에 올려 놓는다.

• 강화로서의 VOCAs: 많은 자폐 스펙트럼 장애학생들에게 효과적으로 강화하기 위해 VOCAs를 찾는다. 만약 부정확한 과제를 완성하기 위해 VOCAs와 상호작용하게 된다면, 이러한 과제를 완성하기 위해서는 필요한 주의집중과 관심을 나타낼 수 있다.

5) 조직화 기술(이야기의 순서와 시간 제어하기)

• Talk Pad: 이 장치에 있는 버튼의 물리적 배치는 연속적인 이야기에 집중하도록 하는 데 도움을 준다. 왜냐하면 4개의 단추는 왼쪽에서 오른쪽으로 있기 때문이다. Cheap Talk는 다소 낮은 네 가지의 수

행을 한다. 단추가 2개는 위에, 2개는 아래에 있기 때문이다.

　이어지는 이야기의 각 단계는 이어지는 순서대로 네 가지의 각 버튼에 미리 녹음될 수 있다. 4개의 상응되는 이어지는 이야기의 그림은 아동들의 앞에 순서에 맞지 않게 놓인다. 아동이 왼쪽에서 오른쪽으로 이어지는 버튼 중 첫 번째의 버튼을 누르면 첫 번째의 이어지는 이야기를 청각적 메시지로 들을 수 있다. 그리고 나서 아동은 이어지는 이야기의 첫 번째 그림 메시지와 부합하는 그림을 선택하고, 그것을 찍찍이를 이용하여 첫 번째 버튼 위에 올려 놓을 수 있다. 이것은 잇따르는 버튼과 그림을 이용하여 계속된다. 인쇄된 문장이 이어지는 이야기를 위해 그림 위에 놓을 수 있다.

• Language Master: 동기를 제공하고 전형적으로 자폐 스펙트럼 장애아동들에게 어려운 활동인 이어지는 이야기에 집중할 수 있도록 하는 참신한 접근법이다. 아동은 이어지는 이야기의 한 부분의 그림이 묘사된 카드의 문장을 듣는다. 아동은 Language Master에서 주어지는 메시지에 따라 이야기를 위해 잇따라 일어나는 순서대로 그에 상응하는 그림을 놓을 수 있다.

6) 학업 기술

• Talk Pad: 이 장치는 정음법(철자 읽기)를 가르칠 때 아동들의 주의집중에 초점을 맞추어 동기를 유발할 수 있도록 하는 것이다. 각 버튼은 3~4개의 단어음이 미리 녹음된다. 그리고 나서 아동은 녹음된 소리에 상응하는 문자 카드를 선택한다.

> 예　Talk Pad의 첫 번째 버튼은 /d/라는 소리가 녹음되어 있다. 아동은 dog를 구성하는 선택된 3개의 문자를 선택하고 전체가 쓰인 단어를 선택한다. 그리고 상응하는 문자를 첫 번째 버튼에 올려 놓는다(찍

찍이 사용). 아동은 같은 방식의 버튼을 통해 향상된다. 마지막 버튼은 기계가 'dog'라고 말하도록 한다. 그리고 아동은 마지막 버튼으로 완성된 단어를 매치시킨다.

• Voice in the Box: 이 동기를 유발하는 장치는 다양한 고등 기술에 초점을 맞춘 수많은 방법을 사용한다.

예   읽기의 다양한 수준을 이해하는 기술은 다양한 정보에 관심을 갖고 질문에 대한 답인 단어와 그에 상응하는 단순한 그림을 부합시킴으로써 능숙해질 수 있다. 예를 들어, 동물 그림을 Voice in the Box에 위에서부터 아래까지 세로로 나열된 버튼에 찍찍이로 붙인다. 각 버튼에는 상응되는 단어가 녹음된다. 아동이 '개' 그림과 같은 그림을 하나 누르면 녹음된 버튼의 메시지가 "개, 단어 개를 찾아보세요." 라고 말한다. 아동은 그림과 그 그림의 청각적 메시지가 부합되는 단어를 선택한다. 그리고 그 단어를 개 그림 옆의 빈 버튼 위에 올려 놓는다(찍찍이 사용). 아동이 빈 버튼 위에 '개' 단어 카드를 올려놓으면 미리 녹음된 메시지가 'd-o-g' 'dog'라고 반응한다.

5. 높은 수준의 공학 전략

높은 수준의 공학 전략인 비디오 녹화와 컴퓨터가 자폐 스펙트럼 장애아동들의 다양한 영역에서 효과적이라고 입증되었다.

1) 비디오 녹화

자폐 스펙트럼 장애아동은 종종 비디오에 높은 흥미, 동기를 갖고 주의집중을 한다. 많은 아동들은 주어지는 정보를 예언할 수 있기 때문에 비디오의 반복적인 장면을 즐긴다. 그것은 그들이 다음 장면에 무엇이 발생할지 아는 것을 즐기는 것이다. 이런 식으로 비디오 녹화는 자폐 스펙트럼 장애아동에게 다양한 교수 기술 수단으로서 훌륭한 공헌을 한다. 이러한 기술은 다음을 포함한다.

- 언어 이해 기술: 수용적인 어휘 기술은 비디오 녹화를 통해 교수될 수 있다(일상적인 사물, 장난감, 친근한 사람과 물건들의 이름). 또한 동일한 비디오 테이핑 전략을 통해 다양한 일상생활이 학습될 수도 있다(침구 정리, 상 차리기, 옷 입기, 도서관 가기).
- 사회성 기술: 다양한 사회적 상황은 비디오테이프에 담기고 재연되어서 적절한 사회적 행동과 부적절한 사회적 행동을 학습할 수 있다. 녹화된 단편적인 장면은 아동에게 어려웠던 경험의 사회적 영역으로 만들어질 수 있다(예, 도움 요청하기, 다양한 주제 설명하기, 다른 사람에게 지도받은 주제 기억하기, 반복적인 말 또는 질문에 대한 대답, 다른 사람 방해하기). 또한 비언어적인 사회적 의사소통의 특징은 비디오 녹화를 통해 효과적으로 학습될 수 있다(목소리 톤, 표정, 몸짓, 개인의 공간, 목소리의 크기).

  게다가 비디오 녹화를 어떻게 약속하는지, 휴식 취하기, 점심, 음악시간, 패스트푸드점, 교회 등 다양한 사회적 환경에서 적절히 상호작용하는 것을 설명해 준다.
- 표현어휘 기술: 표현어휘 기술(항목, 사람, 장소의 이름)은 수용어휘 기술과 같은 방법으로 학습될 수 있다. 실용적 언어 기술과 마찬가지로 분류하기 기술과 개념의 교수는 비디오 녹화를 사용함으로써 강화될 수 있다.
- 자조 기술: 옷 입기, 양치하기, 손 씻기, 청결한 위생 연습 등과 같은 자조 기술은 비디오 녹화를 통해 설명될 수 있다.
- 감정: 다양한 감정의 상태를 보여 주는 얼굴 표정은 녹화하여 보여

줌으로써 다양한 감정을 설명할 수 있다.

- 학업: 모양 그리기, 알파벳 문자 쓰기, 단어 쓰기(친숙한 단어의 이름), 그리고 이야기의 발생 등과 같은 쓰기 기술 역시 비디오 녹화를 통해 설명되고 학습될 수 있다.

2) 컴퓨터

자폐 스펙트럼 장애학생에 대한 컴퓨터 사용을 연구한 결과 다음과 같은 것들이 밝혀졌다.

- 주의집중력의 향상
- 전체적인 주의집중 시간 향상
- 착석행동의 향상
- 소근육운동 기술의 향상
- 일반화된 기술의 향상(컴퓨터 관련 활동에서부터 컴퓨터와 관련 없는 행동까지)
- 흥분의 감소
- 자기자극행동의 감소
- 반복적 반응의 감소

많은 자폐 스펙트럼 장애학생들은 컴퓨터에 높은 흥미를 보이며, 동기를 부여받는다. 그러므로 컴퓨터는 단순히 반복이나 유희의 목적으로서가 아니라 아동들의 일상적인 커리큘럼에 도입되어야 한다. 컴퓨터 지원 학습은 다양한 학구적 영역에 초점을 맞출 뿐만 아니라 적절한 독립적 놀이시간에 정서장애 아동들의 활동에 제공된다.

(1) 개작된 하드웨어

몇몇의 자폐 스펙트럼 장애아동들이 컴퓨터를 사용하기 위해 표준화된 컴퓨터의 어떤 장치가 개조되어야 한다. 다음의 다양한 장치는 아동들이 컴퓨터에 접근하도록 돕는다.

- Touch Windows: Touch Windows의 목적은 마우스를 조작하는 것보다는 화면을 터치하여 컴퓨터를 사용하고 컴퓨터와 상호작용할 수 있도록 하는 것이다. 터치스크린은 컴퓨터 모니터에 쉽게 설치된다. 그리고 사용자는 간단하게 스크린을 터치함으로써 마우스의 역할을 대신할 수 있다. 터치스크린을 사용하여 마우스를 움직임으로써 스크린이 작용하는 추상적인 관계에 대한 경험이 어려운 학생들을 도울 수 있다. 터치스크린을 사용함으로써 아동이 보는 것과 터치된 것에서 발생하는 일 사이에 구체적인 관계가 수립된다.
- Intellikeys: 이것은 보통 컴퓨터와 간단한 연결을 하는 둘 중 하나를 선택하는 키보드에서 사용된다. 그리고 맥킨토시와 윈도우에 설치하여 사용할 수 있다. 컴퓨터를 조작하기 위해 아동은 Intellikeys에 위치한 다양한 저장 장치를 간단히 누른다.
- Big Keys and Big Keys Plus: 여러 버튼 중 하나를 선택하여 사용할

수 있는 키보드는 어린 아동을 위해 특별히 디자인되었다. 키는 크고(약 1인치), 아동이 특별한 키를 쉽게 찾을 수 있도록 돕기 위하여 다양한 알파벳에 색을 입혀 놓았다(모음은 한 가지 색, 자음은 다른 색). 이 키보드는 아동이 쉽게 사용할 수 있도록 ABC 순으로 배열되어 있다.

- Track Balls: Track Balls는 다양한 크기와 모양으로 되어 있으며, 아동들이 손가락 끝이나 손 주변에 있는 정지되어 있는 구슬을 굴림으로써 화면 주변에 있는 마우스를 움직이게 한다. 몇몇의 자폐스펙트럼 장애아동들은 Track Balls를 이용하여 마우스의 조작을 완벽히 배울 수 있으며, 심지어 표준화된 마우스의 사용으로 전환이 가능하다.
- Software: Software는 다음과 같은 기능 영역에 초점을 맞추어 사용이 가능하다. 언어 기능, 주의집중 기술, 문제해결능력, 운동능력 기술, 학습적 기술, 여가시간의 활동.

(2) 주변 장치

- 디지털 카메라: 디지털 카메라는 시각적으로 정보가 표현되는 것을 좋아하는 아동을 위해 시각적 표현을 할 수 있는 유용한 시스템이다.
- 스캐너: 스캐너는 책의 한 쪽, 할당된 인쇄물, CD 표지, 비디오 표지 등 다양한 구성물을 스캔하는 데 사용된다. 한 번 스캔을 함으로써 문자 또는 그림으로 컴퓨터에 나타내고 아동들이 키보드를 통해 접근할 수 있다.

6. 결 론

　이 단원의 낮은 수준의 공학 부분에 나온 주요 전략은 매우 흥미롭다. 그리고 비교적 적은 비용으로 쉽게 접근할 수 있다. 이러한 발상에 대한 신중한 고려가 중요하다. 낮은 수준의 공학에서부터 높은 수준의 공학까지 특별한 요구가 필요한 몇몇의 자폐 스펙트럼 장애아동을 위해 독자적으로 만들어져야 한다. 가장 중요한 것은 이러한 다양한 방법의 공학을 사용함으로써 다른 사람의 지원이 필요하여 독립적 기술이 떨어지는 아동들에게 큰 도움이 된다는 것이다.

··· 제15장
행동 및 훈련 문제

대부분의 자폐 스펙트럼 장애학생들은 불안하고 충동적이거나 혼란스러울 때, 실제 상황의 규칙을 기계적인 방식으로 기억하는 데 많은 문제점들을 지니고 있으나 적절하게 행동하고 규칙을 따르려 한다. 구어와 뛰어난 기억력을 가진 일부 자폐 스펙트럼 장애학생들이 많은 규칙을 위반하는 것처럼 보이는 것은 학교와 사회 규칙을 적용하는 방법의 이해력에 문제가 있기 때문이다. 이러한 학생들이 어떤 경우는 규칙(최소한 매우 정확하고 구체적인)을 위반하는 다른 학생들을 옳다고 여길 수도 있다. 적절한 행동의 실제적 수행과 규칙 이해의 다양성 때문에 교육자, 가족, 동료들은 종종 자폐 스펙트럼 장애학생들에게 훈련을 어떻게 적용해야 하는지 불확실하다. 자폐 스펙트럼 장애학생들의 행동과 훈련에는 다음과 같은 질문이 관련되어야 한다.

• 자폐 스펙트럼 장애학생을 위한 적절한 행동을 어떻게 개발하였는가?
• 자폐 스펙트럼 장애학생이 부적절한 행동을 시작할 때 무엇을 해야 하는가?

• 일반학생에게 지원되는 훈련 기준과 자폐 스펙트럼 장애학생에게
  지원되는 훈련 기준은 무엇인가?

1. 자폐 스펙트럼 장애학생을 위한 적절한 행동 개발

구체적인 목표, 목적, 특별히 설계된 교수를 결정하기 위한 개별화 교
육 프로그램(Individualized Education Program: IEP) 위원회의 책무는 자
폐 스펙트럼 장애학생들이 학습 환경에서 성공적으로 수행할 수 있는
것과 관련 있다. 행동 개발과 관련된 결정은 학생들의 IEP에 반영될 것
이다. IEP 위원회와 다학문적 팀은 목표에 기초한 적절한 행동 개발을
지원하게 될 전략을 결정한다. 집, 학교, 직장, 지역사회에서 성공적으로
생활하도록 필요한 지원을 학생에게 제공하는 데 자폐 스펙트럼 장애의
이해가 필수적이다. 행동과 훈련 사이에 자폐 스펙트럼 장애학생마다 독
특한 요구가 있으나 문제 유형은 비슷할 것이다. 학생 행동을 성장시키
고 개발하고 개선하는 한 가지 방법은 앞으로 모든 학생들이 행동, 기대,
규칙을 이해하도록 계획하는 것이다. 어떤 학생들은 기대와 규칙이 결합
된 행동 기술을 얻기 위해 시간과 노력이 필요한 반면, 몇몇 학생들은
기대와 규칙으로 행동 기술을 얻게 될 것이다. 적절한 행동 개발을 시작
하기 위한 최선의 시점은 바로 계획 단계다.

2. 행동 계획 포인트: 적극적인 접근

적극적인 접근의 사용은 모든 학생들이 단계에 성공적으로 접근하기
위한 수단이다. 그들이 잘못된 것을 얻기 이전에 올바른 행동을 배우는
환경을 구성해 주는 것이 필요하다. 적극적인 접근은 각 규칙에 맞는 정

확한 행동을 학생에게 가르치는 것을 의미한다.

> 김 선생님은 매년 등교 첫날에 학생들에게 정확한 규칙을 가르치는 것
> 으로 시작합니다. 그녀는 한 가지 규칙을 가르칩니다. "자리에 앉으세
> 요." 그녀는 '너의 자리'에 대한 의미를 학생들에게 설명해 줍니다. 그녀
> 는 너의 자리에 '앉다'를 세 부분으로 설명합니다. ① 바닥 위에 평형으
> 로 발을 두며, ② 의자 등받이에 등을 대고, ③ 책상 위에 손을 둔다. 그녀
> 는 각 학생이 세 단계를 연습하도록 시키고, 모든 단계에 대해서 강화를
> 해 줍니다. 김 선생님은 각 학생들에게 연속적인 세 단계의 사진을 제공
> 합니다. 몇몇 학생들은 세 단계에 대한 것들을 회상하기 위해 그들의 책
> 상에 사진들을 붙여 놓습니다. 그녀는 세 단계로 행동에 접근하였기 때
> 문에, 적어도 세 개 행동 중 한 가지를 수행하였다면 세 단계 모두를 완성
> 하도록 학생을 강화할 수 있습니다.

행동 개발을 위한 적극적인 접근의 시작은 다음 단계로 이루어진다.

1) 학습이 일어나는 장소에서 해야만 하는 특정 규칙 결정하기

학급 교사는 학습이 일어나기 위한 기대의 절대적인 한 부분이 기본
규칙임을 확인할 필요가 있다. 예를 들어, 한 교사는 5개의 구체적인 기
대 혹은 규칙을 열거하여 교실에 항상 부착해 두었다.

- 손과 발을 가지런히 하고 개인 물건들은 개인 수납 공간에 두기
- 정해진 시간에 한 사람만 말하기
- 부모님과 말할 때 조용한 목소리를 사용하거나 일정 거리를 유지
  하기
- 교사에게 경청하기(혹은 교실에서 말하는 모든 사람)

- 바른 말 사용하기(예, 도와주세요, 고맙습니다, ~해도 되나요)

철수가 이러한 규칙을 이해하도록 돕기 위해서 학급 교사는 교실 내 규칙을 각각의 사진을 사용하여 부분적으로 제공하였다. 더욱이 교사는 각각의 규칙을 가르쳤고, 학생이 각 규칙을 연습하도록 도와주었다.

가족 구성원들은 기본 규칙이 집에서 똑같이 효과적인지 확인할 필요가 있다. 예를 들면, 철수의 가정에는 세 가지 일반적 규칙이 있다.

- 다른 사람과 사이좋게 지내기
- 혼자 스스로 과제 수행하기
- 자신의 방은 자신이 청소하기

이러한 규칙이 가정의 다른 형제에게는 명확할 수 있으나, 철수에게는 불명확하기 때문에 이 규칙이 유용하기 위해서는 좀 더 기능적인 정의가 필요하다. 가족들이 좀 더 구체적인 용어로 앞을 내다보고 정의하였다면 그 규칙은 철수에게도 유용할 것이다. 예를 들어, 철수가 장난감을 던지거나 때리지 않는 규칙 1을 배우고, 매일 저녁 식사 후에 음식물 쓰레기 봉투를 버리는 규칙 2를 배우며, 잠자기 전 파란색 장난감 박스에 모든 장난감을 넣는 규칙 3을 배우게 한다.

2) 학생들의 독특한 성격(강점과 약점) 이해하기

특정 행동 또는 기대가 일단 결정되었다면, 기대되는 능력을 방해 하는 잠재적 문제들과 학생들의 장점을 분석하는 것이 중요하다. 잠재적 문제 영역을 알게 되면 어떤 기대를 가르쳐야 하는지 가이드라인을 제시해 준다. 학생들의 특정 기대와 능력을 알게 되면, 무엇을 배워야 하고 어떻게 가르쳐야 하는지를 심사숙고하여 결정한다.

(1) 위험요인

행동 및 훈련과 관련하여 직면하는 어떤 위험요소를 자폐 스펙트럼 장애학생들에게 언급하지 않는다면 행동 및 훈련을 어려워할 수 있다. 사정을 위한 첫 번째 위험요소는 개인적인 도전이다. 자폐 스펙트럼 장애학생들에게 다음과 같은 문제가 적절한 행동을 방해할 수 있다.

- 사회적 상호작용 방식의 이해, 타인의 견해/동기/생각, 부적절하거나 오해받는 행동
- 연속적인 학습
- 언어 이해(특히, 추상적 언어, 긴 문장, 질문들)
- 기본적 요구, 필요, 감정의 표현(특히, 즉석에서 발생할 때)
- 시간 흐름의 이해 또는 미래 사건들에 대한 즉각적인 생각
- 어렵고 스트레스 받는 다감각적 환경이 만드는 문제들의 통합과 절차
- 정보에 접근하고, 정보를 조직하며, 정보를 관련시키는 데 친구들보다 더 오래 걸림
- 기술 영역을 변경하거나 그 범위 안에서 모순되게 개발
- 사람들과 주변 환경을 통한 학습 적용
- 다른 운동 문제를 가지려고 하거나 계획하기 위한 운동 실행
- 관심 갖기, 주의를 이동시키거나 주의 끌지 않기, 쉽게 주의 끌지 않기
- 실패한 감정 또는 상황을 이해하지 못할 때 걱정하고 화난 감정이 생김
- 규칙을 부정적으로 진술하고 그 규칙이 무엇을 해야 하는지 아는 것

설명하지 않았더라도 어떤 환경적 문제들은 자폐 스펙트럼 장애학생들에게 문제가 될 수 있다. 이런 문제에는 다음과 같은 것들이 있다.

- 학생들의 도전을 오해하는 사람들
- 불일치(예, 사람/장소에 따른 매일 매일의 다른 규칙과 접근, 교사들과 주위 환경을 통해 지원받지 않았던 추상적이고 불특정한 규칙 등)
- 혼란스럽고 조직되지 않은 환경들(예, 너무 많은 움직임, 혼란스러움, 큰 음악, 소음, 어지러움)
- 처벌 위주의 행동 관리(예, 부정적인 처벌과 학생들의 행동 사이의 추상적인 연결들, 다른 행동 또는 부적절한 사람들의 증가된 결과)
- 행동에 대한 추상적인 지침서
- 부정적인 규칙(예, '너의 자리에서 벗어나지 말아라.' 처럼 학생들이 해야 하는 것 대신에 하지 말아야 하는 규칙 등)

(2) 보호적인 요인

학생들의 적절한 행동을 방해할 수 있는 개인적이고 환경적 문제가 확실해졌다면, 긍정적 행동으로 발전하고 유지될 수 있는 보호적 요인(개인적 수단과 환경적 수단)을 함께 고려하는 것이 중요하다.

개인적 자원들은 자폐 스펙트럼 장애학생들이 긍정적 행동으로 발전할 수 있도록 하는 하나의 열쇠다. 교육, 가족, 또래들은 학생들이 무엇을 알고, 좋아하고, 할 수 있는지 알아야만 한다. 이러한 자원들은 적절한 행동을 위한 토대가 된다. 개인적 자원을 설정하고 확인하는 몇몇 단계가 있다.

- 학생들의 장점, 흥미, 선호도를 확장시키고 발전시키며 확인하라.
- 학생들이 갖고 있는 기술로 시작하고, 점진적으로 그들의 행동 레퍼토리를 확장하라.
- 새로운 환경과 행동들이 적응될 수 있도록 학생들을 도와줄 수 있는 시간을 가져라.
- 친구들이 하고 있는 활동에 참여하도록 격려하고, 가정에서도 개별

화된 기대와 지원으로 활동하도록 격려하라.

학생들의 개인적 자원에 따라 만들고 이해하는 것뿐만 아니라 발전적이고 긍정적인 행동을 사용할 수 있도록 학생들을 지지해 줄 수 있는 환경적 요인을 발전시키는 것 또한 중요하다.

환경적 자원은 자폐 스펙트럼 장애학생들이 긍정적 행동을 발전시키기 위한 또 다른 열쇠다. 일단 잠재적 문제와 학생들의 장점이 결정된다면, 주의를 환경에 돌릴 수 있다. 이러한 관점에서 학생의 학습환경을 어떻게 바꾸어야 하는가를 결정하는 것이 중요하다. 다음과 같은 질문이 포함된다.

- 이 환경에서 따르기에 매우 어려운 규칙과 행동들이 어떻게 습득되었는가?
- 환경 안에서 예상치 못한 자극들은 어떠한 것이 있는가?
- 이런 행동이 일관성 있게 일어나는 환경인가 아니면 일관성 없게 일어나는 환경인가?
- 이 장소에서 성공적으로 이끌기 위해서 어떤 지원이 필요한가?
- 성공을 제공하는 데 최소한의 간섭(이행하기 가장 쉬운)은 무엇인가?(예, 학생들의 책상에서 행동 자세를 취하고, 적절한 행동을 위한 강화 계획을 제공해라.)
- 성공을 제공하는 데 최대한의 간섭이 필요한가?(예, 새롭고 복잡한 행동 관리 시스템)

3) 긍정적 행동 지도안 개발하기

긍정적인 방법으로 특정 행동을 분명하게, 정확하게 진술하는 것은 새로운 기대를 가르치도록 준비하는 데 중요하다. 행동과 기대를 명확하게 하기 위해서 학생이 학습할 수 있는 다양한 방법으로 행동 지도안을 개발하는 것이 중요하다. 예를 들어, 몇몇 학생들은 다른 학생이나 교사들의 행동을 관찰함으로써 최고의 학습이 이루어진다. 만약 행동이나 기대가 추상적인 암시라면, 그 계획은 구체적인 용어로 시작행동을 가르치고 추상적인 용어를 바꾸는 것이 포함되어야 한다. 많은 학생들은 추상적인 개념들을 즉각적으로 이해하지 못할 것이고, 기대행동이 이해되기 전에 다양한 연습기간이 필요할 것이다. 새롭거나 바람직한 행동을 가르치기 위한 계획은 다음과 같다.

- 적절한 행동을 명확히 구분하라.
- 학생들의 학습 양식과 요구에 맞는 방법을 사용하여 행동을 가르쳐라.
- 행동을 위한 단서를 가르쳐라(예, 선생님이 손바닥에 손을 올리면, 말하기를 멈추거나 침묵하라는 의미다.).
- 행동을 연습하라(예, 학생에게 서로 비평이나 증명을 하도록 시켜라. 반복된 연습을 통해 상황을 연습하도록 시간을 줘라.).
- 행동을 강화하라(예, 언어적 칭찬을 제공하고 보상을 제공하라.).
- 다양한 상황을 통해 행동을 강화하고 연습하라.

4) 일관성 있고, 미리 예상할 수 있고, 조직화된 환경 만들기

일단 다양한 주위 환경에서 행동을 배우고, 실행하고, 강화되었다면, 지속적인 행동 기대가 유지될 수 있는 학습환경이 필요하다. 학습환경이 조직되고 예상될 때 학생들은 특정 규칙을 잘 따를 수 있고, 상황 안에서 기대를 이해하는 것이 더 나을 수 있다. 일관성과 예측성은 어떤 환경이라도 자폐 스펙트럼 장애학생이 성공적으로 학습하는 데 필요하다.

5) 행동들과 관련된 진행형 자료 수집하기

자료 수집은 두 가지 이유에서 중요하다.

첫째, 특정 행동 목표를 개별화교육 프로그램에 기술할 때, 집행자들은 성취행동이 언제 어떻게 발생했는지에 대한 자료 수집의 책무가 있다. 학생들의 진보에 관한 정보는 학생들의 개별화교육 프로그램 목표를 바꾸거나 수행의 지속성 여부를 결정하는 데 팀이 참작한다.

둘째, 자료 수집은 매일, 매주의 실제 행동들에 대한 견해와 진보를 제공한다. 자료는 매일 매일 학습하는 데 학생들이 성공하기 위해서 적절한 지원이 제공되어야 할 필요가 있는지의 다양한 정보를 다학문적 팀에게 제공한다.

3. 부적절한 행동에 대한 개입

어떤 자폐 스펙트럼 장애학생이 부적절한 행동을 시작할 때 어떤 조취를 취할 것인지에 대한 절차는 그 행동의 심각성에 따라 달라진다. 만약 해당 학생, 다른 학생들 또는 어른들의 신체 안전을 위협하는 행동일 경우(예를 들어, 가위로 찌르는 행동) 그 행동을 멈추거나 손상을 방지하기 위해 즉각적인 개입이 필요하다. 만약 행동이 위협적인 것이 아닐 경우(예를 들어, 자리를 이탈하거나 다른 아동의 장난감을 가져가는 것) 몇 가지에서 선택할 수 있다. 자폐 스펙트럼 장애학생이 부적절한 행동을 시작할 때 그 행동의 목적을 이해하는 것이 중요하다. 학생과 힘 싸움하는 것을 자제하라. 자폐 스펙트럼 장애학생은 종종 수용할 수 없는 행동을 할 때 고집스럽다. 개인 및 환경 문제는 학생 행동에 큰 영향을 미칠 수 있다. 개인 및 환경 문제가 행동에 기여할 가능성을 확인하기 위해 행동 분석이 이루어져야 한다.

1) 적절한 행동의 결정

- 학생의 안전과 다른 학생들의 안전에 절대적이고 필수적인 행동은 무엇인가?(예, 경계선 안에 머무르기, 누군가의 곁에서 걷기, 누군가의 손을 잡기, 먹을 수 없는 것을 입 밖으로 뱉어내기)
- 다른 사람의 행복을 위한 필수적인 행동들은 무엇인가?(예, 소리치기, 때리기, 걷어차기보다는 말과 몸짓을 사용하는 것)
- 또래들과 잘 지내기 위해서 어떤 행동이 필요한가?(예, 다른 학생들이 참여하는 활동에 참여하기, 다른 또래들을 수용하기, 다른 또래들 옆에 있기, 다른 또래들 옆에 앉기, 다른 또래들과 놀기, 다른 또래들과 대화하기)
- 학교 활동에 참여하기 위해 필요한 행동은 무엇인가?(예, 버스 타기, 도보로 걷기, 소지품 정리하기, 때로 조용히 활동하기, 교체하기, 도움 구하기, 소리내지 않기, 변경하기)
- 학생이 학습을 계속 유지하기 위해 돕는 행동은 무엇인가?(예, 특정한 활동과 물건에 주의를 기울이기, 배변 훈련하기, 도구 사용하기, 독립적으로 활동하기, 일 끝마치기)
- 학생이 자부심을 키울 수 있는 행동에는 어떤 것들이 있는가?(예, 그림 색칠하기, 미끄럼틀 오르고 내리기, 돕기, 간식 나눠 주기, 재미있는 어떤 것을 배우기, 놀이에 참여하기, 단어의 올바른 철자 모두 습득하기)

2) 부적절한 행동의 목적 분석

학생의 입장에서 행동의 의미를 이해하려고 노력하라. 이것은 쉽지 않다. 왜냐하면 자폐 스펙트럼 장애학생은 세상을 다르게 보고 배우기 때문이다. 학생의 위험요인과 보호요인에 관련된 다음과 같은 질문을 해 보라.

- 행동을 수행하게 하는 정보를 학생이 잃어버리지 않았는가?
- 행동을 구체적이고 순차적인 방법으로 가르쳐 왔는가?
- 학생은 이 환경에서 적절한 행동을 성공적으로 연습해 왔는가?
- 다양한 환경에서 행동을 연습해 왔는가?
- 다른 학생들은 이 행동이 발생했을 때 어떻게 하는가?

　가끔은 학생의 문제와 환경적 문제 사이에 해답이 있다. 부적절한 새로운 행동이 나타날 때 사용하는 전략이 ABC 행동분석이다. ABC 행동분석은 행동이 발생한 환경에서 학생의 관찰을 요구한다. 행동을 분석하는 세 가지 요소는 다음과 같다.

　　　A=선행사건: 행동이 일어나기 바로 전에 일어난 일은 무엇인가?
　　　B=행동: 학생의 정확한 행동은 무엇인가?
　　　C=결과: 행동이 나타난 다음 일어난 일은 무엇인가?

　예를 들어, 명수는 자폐 스펙트럼 장애학생을 괴롭히는 소음을 만든다. 해웅이는 그에게 소음을 멈춰 달라고 요구하고자 하였으나 명수를 때리는 것 말고는 어떻게 해야 하는지를 알지 못하였다. 명수는 선생님께 불평하였고 해웅이는 혼자 앉는 벌을 받았다.

　　선행사건: 명수가 소음을 냈다.
　　행동: 해웅이가 명수를 때렸다.
　　결과: 해웅이는 벌을 받았다.

- 잠재적인 장기적 결과: 친구를 때리면 벌을 받게 된다는 것을 학생은 학습하게 된다. 그는 성가신 소음으로부터 떨어진다.

많은 행동을 대화의 형식으로 이해하는 것이 중요하다. 만약 교사, 가족, 친구들이 선행사건, 행동(의도된 메시지), 일반적인 결과를 결정할 수 있다면 선행사건이 다시 발생했을 때 학생에게 적절한 행동을 가르칠 수 있는 구체적인 계획을 개발할 수 있다. 가끔 선행사건을 아는 것이 쉽지는 않다(예, 학생은 관찰자로부터 발견되지 않은 어떤 냄새와 소리에 반응한다.). 명수와 해웅이의 경우는 교사들이 선행사건을 확인했다. 선행사건을 알고, 교사는 소음을 내는 명수에게 멈춰 줄 것을 요구하는 구체적인 방법(때리는 행동을 대체하는)을 해웅이에게 가르치는 것이 설계되면, 나중에 소음을 내는 다른 학생들 관계에서의 유사한 행동을 가르칠 수 있다.

대부분의 행동은 ABC 행동분석 기법을 사용하여 분석할 수 있다. 그러나 자폐 스펙트럼 장애의 특성이 있다면, 아마도 ABC 행동분석 방법이 다소 맞지 않는 부적절한 행동이 있을 수 있다. 그런 행동들은 학생의 관점으로 분석되어야 한다. 학생의 관점 또는 행동의 메시지를 아는 것은 학생이 긍정적인 행동에 대해 알고 수행하는 데 필요한 것을 정의하도록 도와준다.

예를 들어, 장애학생이 강당에 들어가는 것을 거부한다고 하자.

- 가능성 있는 이유
  - 학생은 아마도 소음, 대중, 폐쇄된 공간 안에 있는 것 또는 새로운 상황에 민감할 것임
  - 학생은 아마 변화를 이해하지 못할 것임
  - 학생은 아마 강당에서 겁을 먹었던 과거 경험과 관련시켜 생각할 것임

또 다른 예를 생각해 보면, 자폐 스펙트럼 장애학생이 단체 안에 참여하지 않고 구석에 머무른다고 하자.

• 가능성 있는 이유
  – 학생은 아마 집단과 함께 시작하는 것에 문제가 있을 것임
  – 학생은 아마 집단 안에서 상호작용 패턴이 바뀌는 것에 불편함을
    느낄 것임

3) 적절한 대체 행동 가르치기

부적절한 행동을 멈추도록 시도할 때 학생에게 대체 행동을 가르치는 것 또한 중요하다. 대부분의 학생들은 부적절한 행동을 대체하는 적절한 행동에 대한 가르침을 받지 못할 때 부적절한 행동을 계속한다. 학생에게 자기 스스로 관찰하는 전략을 가르치고 부적절한 행동에 대한 학습이 일어날 수 있는 상황을 흐트러뜨리도록 도와주는 것이 중요하다. 자폐 스펙트럼 장애학생들은 일상의 일에서 안정감을 학습하고, 혼자 있기 위해 요청하는 것을 학습하는 것과 멘토를 명확히 하는 것이 필요하고, 학업을 지원하여 접근하도록 도와주는 것이 필요하다.

4. 우려되는 특이 행동

때때로 자폐 스펙트럼 장애학생 때문에 야기되는 학습환경에 대한 우려는 세 가지 특정한 행동(공격성, 불복종, 짜증)으로 설명된다. 그러나 위험 요소와 보호적 요소의 특이성 때문에 각 학생의 행동이 다르게 나타나는 원인과 목적을 이해하는 것이 중요하다.

1) 공격성(때리기, 걷어차기, 물기, 밀기)

공격성은 모든 이들의 주된 걱정이다. 이 사회에서 공격적인 사람은

순응하지 않는 사람으로 낙인되는 위험이 있고, 아마도 오해받고 있으
며, 심지어 감금되기도 한다. 다른 사람을 향한 공격은 허용될 수 없다.
그러나 자폐 스펙트럼 장애학생의 공격적 행동은 분석하여 학생의 관점
으로부터 행동의 의미에 대한 가설을 세워야 한다. '왜 학생이 이 행동
을 사용했는가?' '학생이 전달하려는 메시지는 무엇인가?' '왜 학생은
그 메시지를 전달하기 위해 이 행동을 사용했는가?'

때때로 학생들은 무엇인가를 싫어하고, 누군가에게 이동하기를 원하
고, 누군가 그들로부터 무엇을 가져갔음을 사람들에게 이해시키기 위해
서 여러 가지 방법을 사용한다. 이러한 경우에 그들은 최후 수단으로 공
격을 사용한다. 다른 경우에 공격은 학생이 메시지를 표현하기 위해 사
용하는 초기의 유일한 수단이다.

- 메시지를 좀 더 적절한 의미로 이해하는 것을 방해하는 근본적인
  문제는 무엇인가?
- 허용 범위 수준을 넘어선 감각 문제가 있는가?
- 어떤 일을 끝마치기 위해 학생에게 필요한 것이 무엇인가? 그리고
  무언가로 중단되었을 때 뒤엎는가?
- 모든 사람이 이해하는 데 필요한 의사전달 수단을 가지고 있는가?
- 같은 환경에 있는 사람은 적절한 의사소통 수단으로 반응하는가?
- 학생과 또래 사이에 긍정적인 상호작용 패턴이 일어나는가?
- 다른 이들과 활동을 할 수 있는가?
- 부정적인 메시지가 많이 전달되는가?
- 스스로 즐길 수 있는가?
- 스스로 방어할 수 있는가?
- 다른 사람들이 이러한 형태의 행동에 참여하는 것을 보는가?
- 분명한 기대가 있는가? 그리고 그것들은 지속적으로 적용되는가?
- 건강 문제가 있는가?

또한 이런 질문을 해 보라. 학생은 부적절한 행동을 바꾸기 위해 어떤 행동을 배워야 할 필요가 있는가?

- 누군가에게 멈추거나 움직이도록 요청하는가?
- 누군가에게 도움을 요청하는가?
- 누군가에게 아니라고 말하는가?
- 어떠한 행동과 규칙이 수행 가능한지, 혹은 가능하지 않은지를 배우는가?
- 기다리는 것을 배우는가?
- 교대로(번갈아 가며) 하기를 배우는가?
- 무엇인가가 가능하지 않을 때를 배우는가?
- 정확하고 중요한 정보를 가진 변화를 받아들이는가?
- 다른 이들의 대답을 받아들이는가?
- 누군가에게 그가 기분이 좋지 않다고 잘 말하는가?

그리고 묻는다. 어떻게 그 학생이 새로운 행동을 배울 수 있는가?

- 학생을 가르치는 데 사용할 정확한 단어와 단서들을 결정하라.
- 새로운 행동을 만들어 낼 다양한 기회를 제공하라.
- 좀 더 적절한 행동을 사용할 수 있도록 학생을 지원하라.
- 새로운 행동에 긍정적으로 대답하고 반응하라.

마지막으로 그 행동이 발생했을 때 무엇을 해야 하는지에 대한 계획을 개발하라.

- 그런 행동이 나타날 때 모든 사람들이 사용할 수 있도록 계획하라.
- 그 행동에 너무 많은 주의는 피하라.

• 적절한 행동이 무엇인지 보여 주라.

2) 불복종

불복종이란 학생들이 그들이 하지 말아야 하는 것을 알고도 무언가를 할 때, 혹은 누군가가 그들이 하기를 바라는 무언가를 거절했을 때로 정의된다. 불복종은 매우 어렵고 화나는 것이다. 그러나 이것은 학생들이 종종 독립심을 발휘하고 제어력을 얻기 위한 시도의 일부분이다. 어른들은 그 규칙을 명확하고 분명하게 만듦으로써 싸움을 피할 필요가 있다. 학생들에게 어떤 규칙이 협상 가능하고 어떤 규칙이 협상 불가능한지를 분명하게 해야 한다. 교사, 가족, 또래들은 이러한 규칙을 그들 스스로 확신해야만 한다. 규칙 적용에서의 일관성이 유지되어야 한다. 새로운 규칙과 기대치가 강요될 때 그 학생은 틀림없이 길들여지고, 냉담해지고, 숙달된다. 이해될 수 있도록 정확한 사전 안내가 제공되어야만 한다.

불복종 행동을 이해하고 적절한 대체 행동을 결정하기 위해 자문해 보라. 학생의 시각에서 그러한 행동의 목적은 무엇인가?

• 규칙들을 아는가? 혹은 그 규칙이 상대(사람)나 상황 때문에 바뀌는가? 실제로 일관성이 있는가?
• 요구되는 것을 할 수 있는가? 순응하도록 돕는 것은 무엇인가?
• 상호작용하는 방법으로 행동을 사용하는가?
• 학교에서 초과된 일과의 부분에 대한 선택권과 제어력을 가지고 있는가?
• 규칙을 따르고 누군가가 하기를 원할 때 하는 것에 대해 힘을 얻는가?
• 감각적인 문제가 수반되는가?

- 다음에 어떤 일이 일어날 것이고 그것에 대해 편하게 느낄 수 있는 지에 대해 아는가?

추가적으로 이 질문을 해 보자. 무엇이 학생을 적합한 행동을 배울 수 없는 위험에 두는가?

- 그것들과 상호작용을 하지 못하고 그것들과 성공할 수 없는가?
- 의사소통을 원하지 않거나 필요로 하지 않는가?
- 이해하기 위해 주의 깊게 듣지 않는가?
- 행동과 흥미의 레퍼토리가 짧은가?
- 감각적인 문제가 있는가?
- 학습과 주의력 문제가 있는가?
- 걱정과 근심(두려움)이 있는가?

그리고 묻는다. 학생이 이러한 행동에 관여하지 않기 위해 필요한 것이 무엇인가?

- 좀 더 직접적인 방법으로 주의를 얻기 위해 학습하는가?
- 일관된 방법으로 규칙을 학습하고 실행하는가?
- 직접적인 선택권을 가지고 원하고 필요로 하는 의사소통을 통해 학습하는가?
- 실행하는 데 좀 더 흥미가 있는가?
- 기다리기를 학습하는가?
- 시각적인 순서(연속)를 따르고 다음에 무엇이 일어날 것인지 예언하는 학습을 하였는가?
- 지시받거나 지시받지 않은 행동과 흥미에 관심을 가지는가?

마지막으로, 학생이 행동들에 참여할 때 무엇을 해야 할지에 대한 계획을 개발하라.

- 절차가 잘 짜인 계획을 구성하고 시행하라. 한 학생이 따르지(동의하지) 않을 때, 규정된 형식(누군가에게 좀 더 가까이 다가가기, 학생의 이름 불러 주기, 조용하고 똑바른 목소리를 유지하기, 지시 내용 반복하기, 그리고 나서 멈추기)이 그 학생을 따를 수 있게 한다. 이러한 것들을 한 번씩 더 실행하거나 여러 차례 실행하라. "나는 셋까지 셀 거야. 그리고 나서 널 도와줄게." 눈에 보이는(시각적인) 숫자를 사용하면서 규정된 속도로 숫자를 세어라. 그리고 나서 그 학생을 도와줘라. 몇 차례 이 규칙을 수행할 때 학생이 이 규칙을 알고 있는지 확인하라.

3) 성냄(울화)

성냄은 점심식사 시간에 줄 서지 않고 여기저기 돌아다니기 등과 같이 교육의 흐름이나 간단한 순서들을 혼란케 할 수 있다. 전형적으로 성냄은 학생들이 요구나 사람 또는 사항을 거절하기 위해 사용된다. 예를 들어, 한 학생은 좋아하지 않는 학생과 함께 활동하기를 요구받았을 때 화를 낼지도 모른다. 다른 행동처럼 성냄은 학생들의 메시지다. 공격성과 불복종처럼 성냄도 몇몇 질문을 물어봄으로써 분석할 수 있다.

- 그 행동은 학생의 관점에서 무엇을 의미하는가?
- 학생은 왜 거부하는가?
- 학생은 두려워하거나, 압도당하거나, 혹은 자극받은 상태인가?
- 학생에게 그 속도가 너무 빠르거나 느린가?
- 너무 많은 요구가 있는가?

- 감각적인 문제가 있는가? 지쳤거나 아프지 않은가?
- 학생이 그 상황을 처리하는 데 필요한 기술들이 부족한가?
- 학생이 거절하기 위한 보다 적합한 수단을 가지고 있는가? 그리고 이러한 행동은 '허락받은 것'으로 반응하는 것인가? 학생은 거부의 의미로 반응하고 있는 중인가?
- 학생은 거절을 위한 좀 더 적정한 방법을 배울 필요가 있는가?
- 말로는 인정받을 수 없는가? 혹은 그 학생은 목적을 얻기 위한 좀 더 강한 행동을 사용할 필요가 있는가?
- 거절을 위한 적절한 방법은 인정받고 존경받을 것인가?

거절하는 방법이 좀 더 받아들여지고 동기부여되는 방법을 고려해 보자.

- 어떤 행동들이 선택되고 선택되지 않는가? 그 구분이 확실한가?
- 학생은 선택할 수 있는가? 선택을 위한 기회가 있는가?
- 순응하는 가치와 동기부여는 무엇인가?
- 너무 많은 규칙이 있는가?
- 그 규칙은 분명하고 적합한가?

5. 문제 행동의 가능성 있는 다른 이유

1) 건강 문제

많은 자폐 스펙트럼 장애학생들은 그들의 불편함을 정확히 전달할 수 없기 때문에 다음과 같은 요인이 항상 고려되어야 한다. 변비, 치통, 두통, 추위와 감기, 귓병, 발작, 궤양, 알레르기, 맹장염, 그리고 다른 건강 상태는 조사하고 제거(치료)되어야만 한다. 만약 학생의 행동에 갑작스런 변화가 있다거나 그 행동 이면에 어떤 논리적인 메시지도 나타나지 않는다면 이것이 확실하다. 때때로 학생들은 탈출구로서 복통이나 불편함을 호소한다. 그들은 이것이 불안한 상황에서 도움을 얻기 위해 받아들여질 수 있는 방법이라는 것을 이미 배웠다. 만약 이러한 행동이 그런 경우에 나타난다면, 요구되는 지원(도움)을 제공하기 위해 근심의 원인을 조심스럽게 분석하라.

2) 매일매일의 일반적인 문제

피로, 배고픔, 그리고 옆에 있어 주거나 혼자 있고 싶어 하는 것은 가르치거나 교섭할 수 없으며, 사회적 상호작용의 양식을 가지고 행동하지 않는 학생에게 문제의 원인이 될 수도 있다.

3) 감각적인 문제

대부분의 자폐 스펙트럼 장애학생들은 다른 사람들과는 상이한 감각적인 자극에 반응한다. 그들의 반응은 시시각각 다를지도 모른다. 우리 대부분이 하지 않는 무언가에 귀 기울일지도 모른다. 다양한 방법으로 그들의 환경을 탐험할 필요가 있을지도 모른다. 자신의 신체가 그 환경과 어떻게 관련되는지 알려고 하는 문제를 가지고 있을지도 모른다. 그리고 좀 더 많이 움직일 필요가 있을지도 모른다. 그것이 무엇이든지 그들은 종종 이 필요성을 직접적으로 주장할 수 없다. 그래서 그들의 반응에 주의를 기울이는 것이 중요하다.

일반학생들에게 적용되는 동일한 훈련 기준이 자폐 스펙트럼 장애학생에게 제공되는가?

만약 일반학생이라면 IEP 위원회의 개별적인 결정은 학교의 표준 훈련 과정에 따를 것이다. 만약 IEP 위원회가 학생이 표준 훈련 과정에 따르지 않는다고 결정한다면, 유일한 훈련 과정은 오로지 발달과 IEP에 기초한 기록, 회의에서 요약한 보고서일 뿐이다. IEP 위원회가 이전에 학생의 훈련 과정을 묘사한 것은 학교를 다니는 동안 책임 있는 도움을 주게 될 것이다.

본성으로 타고난 자폐 스펙트럼 장애는 일부 학생들이 학교의 과정으로부터 일부 정도까지의 훈련 과정을 갖게 되기 쉽다. 그러나 훈련의 결정은 각 학생들의 개별적인 것에 기초한 IEP 위원회에서 만든 것이라는 걸 이해하는 것이 중요하다. 모든 자폐 스펙트럼 장애학생을 위한 대안적인 훈련 과정 작업은 없다. 단지 학생들의 학습환경에 미치는 다양한 측면의 모든 훈련은 학생들의 강점과 요구에 기초하여 독특하게 만들어지게 될 것이다.

6. 결 론

각각의 자폐 스펙트럼 장애학생들은 독특하며, 학생들이 성장해 감에 따라 그 변화도 독특할 것이다. 적합한 행동 교수는 인생의 질을 높이는 데 대단히 중요하다. 그러나 각 학생의 독특한 특성은 시간이 지남에 따라 조금씩 색달라 보일지도 모르는 행동을 받아들이도록 사람들에게 요구한다. 학생은 차분한 하나의 방법이나 흥분한 수준을 체크하도록 유지하는 특성을 갖고 있을지도 모른다. 학생들은 이러한 행동을 주변 환경과 관계없이 취할지도 모른다. 이것은 행동에 참여하는 동안 조용히 이목을 끄는 것이 아니라 동일한 목적을 성취하기 위해 좀 더 받아들일 수 있는 행동으로 참여하도록 가르쳐야 한다. 행동의 필요와 목적은 받아들여지고 인정되어야만 한다.

행동의 수용과 차이의 포용력은 촉진되어야 한다. 자폐 스펙트럼 장애학생은 종종 융통성 없고 과도해 보이는 세상의 것들이 종종 올바르게 보일 때가 있다. 행동 경로, 특별한 요구를 위한 계산, 강점의 촉진, 기술들을 습득하는 동안의 흥미, 성공적 경험은 성공적인 학습과 학생 성장을 돕는 기초다. 경쟁보다는 협동의 강조, 각 학생의 활동성과 강점을 소중히 하는 것은 또 다른 도움을 주는 하나의 학습 공동체를 세우게 될 것이다.

팀, 부모, 교사 그리고 또래만큼은 자폐 스펙트럼 장애인을 이해해 주고 학생의 넓은 세계를 이해해 주길 희망한다. 자폐 스펙트럼 장애를 이해하는 더 많은 사람과, 자폐 스펙트럼 장애학생을 위한 더 나은 지원들이 적절하고 적용된 행동을 하도록 도와줄 것이다.

··· 제16장
통합 촉진

통합(inclusion)은 일반학급이나 이웃 학교에 단지 특수교육 대상 학생을 배치하는 것이 아니라 특수교육 대상 학생들을 위해 특별히 고안된 교수와 지원을 의미한다. 학생들의 배치 결정은 개별화 원칙에 입각해야 하고, 배치보다 교수가 성공의 핵심이며, 어떤 의미로는 학교교육의 경험에 충분한 참여 기회를 극대화하는 것이다. 또한 통합은 'integration(통합)' 또는 'mainstreaming(주류화)'이라고도 불린다. 이 장에는 자폐 스펙트럼 장애학생이 전형적인 또래들과의 통합으로부터 얻는 많은 이점이 있다는 증거가 기술되어 있다.

1. 교사의 준비

자폐 스펙트럼 장애학생의 통합을 위해 교사가 준비할 수 있는 가장 효과적인 방법 중의 하나는 정확한 정보를 획득함으로써 장애에 대한 이해를 발달시키는 것이다. 정확한 정보 접근은 자폐 스펙트럼 장애학생의 도전에 대한 긍정적인 태도와 이해를 촉진하고 길러 준다.

효과적인 통합 전략에 대한 지식을 얻는 것 또한 중요하다. 이것은 독서, 전문가의 조언, 통합교육 환경에서 자폐 스펙트럼 장애학생을 가르친 경험이 있는 교사와의 대화나 관찰을 통해서 얻을 수 있다. 자폐 스펙트럼 장애학생들은 다양한 그룹으로 구성된다. 그래서 개별 학생들에 대해 가능한 한 많은 정보를 얻는 것이 중요하다.

대책을 강구하는 것과 잠재적 문제를 예상하는 것은 성공적인 통합의 가능성을 증가시켜 준다. 학생이 교실에서 직면하게 될 잠재적인 어려움을 식별하거나 이와 같은 문제를 피하거나 대처할 수 있는 전략을 개발하는 것이 포함된다. 또한 교사는 또래 상호작용 촉진 방법을 개발하고, 행동 문제를 고려하며, 지원 계획을 개발하는 것이 필요하다.

자폐 스펙트럼 장애학생은 독특한 학습 패턴이 있다. 이들이 이전에 배운 개념과 기술을 잊는 것은 특이하지 않다. 마찬가지로 자폐 스펙트럼 장애학생들은 어느 한 환경이나 한 과제에서 기술을 실제로 해 볼 수는 있으나, 다른 상황에서는 그렇지 않다. 반항 또는 고집처럼 보이는 것은 신경학적인 차이 또는 학습 차이일 것이다. 자폐 스펙트럼 장애학생은 불규칙한 학습 패턴이라는 공통적인 요소를 지닌 반면에, 각 학생은 고유의 특성이 있다. 장애에 대한 지식과 개별 학생의 강점과 요구에 대한 지식 모두가 기대치에 중요하게 작용한다.

자폐 스펙트럼 장애학생의 통합교육은 교사와 보조교사, 학교 교장, 학교지역 상담가, 부모와의 협력으로 이루어진다. 모든 구성원들은 성공을 위해 함께 협력해야 한다.

다음의 제안들은 교사가 자폐 스펙트럼 장애학생들을 맞아들이기 위해서 준비하는 데 도움을 줄 것이다

- 잠재적 자원과 자원의 출처를 확인하라.
- 경험 많은 교사의 충고를 구하라.
- 합리적이고 성취 가능한 목표를 설정하라.

- 현존하거나 출판된 자원을 이용하라(예, 사회적 스크립트, 시각 지원). 개별화 프로그램은 아무것도 없는 상황에서 모든 자료를 개발하여야 하는 것을 의미하지 않는다.
- 잘 문서화되고, 증거를 기초로 한, 그리고 널리 사용되는 전략일지라도 모든 학생들에게 효과적이지는 않다는 것을 기억하라.
- 학생과 함께하는 모든 직원들의 역할을 명확하게 정의하라.

2. 자폐 스펙트럼 장애학생의 준비

성공적인 통합을 위해 적절한 사회성 기술은 필수적이다. 그러나 자폐아동이 기본적인 모든 사회성 기술이 발달될 때까지 통합을 미루는 것은 비현실적이다. 통합으로부터 이익을 얻을 수 있는 학생들도 기초적인 또래 상호작용 기술을 발달시키는 데 몇 년이 걸린다는 것을 알아야 한다.

가정과 취학 전 환경에서 교사와 부모는 또래의 관심과 인식을 증대시킴으로써 통합 준비를 할 수 있다. 자폐 스펙트럼 장애학생이 흥미를 끌 것 같은 활동에 참여할 수 있는 또래를 지정하는 것이 매우 유용하다. 통합은 모방할 수 있는 폭넓고 다양한 행동, 기술, 태도를 제공할 수 있다. 따라서 학생의 모방 기술 향상은 자폐 스펙트럼 장애학생의 프로그램에 중요한 구성요소다.

3. 이해 증진하기

긍정적 태도의 모델은 교실에서 이해와 수용을 증진시키기 위한 가장 효과적인 방법이다. 교사가 다음과 같은 것을 행할 때, 학생들은 특수교육 대상 학생을 학급의 가치 있고 동등한 구성원으로서 인식하는 데 도움을 준다.

- 효과적인 방법으로 학생의 성취를 인정하라.
- 학생에게 의미 있는 방법으로 참가하도록 요구하라.
- 놀리거나 괴롭힘은 허용되지 않으며, 인정할 수 없음을 전달하라.
- 모든 학생들이 참여하고 학습할 수 있는 프로그램 적용하라.

다른 사람에 대한 주의와 호기심을 갖는 것은 인간의 본성이다. 학생들에게 정보를 제공하는 것은 이러한 호기심을 만족시킬 수 있어야 한다. 자폐 스펙트럼 장애학생들을 가르치는 데에는 많은 방법들이 있다. 여기에는 독서, 학급 토론 촉진, 비디오 시청, 교실에 대화할 손님 초대하기 등이 있다. 효과적인 손님으로 부모들을 교실에 초대할 수 있다. 자폐 스펙트럼 장애학생이 학급 친구와 이야기를 나누기 위해 '나에 대한 모든 것'이란 책이나, 그들의 강점에 관한 짧은 이야기책을 만들 수 있다. 제시할 정보의 양과 유형은 학생과 부모와의 상담 과정을 통해 결정되어야 한다. 이 정보는 아이들로부터 의문이 해결될 만큼 충분히 이해하기 쉽고 오해가 없도록 구성되어야 하나, 학생의 사생활은 충분히 존중되어야 한다.

교실에서 제기된 질문에 솔직하게 대답하고, 어떤 부정확한 가정과 두려움을 개방적인 태도로 설명하라.

학급 친구의 일반적 질문은 다음과 같다.

- 어떻게 자폐 스펙트럼 장애학생이 되었는가?
- 나도 자폐 스펙트럼 장애가 될 수 있는가?
- 내가 도와줄 수 있는 것은 무엇일까?
- 학생들이 더 나아질 수 있을까?

• 왜 학생들이 그러한 행동을 할까?(특정 행동에 대한 질문)

　몇몇 사례에서 부모들은 자녀들의 교실에 자폐 스펙트럼 장애학생이 배치되었다는 것에 대해 걱정을 한다. 통합이 일반학생들을 위하여 어떻게 이득이 되는가에 대해서 설명하는 것이 도움이 될 것이다. 특수교육 대상 아동과 상호작용을 하는 기회는 이해와 수용을 증진시킨다. 통합은 다른 학생들의 교육적인 질을 불리하게 하는 것이 아니며, 각각의 학생들이 받는 교사들의 관심을 현저하게 줄이지도 않는다.

　몇몇 책들과 프로그램들은 장애의 인식과 이해를 촉진한다. 이 활동들은 일반적으로 장애를 가지고 사는 것이 어떤지 이해하게 하고, 모든 사람이 강점과 한계가 있다는 것을 알게 해 준다. 자폐 스펙트럼 장애학생들이 어떠한 삶을 살아가고 있는지 경험할 수 있도록 학생들에게 말을 사용하지 않고 서로 의사소통을 해 보도록 하라. 혹은 벙어리 장갑이나 오븐용 장갑을 착용한 채로 간단한 과제를 완수해 보라. 또는 학생들에게 외국어를 사용하여 언어적 지시를 따르게 하거나 자폐 스펙트럼 장애학생이 부딪히는 장애물을 느낄 수 있도록 귀마개를 착용하도록 해 보라. 공감대를 형성하기 위해서 외국을 방문했을 때 또는 친숙하지 않은 상황에서 그들이 경험했던 감정을 묘사하도록 학생들에게 요청해 보라.

4. 교수 조절하기

　수용과 이해를 촉진시키기 위한 한 가지 방법은 모든 학생들이 학습 프로그램들에 접근하기 위하여 교수 전략을 적합하게 하는 것이다. 조절에 관한 결정은 학생들의 기술과 능력, 배우는 주제를 고려하여야 한다. 몇몇 사례에서는 수업을 조절하는 것이 필요하지 않을 수도 있다. 또 다른 상황에서는 학생들이 성공적으로 수행하기 위하여 또래 교수와 같은 지원이 필요할 수도 있다. 조절의 범위는 상대적으로 중요하지 않은(과제의 크기의 조정)것부터 중요한(내용과 난이도의 변경)것까지가 범주에 포함될 수 있다. 몇몇 사례에서의 프로그램은 교실 내에서 다루어야 하는 개별화된 기능 목표가 될 수 있다.

5. 교수 장비 조절하기

몇몇 사례에서는 성공의 가능성을 증가시키기 위해서 학습 교재를 조절하는 것이 필요할 수 있다. 장비 조절이 가능한 목록은 다음과 같다.

• 소근육운동에 어려움을 보이는 학생들을 위한 잡기 보조도구는 연필, 수저, 칫솔 사용에 도움을 줄 것이다.
• 도드라진 줄이 있는 종이는 물리적인 범위를 더욱 분명하게 만들어 주며, 학생들이 선 사이에 글을 쓰는 데 도움이 될 것이다.
• 몇몇 학생들은 근육경련이 높은 수준으로 나타나며, 시간이 흐르면서도 움직임을 억제하기가 어렵다. 이러한 경우에 부풀어진 의자 쿠션은 그들의 능력에 맞춰 참여하는 데 긍정적인 효과를 준다. 유사하게 몇몇 학생들은 치료용 공(therapy ball)에 앉았을 때 더욱 경청하게 된다.
• 벨크로 천으로 된 지퍼 확장 끈이나 신발은 학생들이 독립적으로 옷을 입을 수 있도록 해 준다.
• 소근육운동 과제에 큰 어려움이 있는 학생들은 쓰는 과제를 완성하기 위해서 컴퓨터를 사용하면 성공적으로 수행할 수 있다. 몇몇 학생들은 문해 소프트웨어에 긍정적으로 반응하였다.
• 더욱 효과적이고 독립적으로 종이를 자르는데 가위를 사용하면 도움을 줄 수 있다.

- 왼쪽과 오른쪽과 같은 공간 개념을 이해하는 데 자폐 스펙트럼 장애아동은 때때로 어려워한다. 그들이 올바르게 신발을 신을 수 있도록 하기 위해서 너무 심하지 않은 방법으로 신발에 표시를 해 두는 것도 도움이 된다.
- 몇몇 학생들은 관련 없는 정보 때문에 주의를 집중하지 못한다(예, 쪽번호, 줄, 그림들). 책과 노트에 관련성 없는 자세한 내용은 제한하는 것이 좋다.
- 몇몇 학생들은 반짝이는 표면에 주의를 분산하는 것을 볼 수 있다. 책과 컴퓨터 표면을 광택이 없이 마무리하여 사용하는 것도 필요하다.

작업치료사들은 자폐 스펙트럼 장애학생이 성공을 경험하도록 하기 위한 장비의 조절 방법을 잘 알고 있다.

6. 물리적 환경 조절하기

많은 자폐 스펙트럼 장애학생은 감각 정보에 대한 자기 조절이 어렵기 때문에 교실 안의 어떤 공간에서 배우는 것이 가장 도움이 되는지를 고려해야 한다. 만약 학생들이 청각적인 자극에 과민반응을 보이는 경향이 있다. 문 근처에 앉히는 것은 현명하지 않다. 반면에 형광등 불빛에 민감한 학생들은 창문 옆에 앉히는 것이 더욱 적절할 수 있다. 만약 학생이 컴퓨터나 글자에 정신을 빼앗긴다면 책상에 이러한 것들이 보이지 않도록 하는 것이 효과적이다. 많은 자폐 스펙트럼 장애학생들은 상대적으로 미묘한 감각세포를 가졌다. 예를 들어, 학생이 특정한 냄새에 민감하다면 옆의 친구가 향수를 뿌렸을 경우 과제를 구조화시켜 참석하는 것이 어려울 것이다.

몇몇의 경우에는 구체적인 방법으로 특정 활동과 관련된 물리적 공간을 정의해 주면 도움이 된다. 예를 들면, 자폐 스펙트럼 장애학생들에게 바닥에서 완성시키도록 특정 활동 공간을 정해 준다면 단체 활동 동안에 더욱 효과적으로 수행할 것이다. 반면 학생이 또래와 직접적인 환경에 집중하여 참여하는 것이 어렵다면 줄 끝에 코트의 걸쇠나 보관함을 배치하는 것도 도움이 된다.

7. 평가 방법 조절하기

현재의 평가보고서 양식은 자폐 스펙트럼 장애학생들의 학습이나 발달에 관한 정보를 제공하는 데 유연성과 융통성이 없을 수 있다. 이러한 정보를 교환하고 과정을 측정할 수 있는 체계를 분리하여 개발하는 것이 필요하다. 새로운 단위나 개념을 소개하기 전에 자폐 스펙트럼 장애학생에게 학습을 시연하여 향후 학습이 어떻게 이루어지는가를 결정하도록 하는 것이 중요하다. 예를 들어, 아래와 같이 조절하면 도움이 될 것이다.

- 기술을 인식하는 것(선다형 시험지)과 기술을 회상하는 것(정답을 생성시키기 위한 학생들에게 요구되는 시험)으로 검사하기
- 특정 과제에 필요한 촉구나 감독의 양
- 시험의 길이 줄이기
- 구두시험 제공하기
- 사전, 수세기 블록, 계산기 같은 도구들의 사용을 허용하기
- 수행 관찰을 기반으로 한 기술을 평가하기
- 기술 발달을 측정하기 위한 기초선과 선수학습 기술 체크리스트 완성하기

8. 과제 조절하기

자폐 스펙트럼 장애학생들은 때때로 구어 정보와 초기 반응을 처리하는 데 학급 또래보다 더 많은 시간을 주어야 한다. 이러한 어려움은 소근육운동 기술들이 지체될 때 더 확연해진다. 새로운 개념을 소개하거나 상대적으로 어려운 과제를 제공하는 것보다는 학생들에게 짧거나 간결한 과제를 제시하는 것이 도움이 될 것이다. 예를 들면, 정규 수업에 10개의 수학 문제가 학습량이라면 자폐 스펙트럼 장애학생에게는 5개의 문제를 제시하는 것이 좋다. 이러한 유형의 조절은 양이 아닌 질의 중요성을 강조한다. 학생들이 성공을 경험함에 따라 과제의 양을 점점 늘려서 또래들과 같은 양의 과제를 완성하게 하라.

9. 주입 방법 조절하기

의사소통 기술의 결함이 장애의 주요 특징이므로 자폐 스펙트럼 장애학생들에게 과제를 효과적으로 조절하는 방법은 지시를 변경하여 제시하는 것이다. 즉, 지시의 길이나 복잡성을 줄여라. "너의 수학책을 가져와라."와 같은 간단한 진술이 "이제 우리의 관심을 수학의 세계로 돌릴 때다. 너의 자료들을 꺼내라."보다 이해하기 쉽다. 왜냐하면 주의집중이 어려운 어떤 학생들은 구두로 된 지시를 따르거나 기억하기가 어렵기 때문이다. 활동 전체에 대한 지시를 종이에 적으면 도움이 된다. 어떤 학생들은 비교적 크게 인쇄된 단어에 더 잘 반응한다.

자폐 스펙트럼 장애학생들은 시각적 과제를 좋아하며, 수많은 상황에서 '그림 한 장이 천 마디 가치'가 있다. 학습 활동이나 교수를 확장하기 위하여 시각적 과제를 제공하는 것이 효과적이다. 여기에는 글로 쓴 단어나 그림으로 된 지시, 그림만으로 제시, 구체적 과제나 단계를 실제로 모델링하는 것이 포함된다. 학급에서 완성된 수업 프로젝트를 보여주거나 절차를 구두로 설명하는 것보다 과정의 각 단계를 모델링하는 것이 더 효과적일 수도 있다.

10. 산출 방법 조절하기

자폐 스펙트럼 장애학생들의 구어 기술은 확실히 지체되어 있기 때문에 학생들이 어떻게 질문이나 과제에 반응할지 예상하여야 한다. 다음과 같은 조절 방법을 고려해 보라.

- 정답을 쓰기보다 인쇄하게 하라
- 구나 문장보다 한 단어로 답을 쓰게 하라
- 정답을 인쇄하기보다 답을 분류하게 하라
- 정답을 인쇄하기보다 동그라미로 표시하게 하라
- 기억에 의존하기보다 정답을 모방하게 하라
- 질문에 구두로 답하기보다 정답을 가리키게 하라
- 구두로 답을 하기보다 그림상징으로 답을 하도록 제공하라
- 정답을 인쇄하기보다 그림으로 그리도록 하라
- 이야기나 절을 만드는 것보다 콜라주를 만들도록 하라

11. 내용의 난이도 수정하기

　자폐 스펙트럼 장애학생이 흥미롭게 배울 수 있도록 하기 위해서 활동 내용의 난이도를 수정하는 것이 필요하다. 이러한 수정의 종류는 형식이 다양하다. 이러한 학생들은 추상적 개념을 이해하는 데 어려움을 갖고 있기 때문에 구체적인 방법으로 개념을 제시해야 한다. 예를 들면, '공동' 과 '개인' 의 개념은 상대적으로 추상적이다. 학생들이 이러한 개념을 이해하기 위해서 각각의 구체적인 예와 설명을 제시할 필요가 있다. 이것은 문자, 그림, 실제적인 경험을 통해 성취될 수 있다.

　또한 개념 맵(concept maps)은 추상적 개념을 이해하도록 하는 데 사용할 수 있다. 이것은 동일한 프로젝트에 다양한 수준 차이가 있는 학생들이 참여하도록 해 준다. 일반적으로 핵심 개념은 말이나 그림을 사용하며 지도 중앙에 위치한다. 그다음에 선(line)이 관계된 사실이나 개념을 연결시키기 위해 그린다. 각각의 개념은 단어나 손으로 그린 그림 또는 잡지에서 오린 사진 등을 통해 정의된다. 개념 맵은 적절한 주제나 사실에 대해 구체적으로 시각적인 표현을 할 수 있어 도움이 된다. 또한 자폐 스펙트럼 장애학생들이 그룹 프로젝트에 활동적으로 참가할 수 있도록 해 준다.

　어떤 자폐 스펙트럼 장애학생들은 그들에게 도움이 되지 않는 과제를 고집하는 경우도 있다. 따라서 학생들의 관심을 수업에 포함시키는 것이 중요하다. 예를 들면, 어떤 학생이 공룡에 강한 흥미를 가지고 있다면 그 학생에게는 다른 학생들이 하고 있는 프린트 연습을 완성하기보다는 공룡 이름을 프린트하도록 한다. 마찬가지로 자유 독서 시간에 공룡책을 학생에게 주는 것이 학생의 참가를 높일 것이다. 비록 프로그램의 최종 목표가 학생의 관심을 넓히는 것이지만, 활동에 좋아하는 주제를 포함하면 기술 발전과 동기를 증가시킬 것이다. 활동에 감각적 요소를 포함하는 것 또한 학생의 동기를 유발할 수 있다. 예를 들면, 모래에 글씨를 쓰거나 찰흙으로 글씨를 만드는 것은 프린트보다 더욱 매력적일 수 있다.

자폐 스펙트럼 장애학생은 그가 이해할 수 있는 특별한 목적 활동을 할 때 더 동기 유발된다. 블록의 수를 알기 위해서 블록을 세는 것은 의미가 없어 보이지만, 수업에 참석한 학생들 수를 세는 것은 의미가 있고, 사무실의 참석 정보를 알게 하는 것도 의미가 있다. 마찬가지로 임의의 단어를 쓰는 것은 동기유발이 되지 않지만 매일의 일정표나 점심 메뉴를 쓰는 것은 의미가 있다. 게임 형식으로 활동을 제시하는 것도 참석을 증진시킨다. 예를 들면, 주제가 '지역사회 도우미'라면 학생들이 빙고 게임을 하는 것도 가능하다(예, 이 사람은 불을 끔으로써 지역사회의 안전을 도모한다.).

12. 조직화하기

자폐 스펙트럼 장애학생들은 도구들을 조직화하는 데 어려움을 갖고 필요할 때 잘 가져오지 않는다. 또한 중요한 구두 지시를 잘 놓친다. 결과적으로 다른 학생들이 그들보다 앞서기 때문에 불안감을 갖는다. 이러한 문제를 피하기 위한 한 가지 방법은 효과적인 조직화 전략을 갖도록 학생들을 도와주는 것이다. 다음을 통해 약간의 가능성을 볼 수 있다.

• 자료를 색칠하고 특별한 주제에 맞게 학생의 일과표를 색깔로 연결하라(예, 수학: 빨강, 국어: 파랑).
• 자료들을 어디에 놓아야 하는지 지시하기 위해 학생들의 사물함이나 책상에 라벨이나 그림을 그려라.

- 특정 주제와 관련된 자료들을 보관하기 위해서 튜브나 가방을 학생들에게 제공하라.
- 모든 과제나 제출일을 알도록 일정표나 체크리스트를 주라.
- 학생들의 바인더가 올바르게 정리되도록 도와주라.
- 특별한 과정이 완성되었는지 확인하도록 시각적 체크리스트를 제공하라(하루 일과가 끝날 때 가방에 필요한 재료를 넣었는지).

어떤 학생들은 그들의 생각을 효과적으로 조직화하도록 도와주어야 한다. 그들에게 개요 작성과 개념 맵 같은 전략이 이로울 수 있다.

13. 일대일로 가르치기

일대일 지도나 치료를 위해 교실을 이동해야 하는 것은 교사나 학부모가 고려해야 할 선택이다. 어떤 경우는 교실 내에서 각각 지도할 수 있다(예, 구석진 조용한 곳). 전력을 다해야 할(pull-out) 시간이 필요하다고 결정하기 위해서는 '이 개념 또는 주제를 그룹 환경에서 효율적으로 가르칠 수 있는가?'를 고려해야 한다. 만약 대답이 '예'라면 분리된 수업을 제공하는 것은 의미가 없다. 교사는 학생의 요구를 숙고하고 부모와 다른 팀의 멤버들과 신중히 상의한 후에 전력을 다해야 할 시간을 결정해야 한다.

자폐 스펙트럼 장애학생들은 주위의 산만함이 최소화되거나 직접 일대일 교육을 받았을 때 좀 더 효율적으로 배운다. 그러므로 전력을 다해야 할 시간은 새로운 개념이나 상대적으로 어려운 개념을 소개할 때 필요하다. 또한 어떤 학생들은 또래들 앞에서 실수를 범하였을 때 매우 크게 걱정한다. 이러한 경우 전력을 다해야 할 시간은 청중 없이 기술을 연습할 수 있어 학생들에게 도움이 된다. 어떤 상황에서는 특정 수업을 조절하는 것이 어렵기 때문에 교실 밖에서 공부하는 것이 좀 더 효율적일 수 있다.

전력을 다해야 할 수업이 필요할 때, 기술 발달과 일반화를 촉진시키기 위해 교실 안팎에서의 학습 활동을 통합하는 것이 반드시 필요하다. 학생들에게는 그룹으로부터의 학습 경험이 이로우며 학급 교사에게 배우는 것이 필요하기 때문이다. 전력을 다해야 할 시간의 한 가지 대안은 유사한 기술을 가진 학생들을 그룹으로 만들고 소그룹별로 교수를 제공하는 것이다.

14. 긍정적인 또래 상호작용 촉진하기

공동의 노력은 반드시 자폐 스펙트럼 장애학생들이 그들의 사회성 기술을 발달시키도록 돕기 위해 만들어져야 하고, 자폐 스펙트럼 장애학생들이 또래들과 성공적으로 상호작용하기 위해 필요한 기술과 지식을 또래들에게 제공하도록 만들어져야 한다. 학생들은 긍정적으로 상호작용을 촉진시킬 기회가 필요하다. 성인의 도움은 자연스러운 학생들과의 상호작용을 막을 수 있기 때문에 신중을 기하여야 한다. 또래들은 종종 보조교사와 함께 공부할 때 자폐 스펙트럼 장애친구들에게 말하기 어려워한다. 그래서 자폐 스펙트럼 장애학생들이 상당한 시간을 보조교사와 함께한다면 때론 고립될 수 있다.

자폐 스펙트럼 장애학생들의 사회성 기술을 발달시키는 것이 현재의 가장 중요한 교육 목표가 되어야 한다. 서로 다른 중재와 교수 접근이 다양한 상황의 다양한 학생들에게 필요하다. 몇몇 상황에서는 전력을 다해야 할 시간 동안에 또는 학생들을 소그룹으로 만들어 중요한 사회성 기술을 가르치는 것이 필요할 수도 있다. 사회적 스크립트와 상황 이야기 또한 학생들이 특별한 사회적 상황을 통해 그들 나름대로의 방법으로 수행하도록 돕는다. 직원 교육을 통해서 사회성 지도를 학생들에게 제공할 수 있다. 여기에는 상호작용이 일어나는 동안 또는 상호작용 후에 학생들에게 간결하게 말하기를 통하여 '간접적인 지도'가 포함될 수 있다.

학급 친구들은 자주 자폐 스펙트럼 장애학생들의 독특한 버릇 또는 행동을 잘못 해석한다. 예를 들어, 자폐 스펙트럼 장애학생들이 질문이나 인사에 반응하지 않을 때 친구들은 불친절하다고 생각한다. 몇몇 학생들은 반향어가 다른 사람을 비웃기 위한 것이라고 생각하거나, '그들이 원하는 무엇인가를 얻으려고 허락받아야 하는' 결과라고 생각한다. 자폐 스펙트럼 장애학생들이 종종 나타내는 행동의 기능이나 원인을 꿰뚫어 볼 수 있는 통찰력을 발달시키도록 친구들을 도와주는 것이 가장 중요하다. 소문(허황된 이야기)을 떨쳐 버리는 것은 친구들이 좀 더 흔쾌히 자폐 스펙트럼 장애학생을 받아들일 수 있도록 도와줄 수 있다.

친구들에게 자폐 스펙트럼 장애학생들과 어떻게 상호작용하면 되는지를 자세하게 알려 주는 것 또한 도움이 된다. 친구들은 말을 걸거나 걱정스러운 무언가에 대해 말을 해야 한다는 두려움 때문에 특수교육 대상 학생과 상호작용하는 것을 내켜 하지 않는다. 이 두려움을 극복하는 가장 좋은 방법은 학생들에게 정확한 정보와 실질적인 제안을 제공하는 것이다.

- 상호작용하는 동안 상냥하고 친절한 또래로 참여하도록 하라. 또래들은 질문과 설명을 반복해야 하며, 너무 일찍 포기하지 않아야 한다.
- 학급 친구들이 자폐 스펙트럼 장애학생들에게 답을 가르쳐 주기보다는 단서를 제공하거나 보조하도록 격려하라.
- 친구들이 추가적인 설명을 하기 전에 자폐 스펙트럼 장애학생이 정보를 처리할 적절한 시간이 제공되도록 가르쳐라.

- 특별한 행동이나 상황에 대한 반응 방법에 대해 구체적인 제안을 제공하라. 예를 들어, 학생이 잠재적으로 위험한 행동을 하거나, 공격성을 보이거나, 게임 규칙에 따르지 않거나, 꽉 붙잡을 때 어떻게 해야 하는지 친구들에게 말해 줘야 한다. 부정적인 행동을 다루는 것이 절대 친구들의 책임이 될 수 없다.
- 이해를 돕기 위해 자폐 스펙트럼 장애학생들과 어떻게 소통해야 하는지 설명해 주라(예, 언어 접근, 수화, 그림의 상징, 몸짓).
- 자폐 스펙트럼 장애학생들과 소통할 때 시각 정보를 포함하도록 동료들을 격려하라.
- 질문이나 설명하기 전에 자폐 스펙트럼 장애학생들이 확실히 참여하였는지 확인하도록 격려하라.
- 학생들이 부적절한 행동을 보일 때 "안 돼." "그만해."라고 말하는 것이 허용된다고 설명해 주라.

어떤 상황에서는 자폐 스펙트럼 장애학생들이 또래들과의 상호작용 기술이 발달하도록 도와주기 위해 또래들을 소그룹으로 묶거나 특정 또래들을 참여시키는 것이 유용하다. 강한 자신감과 사회성 기술이 풍부한 또래를 선택하라. 참여한 또래들은 구체적인 역할과 책임을 부여받을 것이다. 놀이단짝을 배정해 주는 것도 유용하다. 그러면 자폐 스펙트럼 장애학생들은 휴식 활동에도 참가할 수 있다. 가능하다면 특정 교실 활동을 위한 놀이단짝을 배정해 주라. 역할과 상관없이 또래 코치의 지속적인 지지와 격려가 필요하다.

교실 안에서 친구들과의 상호작용을 촉진시키기 위한 기회를 만들도록 노력하라. 한정된 물리적 공간에서 활동을 하면 친구들은 서로 근접한 곳에 있고, 덜 퍼지고, 소집단을 형성하게 된다. 자폐 스펙트럼 장애학생들이 학급 친구들에게 그들의 강점을 보여 줄 수 있는 상황을 만드는 것 또한 유익하다. 학생들은 때때로 그들의 친구보다 좀 더 나은 능력이 있거나 능숙한 상황에 놓일 때 긍정적으로 반응한다. 학생들보다 더 어린 학생들에게 책을 읽어 주라고 하거나, 이미 배운 주제 영역을 학생들에게 가르치라고 요구해 보라. 함께 공부하기 위해 집단 구성원을 필요로 하는 협동 학습 활동을 계획함으로써 또래들과의 상호작용을 촉진시켜라. 효과를 최대화하기 위해서는 각각의 그룹 구성원들의 기술에 일치하는 역할을 배정해야 한다.

　팀과 파트너를 구성하는 것이 자폐 스펙트럼 장애학생을 화나게 할 수도 있는데, 특히 자신이 동료들과 다르거나, 덜 능력 있다고 스스로 알고 있는 학생들에게서 나타날 수 있다. 학생들과 조를 짜고, 팀을 구성하기 위해 독창적인 방법을 사용하라. 예를 들어, 팀이나 파트너를 정하는 데 키, 태어난 달, 눈동자 색, 좋아하는 스포츠 팀, 제비 뽑기 등을 이용할 수 있다. 이런 방법은 학생들이 많은 다른 친구와 짝을 지을 수 있는 기회를 보장해 준다.

··· 제17장
전환 계획

　자폐 스펙트럼 장애인은 종종 모르는 사람(혹은 상황)에 대해 어려워
하고 예상치 못한 사람(혹은 상황)에 대해 공포를 느끼기도 한다. 그들은
새로운 상황에서 모든 정보를 받아들이는 것과 예상되는(혹은 예정된) 일
이 무엇인지를 결정(혹은 판단)하고 그 후에 적합한 반응을 하는 것이 어
렵다. 결과적으로 자폐 스펙트럼 장애인이나 아스퍼거 증후군이 있는
사람은 일반적으로 전환(transition, 학교를 졸업하고 사회에 나가는 것)이
힘들 뿐만 아니라 걱정을 가중시키고 부적합하거나 반항적인 행동을 유
발할 수도 있다.
　전환이 없거나 변화가 없는 프로그램이나 환경을 제공하는 것은 불가
능하다. 다시 말해 전환은 삶의 일부다. 전환 교육의 목표는 학생들이
변화에 대처하고 다양한 환경에 적응할 수 있도록 돕는 것이다. 만약 개
인이 변화나 전환에 준비되어 있다면 많은 상황에서 걱정은 줄어들고
부적합한 행동 또한 예방되거나 감소할 수 있다. 전환 하루 동안의 활동
과 상황 사이의 전환, 한 학년에서 다음 학년으로의 전환, 한 학교에서
다른 학교로의 전환, 성인기로의 전환이 포함된다.

1. 활동과 환경 사이의 전환

- 어떠한 전환에 앞서 학생들에게 미리 충분히 주의를 준다.
- 학생이 활동에서의 변화를 준비할 수 있도록 스케줄이 사용되어야 한다. 학생이 그 일정을 참고할 수 있도록 만드는 것이 중요하다. 이것은 전환 시기뿐만 아니라 하루의 시작에도 사용할 수 있다.
- 어떠한 일 이후에 예상되는 서술(예, 처음엔 어떤 것을 하고, 그다음엔 무엇을 한다는 식의 서술)을 이용하여 스케줄을 개략적으로 만든다.
- 스케줄은 복잡도와 기간이라는 측면에서 다양하며, 개별 학생의 능력에 맞게 계획되어야 한다. 이것들은 쓰인 문자, 그림/그림문자, 특정한 행동을 묘사(설명)하는 물건 등으로 표현될 수 있다. 그림 카드를 넘기거나 활동 그림에 꺾자를 놓는(×를 치거나 두 줄로 직직 그어 지우는 것) 등 활동이 달성되었음을 나타내는 방법을 고안하는 것이 중요하다.
- 학생이 변화에 준비되려면 스케줄만으로는 충분치 않을 수도 있다. 몇몇 상황에서는 교사가 학생들에게 다음에 무엇이 올지를 이해하도록 돕기 위해 다음 활동이나 환경에 사용되는 물건을 학생들에게 제공하기도 한다.
- 손목시계, 탁상시계, 타이머 등을 사용하는 것은 학생이 시간 간격을 이해하는 데 도움을 준다.
- 몇몇 학생들에게는 변화, 특히 새로운 상황과 친숙하지 않은 활동에 대비하기 위해서 상황 이야기가 효율적일 수 있다.
- 구두 지시와 함께 시각적 단서를 사용함으로써 학생에게 일어날 일을 이해하도록 돕는다.
- 가능한 한 선택의 기회를 제공하라.

2. 학년 사이의 전환

- 학급 사이의 전환을 준비할 때 앞으로 담당하게 될 교사와 학생이 준비하여야 한다. 이른 봄에 전환 준비를 시작하도록 하자.
- 차기 담당 교사는 반드시 학생의 능력과 요구에 대한 정보를 제공받아야 한다. 이것은 교사와 부모, 지원 전문가, 보조교사를 포함한 팀 회의를 통해 촉진될 수 있다. 또한 차기 담당 교사는 자폐와 교육적 영향에 대한 정보를 제공받아야 한다.
- 차기 담당 교사가 학생에게 효율적인 현재의 교육 전략뿐만 아니라 학생의 참여도를 관찰하기 위해 현재 학급환경에 있는 학생을 방문하는 것도 도움이 된다.
- 새로운 학급환경에 대해 학생은 새로운 교사와 학급의 상황 이야기나 사진의 사용을 통해 준비할 수 있다. 학생이 여름 동안에 참고할 수 있을 만한 작은 스크랩북을 준비하는 것도 도움이 될 수 있다.
- 학생은 또한 미래 학급을 가끔씩 방문할 수 있다. 보조교사나 현재 선생님이 동행하면 학생이 친밀감을 유지하는 데 도움이 된다.
- 새로운 환경에 대한 비디오테이프를 사용하여 학생을 준비시키는 것도 가능하다.

전환 계획을 위한 모임은 가장 효율적이었던 교육 전략과 접근 방식에 대해 논의하는 것뿐만 아니라 학생에 대한 정보를 교환하기 위해서도 수행된다. 이상적인 모임에는 부모, 교사, 보조교사, 언어병리학자, 아동의 교육 프로그램 진행과 관련된 사람들이 포함된다. 이것은 부모와 교사에게 목표, 교육 전략, 교육과정의 수정, 적합한 행동을 유지하기 위한 방법과 의사소통에 대해 의논할 기회를 제공한다. 현재의 학년이 끝나기 전에 모임을 갖는 것이 바람직하다. 하지만 몇몇 교사들은 학생을 알기 위해 추가적인 시간을 갖는 것을 선호한다. 만약 차기 담당 교사가 현재 학급에서 학생을 만나고 관찰할 기회를 가져 왔고, 능력과 요구, 추천되는 전략에 대한 정보를 교환해 왔다면 가을에 전환 계획 모임을 수행하는 것도 가능하다.

3. 학교 사이의 전환

학급 사이의 전환을 위한 제안들은 또한 학교 사이의 전환 계획에도 적용 가능하다. 하지만 학생이 새로운 학급이 아닌, 완전히 새로운 건물에 적응할 필요가 있으므로 부가적인 시간과 준비가 요구된다. 만약 초등학교에서 중학교로의 전환이라면, 학생은 학교 운영 방식에서의 변화에 대해서도 배워야 한다. 예를 들어, 학생의 과목 담당 선생님의 수라든지 다양한 교육 장소(혹은 수업에 따라 바뀌는 교육 장소)에 대해 준비할 필요가 있다.

- 학생이 학교를 자주 방문하도록 조정한다. 만약 학생이 특별히 변화에 반항적이라면, 천천히 새로운 환경을 소개해 주고 탈감각(낯선 환경에 익숙하도록 적응하는 것)과 예행연습의 과정을 거치도록 해야 한다. 예를 들어, 처음 방문은 단순히 학교에 가서 교문 안으로만 들어가는 것이다. 그다음 방문에서는 학급을 방문하고, 그다음에는 체육관, 그다음에는 개별 학급을 방문하는 것이다.
- 새로운 학교에 대한 비디오테이프(학생의 학업 수준에 적합한)나 서면 정보(학생의 학업 수준에 적합한)를 제공하는 것은 학생이 새로운 환경을 예행연습하는 데 도움이 된다.
- 학생이 대화할 수 있거나 도움을 요청하러 갈 수 있는 주요 인물을 정해 주라.

• 학생이 새로운 학교에 적응하도록 돕고 학교의 다양한 장소에 동행
  해 줄 수 있는 또래를 정해 주라.

4. 고등학교에서 성인기로의 전환

　고등학교에서 성인기로의 전환 계획은 되도록 빨리 하는 것이 좋다.
학생과 부모는 초등학교에서 중등학교로 적응하는 데 시간이 필요하다.
그리고 나서 성인기로의 전환을 위한 공식적인 전환 계획은 대개 고등
학교 1학년을 마친 후에 시작한다. 비록 전환 계획을 고등학교의 2학년
이나 마지막 학년까지 미룰 만큼 충분한 시간이 있는 것처럼 보이지만
부모, 옹호자, 학교 전문가, 성인 서비스 제공자들은 다음 영역에서 개
인의 장기 전환 계획을 고려하기 시작하여야 한다.

• 졸업 혹은 학교에서 떠나는 날
• 직업 선택
• 중등과정 이후 훈련/교육
• 소득 지원/보험
• 주거선택권
• 교통기관 이용 요구
• 의료적 요구
• 지역사회 레크리에이션과 여가선택권
• 가족/친구관계의 유지
• 옹호자/후견인관계

　전환 계획은 부모/후견인, 학교, 성인 서비스 제공자들 사이에 공동으
로 부담하는 책임이다. 마찬가지로 전환 계획 과정을 보다 효과적으로

하기 위해서는 학생, 가족, 학교, 성인 서비스 제공자들 사이의 협력적인 노력이 필요하다. 학교 졸업 후에 원하던 결과가 나타나면 전환 계획 뒤에 숨은 추진력이 원동력이며, 이때 학생과 가족은 계획 과정의 중심이어야만 한다.

전환 계획 모임을 하기 위해 사용되는 형식이나 절차와 상관없이 마지막 결과는 성인기 생활, 구체적인 현재의 요구, 이러한 요구를 다루기 위한 계획, 책임 있는 대리자/사람 확인, 타임라인(스케줄)에서 원하던 결과의 목적이 학생의 개인 프로그램 계획에서 구분되어야만 한다. 차후 전환 계획 모임은 계획을 검토하고 구체적인 목적이 성취되어 왔는지, 장기 목표가 여전히 적합한지, 필요한 교정이 수행되었는지를 체크하기 위해 준비되어야 한다(Freeze, 1995).

학교 전문가의 역할은 학생이 직업과 독립적인 삶을 위한 능력을 개발할 수 있도록 학생들에게 지속적인 기회를 제공하는 것이다. 매일 학생의 프로그램과 교육은 점차적으로 기능적 능력 개발과 지역사회 기반 훈련에 중점을 두어야 한다. 기대 범위는 학생의 능력과 요구에 달려 있다. 몇몇 아스퍼거 증후군 학생은 고등학교 이후에 더 깊이 있는 교육을 받을 수 있도록 진학을 계획할 수 있다. 결과적으로 직업 관련 기술과 여가 및 레크리에이션 기술 개발뿐만 아니라 경험을 추가한 학업적 준비가 더 강조될 것이다. 다른 사람에게는 이 프로그램이 근무 경험과 지역사회 기반 훈련, 자기 규제에 초점을 맞출 수도 있다.

일반적으로 학교 프로그램은 학생이 다음과 같은 방법을 통해 전환에 대한 준비를 할 수 있도록 해야 한다.

- 개인의 선호도를 결정하도록 돕는 다양한 작업 경험 제공
- 교육과정 이외의 활동과 사회적 행사에 참여 권장
- 자원봉사 활동 권장
- 이력 개발에 도움 주기

- 근무지에서의 사회성 기술 훈련
- 적절한 의복과 위생 훈련
- 일단 선호도가 확립되면, 수습 과정(현장 연수과정) 제공
- 공공 교통기관의 사용 훈련
- 자기 건강관리 훈련
- 자기 관리 훈련
- 학생의 능력 수준에 맞는 기능적 수업

참고문헌

American Academy of Pediatrics, Committee of Children with Disabilities. (1998). Auditory integration training and facilitated communication for ASD. *Pediatrics, 120*(2), 431–433.

American Psychiatric Association (APA). (1994). *Diagnostic and statistical manual of mental disorders* (4th ed.) (DSM-IV). Washington, DC: Author.

American Psychiatric Association(APA). (2000). *Diagnostic and statistical manual of mental disorders: Text revision* (4th ed.) (DSM-IV-TR). Washington, DC: Author.

Ayers, K., & Langone, J. (2005). Intervention and instruction with video for students with autism: A review of the literature. *Education and Training in Developmental Disabilities, 40*(2), 183–196.

Baranek, G. (2002). Efficacy of sensory and motor intervention for children with autism. *Journal of Autism and Developmental Disorders, 32*(5), 397–422.

Bock, S. J., & Myles, B. S. (1999). An overview of characteristics of Asperger syndrome. *Education and Training in Mental Retardation and Developmental Disabilities, 34*(4), 511–520.

Bowe, F. (2005). *Making inclusion work.* Upper Saddle River: Merrill Pearson.

Centers for Disease Control and Prevention (CDC). (2007a). *About autism.* Retrieved November 1, 2007, from www.cdc.gov/ncbddd/autism/

Centers for Desease Control and Prevention (CDC). (2007b). *Prevalence of autism.* Retrieved November 20, 2007, from www.cdc.gov/ncbddd/autism/faq_prevalence.htm

Charlop-Christy, M., & Daneshvar, S. (2003). Using video modeling to teach perspective taking to children with autism. *Journal of positive Behavior*

Interventions, 5(1), 12-21.

Charlop-Christy, M., Le, L., & Freeman, K. (2000). A comparison of video modeling with in vivo modeling for teaching children with autism. *Journal of Autism and Developmental Disorders, 30*(6), 537-552.

Charlop, M., & Milstein, J. (1989). Teaching autistic children conversational speech using video modeling. *Journal of Applied Behavior Analysis, 22*, 275-285.

Colarusso, R., & O' Rourke, C. (2004). *Special education for all teachers.* Dubuque: Kendall Hunt.

Cowley, G. (2000, July 31). The challenge of "mindblindness." *Newsweek, 46*-54.

Cullain, R. (2000). The effect of social stories on anxiety levels and excessive behavioral expressions of elementary school-aged children with autism (doctoral dissertation, Union Institute and university, 2000). *Dissertation Abstracts International, 62,* 2383.

Dales, L., Hammer, S. J., & Smith, N. J. (2001). Time trends in autism and in MMR immunization coverage in California. *Journal of the American Medical Association, 285*(9), 1183-1185.

Davidovitch, M., Glick, L., Holtzman, G., Tirosh, E., & Safir, M. (2000). Developmental regression in autism: Maternal perception. *Journal of Autism and Developmental Disorders, 30*(2), 113-119.

Dawson, G., & Watling, R. (2000). Interventions to facilitate auditory, visual and motor integration in autism: A review of evidence. *Journal of Autism and Developmental Disorders, 30*(5), 415-421.

Deutsch-Smith, D. (2004). *Introduction to special education: Teaching in an age of opportunity* (5th ed.). Needham Heights, MA: Allyn & Bacon.

Freeze, D. (1995). *Promoting successful transition for students with special needs.* Arlington, VA: Canadian Council for Exceptional Children.

Friend, M. (2005). *Special education: Contemporary perspectives for school professionals.* Boston: Allyn & Bacon.

Gargiulio, R. M. (2004). *Special education in contemporary society: An introduction to exceptionality.* Belmont: Wadsworth-Thompson.

Gillberg, C., & Coleman, M. (2000). *The biololgy of the autistic syndromes* (3rd ed.). London: MacKeith.

Gray, C. A. (1995). Teaching children with ASD to "read" social situations. In K. A. Quill (Ed.), *Teaching children with ASD: Strategies to enhance communication and socialization* (pp. 219-242). Albany, NY: Delmar.

Greenspan, S., & Wieder, S. (1997). Developmental patterns and outcomes in infants and children with disorders in relating and communicating: A chart review of 200 cases of children with autistic spectrum diagnoses. *Journal of*

Developmental and Learning Disorders, 1, 87–141.

Hallahan, D. P., & Kauffman, J. M. (2006). *Exceptional learners: An introduction to special education* (10th ed.). Boston: Allyn & Bacon.

Handleman, J., & Harris, S. (2000). *Preschool education program for children with autism* (2nd ed.). Austin, TX: ProEd.

Helfin, J., & Simpson, R. (1998). Interventions for children and youth with autism: Prudent choices in a world of exaggerated claims anc empty promises. Part I : Intervention and treatment option review. *Focus on Autism and Other Developmental Disabilities, 13*(4), 194–211.

Herbert, J., Sharp, I., & Gaudiano, B. (2002). Separating fact from fiction in the etiology and treatment of autism. *The Scientific Review of mental Health Practice, 1*(1), 23–43.

Heward, W. L. (2006). Exceptional children: An introduction to speial education (8th ed.). Upper Saddle River, NJ: Pearson Education.

Howlin, P., Baron-Cohen, S., & Hadwin, J. (1998). *Teaching children with autism to mind-read: A practical guide.* Hoboken, NJ: Wiley.

Humphries, A. (2003). Effectiveness of PRT as a behavioral intervention for young children with ASD. *Bridges practice-based research syntheses, 2*(4), 1–10.

Individuals with Disabilities Education Act (IDEA), 34 C.F.R. § 300..8(c)(1) (2004).

Ingersoll, B., Dvortcsak, A., Whalen, C., & Sikora, D. (2005). The effects of a developmental, social-pragmatic language intervention on rate of expressive language production in young children with autism spectrum disorders. *Focus on Autism and Other Developmental Disabilities, 20*(4), 213–222.

International Molecular Genetics Study of Autism Consortium (IMGSAC). (1998). A full genome screen for autism with evidence for linkage to a fegion on chromosome 7q. *Human Molecular Genetics, 7*(3), 571–578.

International Rett Syndrome Foundation. (2005). *Introduction to Rett syndrome.* Retrieved June 10, 2005, from www.rsrf.org/about_rett_syndrome/

Kadesjo, B., Gillberg, C., & Hagberg, B. (1999). Brief report: ASD and Asperger syndrome in seven-year-old children; a total population study. *Journal of Autism and Developmental Disorders, 29,* 327–331.

Kliewer, C., & Biklen, D. (1996). Labeling: Who wants to be called retarded? In W. Stainback & S. Stainback (Eds.), *Controversial issues confronting special education: Divergent perspectives* (2nd ed., pp. 83–95). Boston: Allyn & Bacon.

Klingner, J. K., Vaughn, S., Schumm, J. S., Cohen, P., & Forgan, J. W. (1998). Inclusion or pullout: Which do students prefer? *Journal of Learning Disabilities, 31,* 148–158.

Koegel, R., & Koegel, L. (1995). *Teaching children with ASD: Strategies for initiating positive interactions and improving learning opportunities.* Baltimore: Brookes.

Konstantareas, M. M., & Homatidis, S. (1999). Chromosomal abnormalities in a series of children with autistic disorder. *Journal of Autism and Developmental Disorders, 29*(4), 275-285.

Kuoch, H., & Mirenda, P. (2003). Social story interventions for young children with autism spectrum disorders. *Focus on Autism and Other Developmental disabilities, 18*(4), 219-227.

Kuttler, S., Myles, B., & Carlson, J. K. (1998). The use of social stories to reduce precursors to tantrum behavior in a student with autism. *Focus on Autism and other Developmental Disabilities, 13*(3), 176-182.

LeBlanc, L., Coates, A., Daneshvar, S., Charlop-Christy, M., Morris, M., & Lancaster, B. (2003). Using video modeling and reinforcement to teach perspective-taking skills to children with autism. *Journal of Applied Behavior Analysis, 36*(2), 253-257.

Mayo Clinic. (2006). *Asperger's syndrome.* Retrieved January 20, 2008. from www.mayoclinic.com/health/aspergers-syndrome/Ds00551

National Autistic Society. (2005). *Asperger's syndrome: What is it?* Retrieved June 27, 2005, from www.nas.org.uk./nas/jsp/polopoly.jsp?d=212

National Dissemination Center for Children with Disabilities. (2007). *Autism and pervasive developmental disorder.* Retrieved November 4, 2007, from http://nichcy.org/pubs/factshe/fs1txt.htm

National Institute of Neurological Disorder and Stroke. (2005a). *Asperger syndrome fact sheet* (NIH Publication No. 05-5624). Bethesda, MD: Author.

National Institute of Neurological Disorder and Stroke. (2005c). *Rett syndrome information page.* Retrieved June 7, 2005, from www.ninds.nih.gov/disorders/rett/rett.htm

National Research Council. (2001). *Educating children with autism* (Committee on Educational Interventions for Children with Autism, Division of Behavioral and Social Sciences and Education). Washington, DC: National Academy Press.

Nemours Foundation. (2005). *Asperger syndrome.* Retrieved June 15, 2005, from http://kidshealth.org/parent/medical/brain/asperger.htm

Norris, C., & Datillo, J. (1999). Evaluating effects of a social story on a young girl with autism. *Focus on Autism and Other Developmental Disabilities, 14*(3), 180-186.

Padeliadu, S., & Zigmond, N. (1996). Perspectives of students with learning disabilities about special education placement. *Learning Disabilities Research & Practice, 11*(1), 15-23.

Perry, A., & Condillac, R. (2003). Evidence-based practices for children and adolescents with autism spectrum disorders: Review of literature and practice guide. *Children's Mental Health Ontario*. Retrieved July 19, 2005, from www.kidsmentalhealth.ca/resources/evidence_based_practices.php.

Pierangelo, R., & Giuliani, G. (2007). *EDM: The educator's diagnostic manual of disabilities and disorders*. San Francisco: Jossey Bass.

Prizant, B., & Wetherby, A. (1998). Understanding the continuum of discretetrial traditional behavioral to social-pragmatic developmental approaches in communication enhancement for young children with ASD/PDD. *Seminars in Speech and Language, 19*(4), 329–348.

Rodier, P. (2000). The early origins of autism. *Scientific American, 282*(2), 56–63.

Schopler, E., & Reichler, R. J. (1971). Parents as co-therapists in the treatment of psychotic children *Journal of Autism and Childhood Schizophrenia, 1,* 87–102.

Scott, F. J., Baron-Cohen, S., Bolton, P., & Brayne, C. (2002). Brief report: Prevalence of autiso spectrum conditions in children aged 5–11 years in Cambridgeshire, UK. *Autism, 6*(3), 231–237.

Scott, J., Clark, C., & Brady, M. (2000). *Students with autism: Characteristics and instructional programming*. San Diego: Singular.

Shipley-Benamou, R., Lutzker, J., & Taubman, M. (2002). Teaching daily living skills to children with autism through instructional video modeling. *Journal of Positive Behavior Interventions, 4*(3), 166–177.

Simpson, R. (2005). Evidence-based practices and students with autism spectrum disorders. *Focus on Autism and Other Developmental Disabilities, 20*(3), 140–149.

Simpson, R., & Zionts, P. (2000). *Autism: Information and resources for professionals and parents* (2nd ed.). Austin, TX: Pro-Ed.

Stainback, W., & Stainback, S. (1990). Inclusive schooling. In W. Stainback & S. Stainback (Eds.), *Support networks for inclusive schooling* (pp. 51–63). Baltimore, MD: Brooks.

Stratton, K., Gable, A., Shetty, P., & McCormick, M. C. (Eds.). (2001). *Immunization safety review: Measles-mumps-rubella vaccine and autism*. Washington, DC: National Academy.

Swaggart, B. L., Gagnon, E., Bock, S. J., Earles, E. L., Quinn, C., Myles, B. S., et al. (1995). Using social stories to teach social & behavioral skills to children with autism. *Focus on Autistic Behavior, 10,* 1–15.

Szatmari, O., Jones, M. B., Zwaigenbaum, L., & MacLean, J. E. (1998). Genetics of autism: Overview and new directions. *Journal of Autism and Developmental Disorders, 28*(5), 351–368.

Technology-Related Assistance for Individuals with Disabilities Act of 1988, 29

U.S.C.A. § 2201 *et seq.*

Turnbull, A., Turnbull, R., & Wehmeyer, M. (2006). *Exceptional lives: Special education in today's schools* (5th ed.). Upper Saddle River: Pearson.

U.S. Department of Education. (2004). *The 26th annual report to Congress on the implementation of Individuals with Disabilities Education Act (IDEA).* Washington, DC: Author.

U.S. National Library of Medicine. (2004a). *Asperger syndrome.* Retrieved June 30, 2005, from www.nlm.nih.gov/medlineplus/ency/article/001549.htm

U.S. National Library of Medicine. (2004b). *Childhood disintegrative disorder.* Retrieved July 2, 2005, from www.nlm.nih.gov/medlineplus/ency/article/001535.htm

Vaughn, S., Bos, C., & Schumm, J. S. (2003). *Teaching exceptional and diverse at-risk students in the general education classroom* (3rd ed.). Boston: Allyn & Bacon.

Volkmar, F., Paul, R., Klin, A., & Cohen, D. (Eds.). (2005). *Handbook of autism and pervasive developmental disorders* (3rd ed., Vols. 1 & 2). Hoboken, NJ: Wiley & Sons.

Wagner, S. (1999). *Inclusive programming for elementary students with autism.* Arlington, TX: Future Horizons.

Wakefield, A. J., Murch, S. H., Anthony, A., Linnell, J., Casson, D. M., & Malik, M. (1998). Ileal-lymphoid-nodular hyperplasia, non-specific colitis and pervasive development disorder in children, *Lancet, 351,* 637–641.

Weiss, M., Wagner, S., & Bauman, M. (1996). A validated case study of facilitated communication. *Mental Retardation, 34*(4), 220–230.

Westling, D. L., & Fox, L. (2004). *Teaching students with severe disabilities* (3rd ed.). Upper saddle River: Pearson.

World Health Organization (WHO). (1990). International Classification of Disease (10th ed.) (ICD-10). Geneva, Switzerland: Author.

Yale Developmental Disabilities Clinic. (2005). *Childhood disintegrative disorder.* Retrieved April 3, 2006, from http://info.med.yale.edu/chldstdy/autism/cdd.html

Yirmiya, N., Shaked, M., & Erel, O. (2001). Comparison of siblings of individuals with autism and siblings of individuals with other diagnoses: An empirical summary. In E. Schopler, N. Yirmiya, C. Shulman, & L. Marcus (Eds.), *The research basis for autism intervention* (pp. 59–73). New York: Kluwer Academic/Plenum.

저자 소개

Roger Pierangelo 박사는 롱아일랜드대학교 특수교육과 조교수로 그동안 특수교육 프로그램을 실시해 왔고, 18년 동안 특수교육위원회 종신위원으로 봉사했으며, 30년 이상 공립학교에서 일반학급 교사 및 학교 심리학자로 일했다. 미국 심리학회 회원으로도 활동하고 있다.

George Giuliani 박사는 호프스트라대학교의 종신 조교수이며 상담, 연구, 특수교육, 재활부 특수교육 및 응용 인적 서비스 대학원 특수교육학과장이다. 미국 장애아동부 모협의회 회장으로도 활동하고 있다.

역자 소개

곽승철
대구대학교 대학원 특수교육학과 졸업(문학박사)
현 공주대학교 특수교육과 교수 겸 특수교육연구소장
　　한국 정서 · 행동장애아교육학회 이사
　　한국 지체부자유아교육학회 이사
　　한국 임상동작학회 회장

강민채
공주대학교 대학원 특수교육학과 졸업(교육학박사)
현 전주대학교 특수교육과 겸임교수
　　한국 임상동작학회 이사

금미숙
공주대학교 대학원 특수교육학과 박사과정
현 교육과학기술부 국립특수교육원 교육연구사

편도원
공주대학교 대학원 특수교육학과 박사과정
현 동대전고등학교 교사

자폐성 장애아동 교육

교사를 위한 단계별 지침서

Teaching Students With Autism Spectrum Disorders

2010년 3월 20일 1판 1쇄 발행
2018년 8월 20일 1판 3쇄 발행

지은이 • Roger Pierangelo · George Giuliani
옮긴이 • 곽승철 · 강민채 · 금미숙 · 편도원
펴낸이 • 김 진 환
펴낸곳 • (주) **학지사**

04031 서울특별시 마포구 양화로 15길 20 마인드월드빌딩 5층
대표전화 • 02) 330-5114   팩스 • 02) 324-2345
등록번호 • 제313-2006-000265호

홈페이지 • http://www.hakjisa.co.kr
페이스북 • https://www.facebook.com/hakjisabook

ISBN 978-89-6330-352-9 93370

정가 **14,000원**

교육문화출판미디어그룹 **학지사**

학술논문서비스 **뉴논문** www.newnonmun.com
심리검사연구소 **인싸이트** www.inpsyt.co.kr
원격교육연수원 **카운피아** www.counpia.com